第4版

「純資産の部」
完全解説

——「増資・減資・自己株式の実務」を中心に——

EY新日本有限責任監査法人 公認会計士・税理士
太田 達也 著

税務研究会出版局

四訂にあたって

　本書は、「純資産の部」の実務について法務、会計、税務の各分野を関連づけながら総合的に解説する書として、平成20年11月に刊行された。

　資本取引の実務については、法務、会計、税務が相互に関わる高度な実務処理が要求されるケースが多く、特に高い専門性が要求される分野である。具体的な手続、会計処理、税務上の取扱いおよび申告調整についてできる限り平易に解説することに努めたつもりである。また、各種議事録、公告・催告、通知書などの記載例、設例、申告調整例などを多数盛り込んでいる。刊行後、多くの読者の方々にご愛読いただいたことは、著者として感慨ひとしおである。

　今回の四訂にあたっては、次の点を加筆修正している。

　第1に、平成27年度税制改正における地方税法の改正により、法人住民税均等割の税率区分の基準となる額の算定上、無償増減資等の金額を加減算する措置が講じられた。また、法人住民税均等割の税率区分の基準である資本金等の額が、資本金と資本準備金の合計額を下回るときは、法人住民税均等割の税率区分の基準となる額は資本金と資本準備金の合計額とされる措置も併せて講じられた。本改訂にあたっては、「第2編　会計・税務編」の「第3章　無償増資の会計・税務」、「第5章　剰余金の配当を伴わない減資（無償減資）の会計・税務」、「第7章　準備金の減少に係る会計・税務」および「第8章　自己株式の会計・税務」、「第3編　応用編」の「第4章　増減資（100％減資を含む）」に本改正内容を織り込み、それぞれにケーススタディを入れることにより、具体的な数字例により十分に理解できるようにした。

　第2に、平成27年度税制改正により、受取配当等の益金不算入制度に

係る重要な改正が行われた。「第2編　会計・税務編」の「第9章　剰余金の配当に係る会計・税務」に改正内容を織り込んだ。

　第3に、平成26年会社法の改正では、支配株主の異動を伴う新株発行の場合の特則が定められた。この改正内容を、「第1編　法務編」の「第1章　増資の法務」に織り込んだ。

　第4に、最新の法令等、会計基準、適用指針等に基づいて、全体をリニューアルしている。また、法令等が改正されて以降の実際の実務を踏まえた記述を追加している。

　本書が引き続き読者の方々の実務にご参考となりお役立ていただければ、著者として幸甚の限りである。

　なお、本書の内容のうち意見にわたる部分には、筆者の個人的見解が含まれている。したがって、文責はすべて筆者にあることをお断りしておきたい。

　最後に、本書の企画・編集・校正にあたっては、㈱税務研究会の堀直人氏にご尽力をいただいた。この場を借りて心から謝意を申し上げたい。

平成28年9月

公認会計士・税理士　太田達也

はしがき（初版）

　「純資産の部」の実務は、法務、会計、税務の各分野から整理していかなければならない特に専門性が高いテーマであるといえる。増資、減資、自己株式の取引、配当、任意積立金の積立て・取崩、合併・分割などの企業組織再編など、いわゆる資本取引については、従来から実務上の論点が数多く発生するものとして認識されている。

　第1に、法律上の手続を整理していく必要がある。株主総会の決議、取締役会の決議はどのように行うのか、その際各種の議事録をどのように作成して保存しておくべきなのか。また、株主に対して行う公告や通知についても、法令の規定を踏まえた厳格な対応が必要である。本書においては、各種の議事録の記載例、公告・通知の記載例などをできる限り掲載させていただいている。

　第2に、会計処理をどのように行うのか。企業会計基準委員会などから公表された会計基準、適用指針、実務対応報告等に準拠して処理を行うものについては、そのルールを的確に整理したうえで対応する必要がある。また、直接のルールが不明確なものも実務上は生じうるわけであり、すでに公表されている取扱いなどをしん酌したうえで対応せざるを得ない場面も生じうる。本書においては、仕訳例や設例をできる限り織り込んでいる。

　第3に、税務処理をどのように行うのか。税法の法令、通達などを十分に理解・整理し、場合によってはそれらの取扱いを参酌したうえで的確に対応する必要がある。特に、会計処理と一致しない処理が発生する場面が増加しており、会計処理の検討とは別の観点から税務処理を検討すべき場面が少なくない。例えば、自己株式の取引や合併・分割などの

企業組織再編においては、会計処理と税務処理が不一致となり、申告調整が発生する場面が多い。本書においては、設例のなかに申告調整例をできる限り掲載させていただいている。

　また、資本取引には高度で専門的な知識やノウハウを必要とするケースもあり、デット・エクイティ・スワップ（債務の資本化）、100％減資などについては、実務上、法務、会計、税務の知識、ノウハウを結集して対応する必要のあるものもある。本書においては、「純資産の部」に係る実務について、「総論編　純資産の部の意義」、「第1編　法務編」、「第2編　会計・税務編」、「第3編　応用編」と分け、応用的なケースも含めて、できる限り実務的な内容と留意点を織り込んで解説させていただいたつもりである。

　平成16年10月に初版が刊行された拙著「『増資・減資の実務』完全解説」は、増資、減資を中心としてその法務、会計、税務について執筆したものであり、多くの読者のご愛読をいただいた。本書は、同書の内容をベースとしつつ、最新の法令、規則、通達等に基づいて加筆・修正し、また、自己株式、配当、企業組織再編などの資本取引に係る内容を大幅に加えたうえで、新刊として刊行させていただくものである。読者のお役に立てていただければ幸いである。

　なお、本書の内容のうち意見にわたる部分には、筆者の個人的見解が含まれている。したがって、文責はすべて筆者にあることをお断りしたい。

　最後に、本書の企画・編集・校正にあたっては、（株）税務研究会の奥田守氏にご尽力をいただいた。この場を借りて心から謝意を申し上げたい。

　平成20年9月

公認会計士　太田達也

目　次

総論編　純資産の部の意義

1．純資産の部とは……………………………………………3
2．株主に帰属するものと帰属しないもの……………………4
3．純資産の部と資本の部との比較……………………………5
　(1)　個別貸借対照表……………………………………………5
　(2)　連結貸借対照表……………………………………………6
4．株主資本等変動計算書………………………………………7
　(1)　株主資本等変動計算書の内容……………………………7
　(2)　株主資本等変動計算書の作成方法………………………8
5．会計上の資本と利益の区分と税務上の資本と利益の区分………20
　(1)　会計上の資本と利益の区分………………………………21
　(2)　税務上の資本と利益の区分………………………………22
　(3)　会計上の資本と利益の区分と税務上の資本と利益の区分が
　　　 ずれる場合とその調整手続………………………………24
6．経営指標に与える影響………………………………………27
　(1)　1株当たり純資産額………………………………………27
　(2)　自己資本比率………………………………………………28

第1編　法務編

第1章　増資の法務

I　増資の手続……………………………………………………*32*
1．会社設立時の資本金の増加額……………………………………32
　（1）　株式の払込金額と2分の1規制………………………………32
　（2）　会社設立時の資本金の計上額…………………………………33
2．募集株式の発行と資本金の増加額………………………………35
3．増資の手続（その1　株主割当増資）…………………………37
　（1）　定款の定める発行可能株式総数の変更の要否………………38
　（2）　手続の内容………………………………………………………39
4．増資の手続（その2　第三者割当増資）………………………56
　（1）　募集事項等の決定機関…………………………………………56
　（2）　手続の内容………………………………………………………58
5．増資の手続（その3　現物出資）………………………………74
　（1）　現物出資の概要…………………………………………………74
　（2）　株主総会または取締役会の決議………………………………74
　（3）　検査役の調査……………………………………………………75
　（4）　検査役の調査を省略できる場合………………………………76
　（5）　財産価格てん補責任……………………………………………78
　（6）　変更登記の添付書類……………………………………………79
6．増資の手続（その4　無償増資）………………………………79
　（1）　剰余金の資本組入れ……………………………………………79
　（2）　準備金の資本組入れ……………………………………………81

Ⅱ 差止請求、引受人、取締役等の責任、無効の訴え……………84
1．不公正発行等の差止請求権………………………………………84
2．不公正な払込金額で株式を引き受けた引受人の責任…………85
3．出資財産の価額が不足する場合の取締役等の責任……………86
4．新株発行の無効の訴え……………………………………………88

第2章　新株予約権の法務

1．新株予約権とは……………………………………………………92
2．新株予約権の手続(募集から割当て・払込みまで)……………93
　(1)　募集事項の決定………………………………………………95
　(2)　募集事項の決定の委任………………………………………96
　(3)　公開会社における募集事項の決定の特則…………………97
　(4)　株主に新株予約権の割当てを受ける権利を与える場合(株主割当ての場合)………………………………………………98
　(5)　募集新株予約権の申込み・割当て…………………………99
　(6)　募集新株予約権に係る払込み………………………………104
　(7)　募集新株予約権の発行をとりやめることの請求……………104
3．新株予約権原簿の管理……………………………………………105
　(1)　新株予約権原簿………………………………………………105
　(2)　新株予約権原簿記載事項を記載した書面の交付等………106
　(3)　新株予約権原簿の管理………………………………………106
　(4)　新株予約権原簿の備置きおよび閲覧等……………………107
　(5)　新株予約権者に対する通知等………………………………107
4．新株予約権の行使…………………………………………………107
　(1)　新株予約権の行使……………………………………………107

（2）　新株予約権の行使に際しての払込み……………………109
　（3）　株主となる時期……………………………………………109
　（4）　1に満たない端数の処理…………………………………110

第3章　減資の法務

1．株主総会の決議………………………………………………113
　（1）　株主総会の決議事項………………………………………113
　（2）　決議要件の特例……………………………………………116
　（3）　減資と払戻し、株式数の減少または欠損てん補との関係……118
2．債権者保護手続………………………………………………121
　（1）　公告・催告事項……………………………………………121
　（2）　催告を省略できる場合……………………………………126
3．手続上の留意事項……………………………………………126
　（1）　催告は債権者全員に対して行う必要があるのか………127
　（2）　株式数を減少させるか……………………………………127
　（3）　資本金ゼロ円までの減資は可能か………………………128
4．変更登記………………………………………………………128

第4章　準備金の減少に係る法務

1．株主総会の決議………………………………………………132
　（1）　株主総会の決議事項………………………………………132
　（2）　決議要件の特則……………………………………………135
2．債権者保護手続………………………………………………136
　（1）　債権者保護手続を省略できる場合………………………136

(2)　公告・催告事項 ································· 137

第5章　自己株式の法務

1．自己株式の取得 ·· 142
2．自己株式の取得方法の類型 ····························· 144
3．株主との合意による取得 ······························· 145
　(1)　すべての株主に売却の機会を与えて行う取得手続(ミニ公開買付け) ··· 145
　(2)　特定の株主からの取得 ····························· 149
4．取得請求権付株式および取得条項付株式の取得 ·········· 154
　(1)　取得請求権付株式の取得 ·························· 154
　(2)　取得条項付株式の取得 ···························· 156
5．全部取得条項付種類株式の取得 ························ 160
　(1)　全部取得条項付種類株式の取得に関する決定 ········ 160
　(2)　裁判所に対する価格の決定の申立て ················ 161
　(3)　取得対価等に関する書面の備置きおよび閲覧等 ······ 162
　(4)　財源規制との関係 ································ 163
　(5)　効力の発生 ······································ 163
　(6)　100％減資への活用 ······························· 164
6．相続人等に対する売渡しの請求 ························ 165
　(1)　相続人等に対する売渡しの請求に関する定款の定め ·· 166
　(2)　売渡しの請求の決定 ······························ 167
　(3)　売渡しの請求 ···································· 167
　(4)　売買価格の決定 ·································· 168
　(5)　財源規制との関係 ································ 169

（6）　少数株主からの売渡し請求があったときの対応············169
７．株式の消却··170

第6章　剰余金の配当に係る法務

１．剰余金の配当··174
２．剰余金の配当に関する事項の決定··························174
３．現物配当の手続··176
４．金銭分配請求権の行使····································177
５．基準株式数を定めた場合の処理····························178
６．配当財産の交付の方法等··································178
７．純資産額が300万円未満の場合の適用除外···················179
８．期中の配当(取締役会の決議によるもの)····················179
９．剰余金の配当等を決定する機関の特則······················179
　（1）　剰余金の配当等を取締役会が決定する旨の定款の定め·····179
　（2）　株主の権利の制限····································182
10．剰余金の配当等に関する責任······························182
　（1）　配当等の制限(財源規制)······························182
　（2）　分配可能額の算定方法································185
　（3）　剰余金の配当等に係る取締役等の責任··················187

第2編　会計・税務編

第1章　金銭出資の会計・税務

1. 増資の会計処理……………………………………………………196
2. 増資の税務…………………………………………………………198
   - (1) 株主割当増資に係る税務…………………………………198
   - (2) 有利発行に係る税務上の取扱い…………………………200
   - (3) 非上場会社株式の時価算定………………………………214
   - (4) 利益移転の問題が生じないようにするための方策……221

第2章　現物出資の会計・税務

1. 適格か非適格か……………………………………………………226
2. 現物出資財産の評価の問題（金銭債権以外の一般財産について）‥227
   - (1) 過大受入れの場合…………………………………………227
   - (2) 過少受入れの場合…………………………………………229

第3章　無償増資の会計・税務

1. 剰余金の資本組入れに係る会計・税務…………………………232
   - (1) 会計処理……………………………………………………232
   - (2) 税務処理（法人税）………………………………………234
   - (3) 税務処理（地方税）………………………………………237
2. 準備金の資本組入れに係る会計・税務…………………………240

(1)　会計処理 …………………………………………………………240
　(2)　税務処理 …………………………………………………………241

第4章　新株予約権および新株予約権付社債の会計・税務

１．新株予約権の会計処理 ……………………………………………246
　(1)　発行会社の会計処理 ……………………………………………246
　(2)　取得者側の会計処理 ……………………………………………247
２．新株予約権付社債（転換社債型）の会計処理 …………………248
　(1)　発行会社の会計処理 ……………………………………………248
　(2)　取得者側の会計処理 ……………………………………………249
３．新株予約権付社債（転換社債型以外）の会計処理 ……………251
　(1)　発行会社の会計処理 ……………………………………………251
　(2)　取得者側の会計処理 ……………………………………………251
４．新株予約権の税務 …………………………………………………252
　(1)　発行会社の税務 …………………………………………………252
　(2)　権利行使者（個人）側の税務 …………………………………253
　(3)　権利行使者（法人）の税務 ……………………………………256
５．ストック・オプションの会計・税務 ……………………………258
　(1)　ストック・オプションの会計 …………………………………258
　(2)　ストック・オプションの税務 …………………………………260
６．新株予約権付社債の税務 …………………………………………267

第5章　剰余金の配当を伴わない減資（無償減資）の会計・税務

１．剰余金の配当を伴わない減資（無償減資）の会計処理 …………270

(1)　発行会社の会計処理···270
　　(2)　株主側の会計処理···273
　2．剰余金の配当を伴わない減資(無償減資)の税務···················274
　　(1)　発行会社の税務··274
　　(2)　株主の税務···277
　3．平成27年度税制改正による地方税法の均等割に係る改正········277
　　(1)　無償増減資等に係る加減算規定の創設························277
　　(2)　均等割の税率区分の基準である資本金等の額が、資本金に
　　　　資本準備金を加えた額を下回る場合································279
　　(3)　ケーススタディ··280

第6章　剰余金の配当を伴う減資(有償減資)の会計・税務

　1．剰余金の配当を伴う減資(有償減資)に係る会計処理············286
　　(1)　発行会社の会計処理···286
　　(2)　株主の会計処理··288
　2．剰余金の配当を伴う減資(有償減資)に係る税務···················290
　　(1)　発行会社の税務··290
　　(2)　株主の税務···293

第7章　準備金の減少に係る会計・税務

　1．準備金の減少に係る会計処理···302
　2．準備金の減少に係る税務··303
　　(1)　準備金の減少により剰余金が発生するケース(欠損てん補以
　　　　外のケース)··303

(2)　準備金の減少による欠損てん補のケース················304
　(3)　平成27年度税制改正による地方税法の改正···········306
３．準備金の減少による剰余金を原資とする配当を受けた株主の
　　処理···308
４．純資産の部の計数の変動···309
　(1)　純資産の部の計数の変動の柔軟化··························309
　(2)　資本と利益の混同の禁止の明確化··························310
　(3)　利益剰余金の資本組入れ······································310
　(4)　欠損てん補の場合··311

第8章　自己株式の会計・税務

１．自己株式の取得に係る会計・税務·································314
　(1)　自己株式の取得に係る会計処理·······························314
　(2)　自己株式の取得に係る税務処理·······························314
　(3)　平成27年度税制改正による地方税法の改正···········318
２．自己株式の処分に係る会計・税務·································321
　(1)　自己株式の処分に係る会計処理·······························321
　(2)　自己株式の処分に係る税務処理·······························321
３．自己株式の消却に係る会計・税務·································323
　(1)　自己株式の消却に係る会計処理·······························323
　(2)　自己株式の消却に係る税務処理·······························323
４．連結財務諸表における子会社および関連会社が保有する親会社
　　株式等の取扱い··325
５．100％グループ内の内国法人の株式を発行法人に譲渡する場合の
　　取扱い···326

6．みなし配当の益金不算入制限 ………………………………………327
7．自己株式の低廉取得の取扱い ………………………………………330

第9章　剰余金の配当に係る会計・税務

1．剰余金の配当に係る会計・税務 ………………………………………334
  (1) 剰余金の配当に係る会計処理 ………………………………………334
  (2) 剰余金の配当に係る税務 ……………………………………………336
2．現物配当に係る会計処理 ………………………………………………347
  (1) 現物配当に係る会計処理 ……………………………………………347
  (2) 現物配当に係る税務 …………………………………………………350
  (3) 「現物分配」の創設 …………………………………………………351
3．その他資本剰余金の処分による配当を受けた株主の会計処理…352

第3編　応用編

第1章　完全支配関係がある法人間の資本取引

1．完全支配関係がある法人間での自己株式の取得 ………………358
  (1) 税制改正前の取扱い …………………………………………………358
  (2) 税制改正後の取扱い …………………………………………………360
2．完全支配関係がある法人間での剰余金の配当 …………………365
  (1) 利益剰余金から配当を受けた場合 …………………………………365
  (2) 資本剰余金から配当を受けた場合 …………………………………366
3．完全支配関係がある法人間の残余財産の分配 …………………370

4．100％グループ内の他の内国法人が清算中である場合等の取扱い
 ･･･376
　(1)　子法人株式評価損の計上制限･･････････････････････････376
　(2)　有税の評価損否認金と別表調整の方法････････････････････377

第2章　適格現物分配

1．現物分配とは･･380
　(1)　現物分配の定義･･････････････････････････････････････380
　(2)　具体的な手続･･･････････････････････････････････････381
2．適格現物分配の定義･･･････････････････････････････････････383
3．現物分配法人の会計処理・税務処理････････････････････････384
　(1)　完全支配関係がない場合･････････････････････････････384
　(2)　完全支配関係がある場合･････････････････････････････385
4．被現物分配法人の会計処理・税務処理････････････････････････387
　(1)　被現物分配法人の会計処理･･･････････････････････････387
　(2)　被現物分配法人の税務処理･･･････････････････････････388

第3章　デット・エクイティ・スワップ(債務の資本化)

1．デット・エクイティ・スワップ(債務の資本化)とは･･････････400
2．デット・エクイティ・スワップのスキーム･････････････････402
　(1)　現物出資方式と新株払込方式･････････････････････････402
　(2)　券面額説と時価評価説･･･････････････････････････････403
　(3)　会社法における法的解釈･････････････････････････････404
3．デット・エクイティ・スワップの会計処理････････････････････406

(1)	債務者の会計処理	406
(2)	債権者の会計処理	407

4．デット・エクイティ・スワップの税務 414
　(1)　債務者の税務 414
　(2)　債権者の税務 422
　(3)　取得する株式の時価と債権の時価との関係 426
　(4)　各手続別の税務 426
　(5)　新株払込方式によるデット・エクイティ・スワップの場合 434

第4章　増減資(100%減資を含む)

1．100％減資の可否とその条件 436
2．株主総会の決議と反対株主の買取請求 437
　(1)　株主総会の決議 437
　(2)　反対株主の買取請求への対応 439
3．資本金の減少と増加 439
4．具体的な手続とスケジュール作成 440
5．減資と増資の登記申請 443
6．100％減資に係る会計 443
7．100％減資に係る税務 444
　(1)　基本的取扱い 444
　(2)　第三者割当増資と寄附金認定の問題 445
　(3)　平成27年度税制改正による地方税法の改正 447

第5章 増資・減資、新株予約権、種類株式、自己株式の活用

1. 増資の活用 ……………………………………………………………… 452
   (1) 資金調達 …………………………………………………………… 452
   (2) 会社再建 …………………………………………………………… 452
   (3) 企業提携 …………………………………………………………… 453
2. 新株予約権の活用 ……………………………………………………… 453
   (1) ストック・オプション …………………………………………… 453
   (2) 提携強化・事業支援 ……………………………………………… 454
   (3) 資金調達手段 ……………………………………………………… 454
   (4) 買収防衛策 ………………………………………………………… 455
   (5) MBO ………………………………………………………………… 457
   (6) 株式公開前の資本政策 …………………………………………… 458
3. 種類株式の活用 ………………………………………………………… 458
   (1) トラッキング・ストック ………………………………………… 458
   (2) ベンチャーキャピタルでの活用 ………………………………… 459
4. 減資の活用 ……………………………………………………………… 460
   (1) 財務内容の改善 …………………………………………………… 460
   (2) 利益配当・自己株式取得を可能にする ………………………… 461
   (3) 過剰財産返却 ……………………………………………………… 461
5. 自己株式の活用 ………………………………………………………… 462
   (1) 企業組織再編の代用自己株式 …………………………………… 462
   (2) 持合解消手段 ……………………………………………………… 462
   (3) 納税資金調達手段 ………………………………………………… 463
   (4) 物納による(相続税)納税対策 …………………………………… 464
   (5) 分散した株主の集約 ……………………………………………… 465

（6） ストック・オプション………………………………………465

索引………………………………………………………………467

凡例

主な法令等の略称は以下の通り。

所法	…	所得税法
所令	…	所得税法施行令
所基通	…	所得税基本通達
法法	…	法人税法
法令	…	法人税法施行令
法基通	…	法人税基本通達
消法	…	消費税法
商登法	…	商業登記法
相基通	…	相続税基本通達
措法	…	租税特別措置法
措令	…	租税特別措置法施行令
整備法	…	会社法の施行に伴う関係法律の整備等に関する法律
計算規則	…	会社計算規則

企業結合・事業分離等適用指針　…　企業結合会計基準及び事業分離等会計基準に関する適用指針（平17.12.27　企業会計基準適用指針第10号　企業会計基準委員会）

金融商品会計基準　…　金融商品に関する会計基準（平11.1.22　企業会計基準第10号　企業会計審議会）

金融商品会計実務指針　…　金融商品会計に関する実務指針（平12.1.31　日本公認会計士協会　会計制度委員会報告第14号）

自己株式会計基準　…　自己株式及び準備金の額の減少等に関する会計基準（平14.2.21　企業会計基準第1号　企業会計基準委員会）

変動計算書適用指針　…　株主資本等変動計算書に関する会計基準の適用指針（平17.12.27　企業会計基準適用指針第9号　企業会計基準委員会）

総論編

純資産の部の意義

1 純資産の部とは

　企業会計基準委員会から企業会計基準第5号「貸借対照表の純資産の部の表示に関する会計基準」および企業会計基準適用指針第8号「貸借対照表の純資産の部の表示に関する会計基準の適用指針」が公表され、会社法施行日以後に終了する事業年度から適用されている。純資産の部と従前の資本の部は大きく内容が変更されている。

　純資産の部は、いわゆる差額概念に基づいている。すなわち、資産から負債を差し引いた差額をそこに表示することになる。旧商法における貸借対照表は、事業運営上取得されることとなった資産と、その調達原資である（返済義務のある）負債と（株主に帰属する）資本を表すという考え方に基づいていたが、新しい制度や会計基準が創設されるに伴い、従前からの概念では律することができないものが生じるようになった。

　例えば、新株予約権は権利行使された場合に資本になるが、権利行使されない可能性もあり、権利行使されない場合は利益に計上される。オプションとしての性格から、負債でも資本でもないものとみることができる。連結上の非支配株主持分も、親会社に帰属しないことは明らかであるが、一方において返済義務のある負債とはいえない。これも負債でも資本でもないものととらえることができる。また、土地再評価差額金やその他有価証券評価差額金についても、時々刻々変動する時価による評価の結果認識される評価差額を株主に帰属するものととらえることは困難である。そのほか、ヘッジ会計の適用の結果生じる繰延ヘッジ損益は、損益計算の観点から資産または負債に繰り延べられる項目であるが、資産性または負債性を有しないものと考えられる。

　このように、新しい制度や会計基準により負債でも資本でもないものが少なからず生じるようになったことから、資産、負債および資本とい

う分類が実態に適合しにくくなっていたことが改正の背景である。新しい純資産の部のもとでは、資産性のあるもの、および負債性のあるものを除いて、すべて純資産の部に表示される。

資本の部イコール株主に帰属するものという考え方から、純資産の部イコール資産と負債の差額という考え方への根本的な概念の見直しである。

2 株主に帰属するものと帰属しないもの

純資産の部は差額概念であり、貸借対照表項目を厳密に資産項目と負債項目に分類したうえで、結果としてその差額が表示される。

したがって、純資産の部のなかには、株主に直接帰属するものと、そうでないものが一緒に表示されることになる。そこで、株主に直接帰属すると考えられるもの、具体的には資本金、資本剰余金、利益剰余金および自己株式（マイナスの株主資本）を「株主資本」という区分で表示し、それ以外のものについては、「評価・換算差額等」（連結上は「その他の包括利益累計額」）、「新株予約権」、（連結の場合の）「非支配株主持分」というように別の区分で表示することになる。

純資産の部において、株主に帰属するものとそうでないものを区分して表示する点が重要なポイントである。

差額概念としての「純資産の部」

資産	負債	
	株主資本（＝株主に帰属するもの） （資本金、資本剰余金、利益剰余金等）	⎫ ⎬ 差額概念（資産－負債）としての純資産 ⎭
	株主資本以外のもの（評価・換算差額等、新株予約権等）	

3 純資産の部と資本の部との比較

純資産の部と資本の部を比較すると以下のようになる。

（1）個別貸借対照表

資本の部	純資産の部
Ⅰ　資本金	Ⅰ　株主資本
Ⅱ　新株式払込金	1　資本金
（または新株式申込証拠金）	2　新株式申込証拠金
Ⅲ　資本剰余金	3　資本剰余金
1　資本準備金	（1）資本準備金
2　その他資本剰余金	（2）その他資本剰余金
（1）資本金及び資本	資本剰余金合計
準備金減少差益	4　利益剰余金
（2）自己株式処分差益	（1）利益準備金
資本剰余金合計	（2）その他利益剰余金
Ⅳ　利益剰余金	××積立金
（1）利益準備金	繰越利益剰余金
（2）任意積立金	利益剰余金合計
××積立金	5　自己株式

（3）　当期未処分利益 　　　　利益剰余金合計 Ⅴ　土地再評価差額金 Ⅵ　株式等評価差額金 Ⅶ　自己株式払込金 　　（または自己株式申込証拠金） Ⅷ　自己株式 　　　　　　資本合計	6　自己株式申込証拠金 　　　　　　株主資本合計 Ⅱ　評価・換算差額等 1　その他有価証券評価差額金 2　繰延ヘッジ損益 3　土地再評価差額金 　　　　評価・換算差額等合計 Ⅲ　新株予約権 　　　　　　純資産合計

（2）連結貸借対照表

資本の部	純資産の部
1　資本金	Ⅰ　株主資本
2　新株式払込金	1　資本金
（または新株式申込証拠金）	2　新株式申込証拠金
3　資本剰余金	3　資本剰余金
4　利益剰余金	4　利益剰余金
5　土地再評価差額金	5　自己株式
6　株式等評価差額金	6　自己株式申込証拠金
7　為替換算調整勘定	株主資本合計
8　自己株式払込金	Ⅱ　その他の包括利益累計額
（または自己株式申込証拠金）	1　その他有価証券評価差額金
9　自己株式	2　繰延ヘッジ損益
資本合計	3　土地再評価差額金
	4　為替換算調整勘定
	5　退職給付に係る調整累計額
	その他の包括利益累計額
	Ⅲ　新株予約権
	Ⅳ　非支配株主持分
	純資産合計

4 株主資本等変動計算書

(1) 株主資本等変動計算書の内容

　株主資本等変動計算書は、その事業年度中の純資産の部の項目の計数の増減を独立した計算書類として表す計算書類である。

　純資産の部の計数の増減をもたらすものとして、新株発行による資本金（または資本金・資本準備金）の増加、資本金の減少による資本金の減少と剰余金の増加（準備金の増加を行う場合は、準備金の増加）、準備金の減少による準備金の減少と資本金の増加、準備金の減少による準備金の減少と剰余金の増加、剰余金の減少による剰余金の減少と資本金の増加、剰余金の減少による剰余金の減少と準備金の増加、剰余金の配当による剰余金の減少（準備金の積立てを伴う場合は、準備金の増加）、自己株式の取得による自己株式の増加、自己株式の処分による自己株式の減少と剰余金の増減、自己株式の消却による自己株式の減少と剰余金の減少、欠損てん補、任意積立金の積立てまたは取崩しその他の剰余金の項目間の振替、当期純利益（または当期純損失）、評価・換算差額等および新株予約権の増減などが考えられる。これらの純資産の部の各項目の増減をもたらす取引がすべて株主資本等変動計算書によって表される。

　貸借対照表の純資産の部の表示方法についてはすでに解説したが、純資産の部の表示区分と同一の表示区分とし、それらの表示区分ごとの当期首残高、当期変動額および当期末残高を表示する。純資産の部の各項目は、期中に随時変動が生じうることから、この計算書類によって、前期の貸借対照表の純資産の部の各項目の残高と、当期の貸借対照表の純資産の部の各項目の残高の連続性が確保されることになる。

（2）株主資本等変動計算書の作成方法

① 項目の区分

株主資本等変動計算書の作成方法については、会社計算規則96条が定めている。株主資本等変動計算書は、次の項目に区分して表示しなければならない（計算規則96条2項1号）。

---

① 株主資本
② 評価・換算差額等
③ 新株予約権

---

② 株主資本の表示方法

株主資本については、次のように表示の規則が定められている。すなわち、次に掲げる項目は、当該各号に定める項目に区分しなければならない（計算規則96条3項1号）。

---

① 資本金
② 新株式申込証拠金
③ 資本剰余金
④ 利益剰余金
⑤ 自己株式
⑥ 自己株式申込証拠金

また、資本剰余金に係る項目は、資本準備金とその他資本剰余金に区分しなければならない。利益剰余金に係る項目は、利益準備金とその他利益剰余金に区分しなければならない。この場合、その他資本剰余金およびその他利益剰余金は、適当な名称を付した項目に細分することができる（計算規則96条4項）。「できる」規定であるから、項目の細分をし

なくてもよいと規定されている。ただし、企業会計基準第6号「株主資本等変動計算書に関する会計基準」(以下、「変動計算書会計基準」)においては、「株主資本等変動計算書の表示区分は、企業会計基準第5号「貸借対照表の純資産の部の表示に関する会計基準」に定める貸借対照表の純資産の部の表示区分に従う」(4項)と定められている。企業会計基準第5号「貸借対照表の純資産の部の表示に関する会計基準」では、「その他利益剰余金のうち、任意積立金のように、株主総会または取締役会の決議に基づき設定される項目については、その内容を示す科目をもって表示し、それ以外については繰越利益剰余金として表示する」(6項(2)、35項)としているため、両者の表示区分を一致させるためには、株主資本等変動計算書の方も、任意積立金と繰越利益剰余金を区分して表示すべきと考えられる。ただし、その他利益剰余金の内訳項目を注記に委ねることはできる(企業会計基準適用指針第9号「株主資本等変動計算書に関する会計基準の適用指針」(以下、「変動計算書適用指針」)4項」)。

③ 評価・換算差額等および新株予約権の表示方法

評価・換算差額等またはその他の包括利益累計額に係る項目は、その他有価証券評価差額金、繰延ヘッジ損益、土地再評価差額金、為替換算調整勘定、退職給付に係る調整累計額、その他適当な名称を付した項目に細分することができる(計算規則96条5項)。その他有価証券評価差額金は、金融商品会計基準を適用して、その他有価証券を時価評価したときに発生する差額金である。

評価・換算差額等に係る項目は、株主資本等変動計算書において項目の細分を行うか、または、その他利益剰余金の内訳項目の取扱いと同様に、注記に委ねることはできる(変動計算書適用指針5項)。

④ 自己新株予約権の表示方法

　新株予約権に係る項目は、自己新株予約権に係る項目を控除項目として区分することができる（計算規則96条6項）。自己新株予約権は、新株予約権を発行した会社がみずから買い戻したものであるから、資産と純資産の各部に両建てで表示するよりも、相殺表示するべきであるという考え方が成り立つ。しかし、貸借対照表の純資産の部の表示の取扱いと同様に、純資産の部において控除項目として区分表示することも認められている。

⑤ 変動事由の表示

（ⅰ）株主資本の取扱い

　資本金、資本剰余金、利益剰余金および自己株式に係る項目は、当期首残高、当期変動額および当期末残高を明らかにしなければならない。この場合において、当期変動額は、各変動事由ごとに変動額および変動事由を明らかにしなければならない（計算規則96条7項）。すなわち、株主資本に係る上記4項目は、変動事由を示したうえに、当期変動額を記載する必要がある。変動計算書適用指針には、変動事由として図表1のとおり例示が示されている（変動計算書適用指針6項）。

図表1　株主資本の変動事由の例示

① 当期純利益（連結上は親会社株主に帰属する当期純利益）または当期純損失（連結上は親会社株主に帰属する当期純損失）
② 新株の発行または自己株式の処分
③ 剰余金（その他資本剰余金またはその他利益剰余金）の配当
④ 自己株式の取得
⑤ 自己株式の消却
⑥ 企業結合（合併、会社分割、株式交換、株式移転など）による増加または分割型の会社分割による減少
⑦ 株主資本の計数の変動

・資本金から準備金または剰余金への振替
　　・準備金から資本金または剰余金への振替
　　・剰余金から資本金または準備金への振替
　　・剰余金の内訳科目間の振替
⑧　連結範囲の変動または持分法の適用範囲の変動（連結子会社または持分法適用会社の増加または減少）
⑨　非支配株主との取引に係る親会社の持分変動

(ⅱ) 株主資本以外の取扱い

　評価・換算差額等またはその他の包括利益累計額、および新株予約権および非支配株主持分に係る項目は、それぞれ当期首残高（遡及適用、誤謬の訂正または当該事業年度の前事業年度における企業結合に係る暫定的な会計処理の確定をした場合にあっては、当期首残高およびこれに対する影響額）および当期末残高ならびにその差額について明らかにしなければならない（計算規則96条8項）。すなわち、評価・換算差額等および新株予約権については、特に変動事由を明らかにする必要はなく、後に掲載する様式例のように、当期変動額を純額で（1行で）表示してよい。また、主要な変動額について、その変動事由とともに明らかにしてもよい。当該表示は、変動事由または金額の重要性などを勘案し、連結会計年度および事業年度ごとに、また、項目ごとに選択することができる。

　株主資本以外の各項目の主な変動事由およびその金額を表示する場合、当該変動事由には、以下のような例が考えられる（変動計算書適用指針11項）。

図表2　株主資本以外の各項目の主な変動事由の例示

（1）評価・換算差額等	①　その他有価証券評価差額金 ・その他有価証券の売却または減損処理による増減 ・純資産の部に直接計上されたその他有価証券評価差額金の増減
	②　繰延ヘッジ損益 ・ヘッジ対象の損益認識またはヘッジ会計の終了による増減 ・純資産の部に直接計上された繰延ヘッジ損益の増減
	③　為替換算調整勘定 ・在外連結子会社等の株式の売却による増減 ・連結範囲の変動に伴う為替換算調整勘定の増減 ・純資産の部に直接計上された為替換算調整勘定の増減
（2）新株予約権	・新株予約権の発行 ・新株予約権の取得 ・新株予約権の行使 ・新株予約権の失効 ・自己新株予約権の消却 ・自己新株予約権の処分
（3）非支配株主持分	・非支配株主に帰属する当期純利益（または非支配株主に帰属する当期純損失） ・連結子会社の増加（または減少）による非支配株主持分の増減 ・連結子会社株式の取得（または売却）による持分の増減 ・連結子会社の増資による非支配株主持分の増減

　なお、その他有価証券評価差額金について、主な変動事由およびその金額を表示する場合、時価評価の対象となるその他有価証券の売却または減損処理による増減は、原則として、以下のいずれかの方法により表示する（変動計算書適用指針12項）。

> ①　損益計算書に計上されたその他有価証券の売却損益等の額に税効果を調整した後の額を表示する方法
> ②　損益計算書に計上されたその他有価証券の売却損益等の額を表示する方法

　②の場合、評価・換算差額等に対する税効果の額を、別の変動事由として表示する。また当該税効果の額の表示は、評価・換算差額等の内訳科目ごとに行う方法、その他有価証券評価差額金を含む評価・換算差額等に対する税効果の額の合計による方法のいずれによることもできる。

　また、繰延ヘッジ損益および為替換算調整勘定についても同様に取り扱う。

　なお、税効果の調整の方法としては、例えば評価・換算差額等の増減があった事業年度の法定実効税率を使用する方法や繰延税金資産の回収可能性を考慮した税率を使用する方法などがある。

　株主資本等変動計算書の記載例として、ヘッジ会計を適用しておらず、かつ、評価・換算差額等および新株予約権を有さないシンプルな記載例を図表3に掲載する。

図表３　株主資本等変動計算書の記載例

	株主資本							純資産合計
	資本金	資本剰余金	利益剰余金			自己株式	株主資本合計	
		資本準備金	利益準備金	その他利益剰余金				
				圧縮積立金	繰越利益剰余金			
当期首残高	1,100	100	50	70	300	△30	1,590	1,590
当期変動額								
新株の発行	100	100					200	200
剰余金の配当			20		△220		△200	△200
自己株式の取得						△150	△150	△150
当期純利益					80		80	80
圧縮積立金の積立て				50	△50			
圧縮積立金の取崩				△10	10			
当期変動額合計	100	100	20	40	△180	△150	△70	△70
当期末残高	1,200	200	70	110	120	△180	1,520	1,520

（前期B／Sの残高と一致／当期B／Sの残高と一致）

⑥　変動計算書適用指針の様式例

　変動計算書適用指針では、項目を横に並べる様式と項目を縦に並べる様式の２種類が示されている。「連結株主資本等変動計算書および個別株主資本等変動計算書（以下合わせて「株主資本等変動計算書」という）の表示は、純資産の各項目を横に並べる様式により作成する。ただし、純資産の各項目を縦に並べる様式により作成することもできる」（変動計算書適用指針３項）。

　様式例を次に示すこととする（16ページ以降を参照）。

　様式の記載例のように、株主資本等変動計算書の表示区分は、貸借対

照表の純資産の部の表示区分と対応関係があることが明らかである。また、株主資本については当期変動額をグロスで（増加額と減少額を分けて）表示し、一方、評価・換算差額等および新株予約権については、ネット（純額）で表示してよい。評価・換算差額等および新株予約権の当期変動額について変動事由を示さないで、金額を純額でのみ表示する場合は、様式の記載例のように「株主資本以外の項目の当期変動額（純額）」と記載すればよい。

(1) 純資産の各項目を横に並べる様式例

① 株主資本等変動計算書

	株主資本									評価・換算差額等(*2)			新株予約権	純資産合計(*3)
	資本金	資本剰余金			利益剰余金				自己株式	株主資本合計	その他有価証券評価差額金	繰延ヘッジ損益	評価・換算差額等合計(*3)		
		資本準備金	その他資本剰余金	資本剰余金合計(*3)	利益準備金	その他利益剰余金(*1)		利益剰余金合計(*3)							
						××積立金	繰越利益剰余金								
当期首残高(*4)	XXX	XXX	XXX	XXX	XXX	XXX	XXX	XXX	△XXX	XXX	XXX	XXX	XXX	XXX	XXX
当期変動額(*5)															
新株の発行	XXX	XXX		XXX						XXX					XXX
剰余金の配当							△XXX	△XXX		△XXX					△XXX
当期純利益							XXX	XXX		XXX					XXX
自己株式の処分			XXX	XXX					XXX	XXX					XXX
××××															
株主資本以外の項目の当期変動額（純額）											(*6)XXX	(*6)XXX	XXX	(*6)XXX	XXX
当期変動額合計	XXX	XXX	—	XXX	—	XXX	XXX	XXX	△XXX	XXX	XXX	XXX	XXX	XXX	XXX
当期末残高	XXX	XXX	XXX	XXX	XXX	XXX	XXX	XXX	△XXX	XXX	XXX	XXX	XXX	XXX	XXX

(*1) その他利益剰余金については、その内訳科目の当期末残高及び当期変動額を当期首残高、当期変動額を区分表示により開示することができる。この場合、その他利益剰余金の当期首残高、当期変動額及び当期末残高の合計額を個別株主資本等変動計算書に記載する。
(*2) 評価・換算差額等については、その内訳科目の当期末残高及び当期変動額を当期首残高、当期変動額を区分表示により開示することができる。この場合、評価・換算差額等の当期首残高、当期変動額及び当期末残高の合計額を個別株主資本等変動計算書に記載する。
(*3) 各合計欄の記載は省略することができる。
(*4) 企業会計基準第24号「会計上の変更及び誤謬の訂正に関する会計基準」（以下、「企業会計基準第24号」という）に従って遡及処理を行った場合には、表示期間のうち最も古い期間の期首残高に対する会計方針の変更による累積的影響額に加減することが定められている場合や、その他企業会計基準等の表示が行われる場合には、上記に「会計基準等の適用による影響額」等として期首残高の次に記載する。
(*5) 株主資本の各項目の変動事由ごとの金額は、変動事由ごとに代えて、変動事由に関係する個別株主資本等変動計算書又は注記により表示することができる。
(*6) 株主資本以外の各項目は、当期変動額を純額により記載することに代えて、主な変動事由ごとにその金額を記載し、又は注記することができる。

② 連結株主資本等変動計算書

	株主資本					その他の包括利益累計額(*1)					新株予約権	非支配株主持分	純資産合計(*2)
	資本金	資本剰余金	利益剰余金	自己株式	株主資本合計	その他有価証券評価差額金	繰延ヘッジ損益	為替換算調整勘定	退職給付に係る調整累計額	その他の包括利益累計額合計(*2)			
当期首残高(*3)	XXX	XXX	XXX	△XXX	XXX	XXX	XXX	XXX	XXX	XXX	XXX	XXX	XXX
当期変動額(*4)													
新株の発行	XXX	XXX			XXX								XXX
剰余金の配当			△XXX		△XXX								△XXX
親会社株主に帰属する当期純利益			XXX		XXX								XXX
×××××													
自己株式の処分		XXX		XXX	XXX								XXX
その他		XXX			XXX								XXX
株主資本以外の項目の当期変動額(純額)						(*5)XXX	(*5)XXX	(*5)XXX	(*5)XXX	XXX	(*5)△XXX	(*5)XXX	XXX
当期変動額合計	XXX	XXX	XXX	XXX	XXX	XXX	XXX	XXX	XXX	XXX	△XXX	XXX	XXX
当期末残高	XXX	XXX	XXX	△XXX	XXX	XXX	XXX	XXX	XXX	XXX	XXX	XXX	XXX

(*1) その他の包括利益累計額については、その内訳科目の当期首残高、当期変動額及び当期末残高の各金額を注記により開示することができる。この場合、その他の包括利益累計額の当期首残高、当期変動額及び当期末残高の各合計金額を連結株主資本等変動計算書に記載する。
(*2) 企業会計基準第24号に従って遡及処理を行った場合には、表示期間のうち最も古い期間の期首残高に対する、会計方針の変更による影響額及び当該期間より前の期間の累積的影響額を区分表示する。この場合、その他の包括利益累計額の遡及処理後の期首残高を記載する。
(*3) 企業会計基準第24号に従って遡及処理を行った場合には、表示期間における特定の経過的な取扱いにより、会計処理の確定が企業結合年度の翌年度のみに行われ、当該年度の表示が行われない場合には、企業結合年度に確定した会計処理における影響額を暫定的な処理額との差額により表示することとともに、当該影響額の反映後の期首残高を記載する。
(*4) 株主資本の各項目の変動事由及びその金額の記載は、概ね連結損益計算書における表示の順序による。
また、変動事由ごとにその金額を連結株主資本等変動計算書に記載する項目は、概ね連結貸借対照表に記載した株主資本の各項目に係るものとし、株主資本以外の各項目については、変動事由ごとの記載に代えて、主な変動事由及びその金額を注記することができる。この場合、当該株主資本以外の各項目に係る連結株主資本等変動計算書又は注記により表示し、上記に準じて、期首残高により表示することができる。
(*5) 株主資本以外の項目の当期変動額は、純額で表示することを原則とするが、主な変動事由ごとにその金額を表示(注記による開示を含む。)することができる。

17

(2) 純資産の各項目を縦に並べる様式例

① 株主資本等変動計算書

株主資本			
資本金	当期首残高		XXX
	当期変動額	新株の発行	XXX
	当期末残高		XXX
資本剰余金			
資本準備金	当期首残高		XXX
	当期変動額	新株の発行	XXX
	当期末残高		XXX
その他資本剰余金	当期首残高及び当期末残高		XXX
資本剰余金合計(*3)	当期首残高		XXX
	当期変動額		XXX
	当期末残高		XXX
利益剰余金			
利益準備金	当期首残高		XXX
	当期変動額	剰余金の配当に伴う積立て	XXX
	当期末残高		XXX
その他利益剰余金(*1)			
XX積立金	当期首残高及び当期末残高		XXX
繰越利益剰余金	当期首残高		XXX
	当期変動額	剰余金の配当	△XXX
		当期純利益	XXX
	当期末残高		XXX
利益剰余金合計(*3)	当期首残高		XXX
	当期変動額		XXX
	当期末残高		XXX
自己株式	当期首残高		△XXX
	当期変動額	自己株式の処分	XXX
	当期末残高		△XXX
株主資本合計	当期首残高		XXX
	当期変動額		XXX
	当期末残高		XXX
評価・換算差額等(*2)			
その他有価証券評価差額金	当期首残高		XXX
	当期変動額（純額）(*4)		XXX
	当期末残高		XXX
繰延ヘッジ損益	当期首残高		XXX
	当期変動額（純額）(*4)		XXX
	当期末残高		XXX
評価・換算差額等合計(*3)	当期首残高		XXX
	当期変動額		XXX
	当期末残高		XXX
新株予約権	当期首残高		XXX

		当期変動額（純額）(*4)	XXX
		当期末残高	XXX
純資産合計(*3)		当期首残高	XXX
		当期変動額	XXX
		当期末残高	XXX

(*1) その他利益剰余金については、その内訳科目の当期首残高、当期変動額及び当期末残高の各金額を注記により開示することができる。この場合、その他利益剰余金の当期首残高、当期変動額及び当期末残高の各合計額を個別株主資本等変動計算書に記載する。

(*2) 評価・換算差額等については、その内訳科目の当期首残高、当期変動額及び当期末残高の各金額を注記により開示することができる。この場合、評価・換算差額等の当期首残高、当期変動額及び当期末残高の各合計額を個別株主資本等変動計算書に記載する。

(*3) 各合計欄の記載は省略することができる。

(*4) 株主資本以外の各項目は、変動事由ごとにその金額を記載することができる。この場合、個別株主資本等変動計算書又は注記により表示することができる。

注１：期中における変動がない場合には、「当期首残高及び当期末残高」のみを表示することができる。

注２：企業会計基準第24号に従って遡及処理を行った場合には、表示期間のうち最も古い期間の期首残高に対する、表示期間より前の期間の累積的影響額を区分表示するとともに、遡及処理後の期首残高を記載する。

　　　　また、会計基準等における特定の経過的な取扱いにより、会計方針の変更による影響額を適用初年度の期首残高に加減することが定められている場合や企業結合会計基準に従って暫定的な会計処理の確定が企業結合年度の翌年度に行われ、当該年度のみの表示が行われる場合には、上記に準じて、期首残高に対する影響額を区分表示するとともに、当該影響額の反映後の期首残高を記載する。

② 連結株主資本等変動計算書

株主資本

	資本金	当期首残高		XXX
		当期変動額	新株の発行	XXX
		当期末残高		XXX
	資本剰余金	当期首残高		XXX
		当期変動額	新株の発行	XXX
		当期末残高		XXX
	利益剰余金	当期首残高		XXX
		当期変動額	剰余金の配当	△XXX
			親会社株主に帰属する当期純利益	XXX
			その他	XXX
		当期末残高		XXX
	自己株式	当期首残高		△XXX
		当期変動額	自己株式の処分	XXX
		当期末残高		△XXX
	株主資本合計	当期首残高		XXX
		当期変動額		XXX
		当期末残高		XXX

その他の包括利益累計額(*1)

	その他有価証券評価差額金	当期首残高		XXX
		当期変動額（純額）(*3)		XXX
		当期末残高		XXX

繰延ヘッジ損益	当期首残高	XXX
	当期変動額（純額）(*3)	XXX
	当期末残高	XXX
為替換算調整勘定	当期首残高	XXX
	当期変動額（純額）(*3)	XXX
	当期末残高	XXX
退職給付に係る調整累計額	当期首残高	XXX
	当期変動額（純額）(*3)	XXX
	当期末残高	XXX
その他の包括利益累計額合計(*2)	当期首残高	XXX
	当期変動額	XXX
	当期末残高	XXX
新株予約権	当期首残高	XXX
	当期変動額（純額）(*3)	XXX
	当期末残高	XXX
非支配株主持分	当期首残高	XXX
	当期変動額（純額）(*3)	XXX
	当期末残高	XXX
純資産合計(*2)	当期首残高	XXX
	当期変動額	XXX
	当期末残高	XXX

(*1) その他の包括利益累計額については、その内訳科目の当期首残高、当期変動額及び当期末残高の各金額を注記により開示することができる。この場合、その他の包括利益累計額の当期首残高、当期変動額及び当期末残高の各合計額を連結株主資本等変動計算書に記載する。

(*2) 各合計欄の記載は省略することができる。

(*3) 株主資本以外の各項目は、変動事由ごとにその金額を記載することができる。この場合、連結株主資本等変動計算書又は注記により表示することができる。

注1：期中における変動がない場合には、「当期首残高及び当期末残高」のみを表示することができる。

注2：企業会計基準第24号に従って遡及処理を行った場合には、表示期間のうち最も古い期間の期首残高に対する、表示期間より前の期間の累積的影響額を区分表示するとともに、遡及処理後の期首残高を記載する。
　　　また、会計基準等における特定の経過的な取扱いにより、会計方針の変更による影響額を適用初年度の期首残高に加減することが定められている場合や企業結合会計基準に従って暫定的な会計処理の確定が企業結合年度の翌年度に行われ、当該年度のみの表示が行われる場合には、上記に準じて、期首残高に対する影響額を区分表示するとともに、当該影響額の反映後の期首残高を記載する。

(出典：公益財団法人財務会計基準機構
　　　企業会計基準適用指針第9号「株主資本等変動計算書に関する会計基準の適用指針」)

5　会計上の資本と利益の区分と税務上の資本と利益の区分

　会計上の資本と利益の区分は、資本金および資本剰余金と利益剰余金の区分のルールに従う。一方、税務上の資本と利益の区分は、税務上の資本金等の額と利益積立金額の区分のルールに従う。会計上の区分と税

務上の区分は常に一致するわけではなく、両者にずれが生じる場合がある。そのようなずれが生じた場合は、原則として、法人税申告書の別表5(1)の申告調整で対応することになる。

（1）会計上の資本と利益の区分

会計上の貸借対照表の純資産の部の内容は、次のようになっている。

純資産の部
Ⅰ　株主資本
1　資本金
2　新株式申込証拠金
3　資本剰余金
(1)　資本準備金
(2)　その他資本剰余金
資本剰余金合計
4　利益剰余金
(1)　利益準備金
(2)　その他利益剰余金
××積立金
繰越利益剰余金
利益剰余金合計
5　自己株式
6　自己株式申込証拠金
株主資本合計
Ⅱ　評価・換算差額等
1　その他有価証券評価差額金
2　繰延ヘッジ損益
3　土地再評価差額金
評価・換算差額等合計
Ⅲ　新株予約権
純資産合計

資本金および資本剰余金は、株主からの払込資本であり、原則として、新株発行により払込みを受けた金銭の額または金銭以外の資産の価額（時価）相当額が計上額となる。一方、利益剰余金は、払込資本の運用により稼得された留保利益に相当するものであり、当期純損益の計上を通じて利益剰余金の重要な構成項目である繰越利益剰余金が増減する。

　また、自己株式の取得は、株主に対する払込資本の払戻しに相当するものと考えられており、株主資本の中でマイナス表示するが、会計上は株主資本の項目のうちのどの項目のマイナスであるかという紐付き関係でとらえないで、株主資本全体の中でマイナス項目としてとらえる。

　企業会計基準第1号「自己株式及び準備金の額の減少等に関する会計基準」19項においては、「資本剰余金の各項目は、利益剰余金の各項目と混同してはならない。したがって、資本剰余金の利益剰余金への振替は原則として認められない。」とされている。資本性の剰余金と利益性の剰余金は、払込資本と払込資本を利用して得られた成果を区分する考えから、区別しなければいけないという考え方がベースになっている。

（2）税務上の資本と利益の区分

　法人税法上は、資本等取引の定義が規定されており、別段の定めがあるものを除いて、資本等取引以外の取引に係る当該事業年度の収益の額を当該事業年度の益金の額に算入し、当該事業年度の収益に係る原価の額、費用の額、資本等取引以外の取引に係る損失の額を損金の額に算入するものとしている（法法22条2項、3項）。資本等取引の定義は、次のとおりである（法法22条5項）。

> ① 法人の資本金等の額の増加または減少を生ずる取引
> ② 法人の行う利益または剰余金の分配（資産の流動化に関する法律第115条第1項（中間配当）に規定する金銭の分配を含む）
> ③ 残余財産の分配または引渡し

　ここで「資本金等の額」とは、法人が株主等から出資を受けた金額として政令で定める金額をいうものとされ（法法2条16号）、その規定を受けて政令により資本金等の額の増減事由が規定されている（法令8条1項）。資本金等の額の増減を生じさせる取引としては、新株発行、企業組織再編、資本の払戻し等（資本剰余金の額の減少に伴う剰余金の配当、残余財産の一部分配）、自己株式の取得および処分などである。

　一方、利益積立金額は、会計上の利益剰余金に相当する性格を持つが、両者は一致しないこともある。すなわち、税務上の所得金額と会計上の利益が一致しない場合に、その差異が留保されるときに、利益積立金額と利益剰余金に差異が生じることになる。例えば、貸倒損失を別表4で自己否認したものとする。その結果、税務上の所得金額と会計上の利益に差異が生じ、その差異が留保されるべきものであるために、別表5(1)の「利益積立金額の計算に関する明細書」に利益積立金額の増加の調整が入り、それは利益積立金額と（会計上の）利益剰余金との差異を表すものとなる。

　利益積立金額は、課税関係の終了した積立金を意味しており、資本金等の額が株主からの払込資本としてとらえられることと一線を画している。株主がみなし配当事由（法法24条1項各号に掲げる事由）により発行法人から資本の払戻しをした場合は、資本金等の額から払戻しをした額（資本金等の額の減算すべき金額）と、それを上回って払戻しをした額（利益積立金額の減算すべき額）をプロラタにより按分計算を行い、資本

金等の額から払戻しをした額を上回って払戻しをした額が利益積立金額からの払戻しとして「みなし配当」として取り扱われる。もちろん利益積立金額は課税関係が終了した積立金であるから、株主が受け取ったみなし配当については、受取配当等の益金不算入規定が適用される（法法23条1項）。

なお、利益積立金額の増減事由は、法人税法施行令9条1項に規定されており、留保所得金額のほかには、合併、分割等の企業組織再編による増減、剰余金の配当、みなし配当事由（資本剰余金の額の減少に伴う剰余金の配当、残余財産の分配、自己株式の取得等）などが中心である。

（3）会計上の資本と利益の区分と税務上の資本と利益の区分がずれる場合とその調整手続

企業会計と法人税法は本来その目的を異にしている。また、近年の制度改正の影響により、両者の資本と利益の区分に係るルールの乖離は拡大する方向性にあるといってよい。

まずわかりやすい例から説明する。欠損てん補を行うために資本金を減少し、資本金の減少によって生じたその他資本剰余金により繰越利益剰余金のマイナスをてん補することがある。欠損てん補といい、法人の規模を問わずよくみられる取引である。このとき、会計上は、次の仕訳を切る。

（会計上の仕訳）

| 資本金 | ×××　/　その他資本剰余金　××× |
| その他資本剰余金 | ×××　/　繰越利益剰余金　××× |

会計上は、資本金の計数を減少させ、繰越利益剰余金のマイナスを埋める認識をする。この欠損てん補は資本剰余金と利益剰余金の混同には当たらないと解されており[注1]、従来から認められている。

(注1) 企業会計基準第1号「自己株式及び準備金の額の減少等に関する会計基準」61項。

一方、法人税法上は、純資産の部の株主資本の中で振り替えているだけの取引であり、何もなかったものとして取り扱う。したがって、資本金等の額にも変動は生じないし、利益積立金額にも変動は生じない。もちろん所得の金額にも影響はない。税務上の仕訳はなしということになる。そこで、次のように法人税申告書の別表5（1）において申告調整を要することになる。資本金を3,000減少し、それによって生じたその他資本剰余金の全額を欠損てん補に充当した場合を例とすると、次のとおりである。

別表五（一）　利益積立金額および資本金等の額の計算に関する明細書

区　分	Ⅰ　利益積立金額の計算に関する明細書			
	期首現在利益積立金額	当期の増減		差引翌期首現在利益積立金額 ①－②＋③
		減	増	
	①	②	③	④
利益準備金				
積立金				
資本金等の額			△3,000	△3,000
繰越損益金	△3,000	△3,000	ＸＸ	ＸＸ

（注）会計上は、繰越利益剰余金の△3,000が資本金の減少により生じたその他資本剰余金によりてん補されるが、税務上は利益積立金額と資本金等の額との間の振替調整（プラス・マイナス3,000）を入れることにより、欠損のてん補がなかったものとして取り扱われる。

Ⅱ　資本金等の額の計算に関する明細書				
区　　分	期首現在資本金等の額	当期の増減		差引翌期首現在資本金等の額
		減	増	
資本金または出資金	5,000	3,000		2,000
資本準備金				
利益積立金額			3,000	3,000

（注）利益積立金額との間で3,000の振替調整が入ることによって、資本金等の額にも変動が生じないことが表される。

　上記のように、「利益積立金額の計算に関する明細書」と「資本金等の額の計算に関する明細書」の間で、プラス・マイナス同額の調整を入れる方法を「振替調整」という。なぜ「振替調整」が必要になるかであるが、次のように説明することができる。

（欠損てん補前）

会計　　資本　利益
会計上の資本と利益の区分と税務上の資本と利益の区分は、当初は一致していた。

税務

会計上の資本と利益の区分は、貸借対照表上で確認でき、税務上の資本と利益の区分は、別表5⑴上で確認できる。

（欠損てん補後）

会計

会計上は、資本金を減少し、繰越利益剰余金のマイナスを填補した。

税務

税務上は、何もなかったものとして取り扱う（資本金等の額も利益積立金額も変動なし）。

(申告調整)

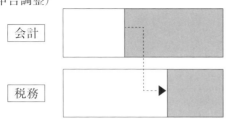

別表5(1)において、「利益積立金額の計算に関する明細書」にマイナス、「資本金等の額の計算に関する明細書」にプラスの調整を入れることにより、本来の正しい数値に調整される。

また、利益剰余金の資本金への組入れを行う場合も、会計上は利益剰余金の減少および資本金の増加を認識するが、税務上は純資産の部の株主資本の中での振替に過ぎないため、資本金等の額も利益積立金額も共に変動しない。したがって、別表5(1)における振替調整が必要になる。

なお、振替調整が必要になる場面は少なくない。上記のような無償減資による欠損てん補、利益剰余金の資本金への組入れのほかにも、合併、分割等の企業組織再編の場合、資本剰余金の額の減少に伴う剰余金の配当、自己株式の取引など、いわゆる資本等取引の場面においては、会計上および税務上のルールの相違から、必要になるケースが多くみられる。

6 経営指標に与える影響

(1) 1株当たり純資産額

1株当たり純資産額の算定方法は、下記のように定められている（1株当たり当期純利益に関する会計基準の適用指針35項）。

$$1株当たり純資産額 = \frac{普通株式に係る期末の純資産額}{期末の普通株式の発行済株式数 - 期末の普通株式の自己株式数}$$

$$= \frac{貸借対照表の純資産の部の合計額 - 控除する金額（*）}{期末の普通株式の発行済株式数 - 期末の普通株式の自己株式数}$$

(＊)控除する金額とは、下記の金額をいう。
① 新株式申込証拠金
② 自己株式申込証拠金
③ 普通株式よりも配当請求権または残余財産分配請求権が優先的な株式の払込金額(当該優先的な株式に係る資本金および資本剰余金の合計額)
④ 当該会計期間に係る剰余金の配当であって普通株主に関連しない金額
⑤ 新株予約権
⑥ 非支配株主持分(連結財務諸表の場合)

(2) 自己資本比率

自己資本比率の算定方法は、下記のとおりである。

$$自己資本比率 = \frac{純資産の額 － (新株予約権 ＋ 非支配株主持分)}{総資産額}$$

第1編
法務編

第1章

増資の法務

Ⅰ　増資の手続

1　会社設立時の資本金の増加額

(1) 株式の払込金額と2分の1規制

　株式会社の資本金の額は、この法律に別段の定めがある場合を除き、設立または新株発行に際して株主となる者が払込みまたは給付をした財産の額とする（会社法445条1項）。「払込みをした財産の額」とは、金銭出資の場合の払込金額であり、「給付をした財産の額」とは現物出資の場合の金銭以外の財産による払込金額である。

　また、払込みまたは給付に係る額の2分の1を超えない額は、資本金として計上しないことができ、その場合は資本準備金として計上しなければならない（同条2項、3項）。会社法では、払込金額（実際に払い込まれた額）を基準としている。

《2分の1規制》

　登録免許税が資本金の増加額に対して課される点、いったん資本金に計上した場合は減資の手続を経ない限り取崩が認められない点[注2]を理由として、最低限計上しなければならない払込金額の2分の1相当額を資本金に計上し、残額を資本準備金に計上するケースが少なくない。

(2) 会社設立時の資本金の計上額

　会社設立のときの資本金の計上額を決定するに際して、次のAの金額から、設立に要した費用の額のうち、設立に際して資本金または資本準備金として計上すべき額から減ずるべき額として定めた額Bを控除した額を、払込金額（払込みまたは給付をした財産の額）とする（計算規則43条1項）。

　この払込金額の2分の1以上を資本金に計上し、残額を資本準備金に計上することになる。

払込金額の算定方法

払込金額（払込みまたは給付をした財産の額）＝A－B
A　次の項目の合計額 　イ　払込みを受けた金銭の額（金銭出資の場合）[注3] 　ロ　金銭以外の財産の給付を受けた場合は、給付のあった日における当該財産の価額（現物出資の場合）[注4]
B　設立に要した費用の額のうち、設立に際して資本金または資本準備金の額として計上すべき額から減ずるべき額と定めた額

「設立に要した費用の額のうち、設立に際して資本金または資本準備

(注2) 資本準備金に計上した場合であっても、準備金の減少手続を経ない限り取崩はできないが、①準備金の減少については株主総会の特別決議ではなく普通決議でよいとされている点、②定時株主総会で決議する場合であって、かつ、減少額の全額を欠損てん補に充当する場合は、債権者保護手続が不要であるとされている点から、準備金の減少の方が手続の面では取り崩しやすいといえる。

(注3) 外国通貨をもって金銭の払込みを受けた場合は、当該外国通貨につき払込みがあった日の為替相場に基づき算出された金額。また、当該払込みを受けた金銭の額により資本金または資本準備金の額として計上すべき額を計算することが適切でない場合は、当該金銭の払込みをした者における払込み直前の帳簿価額（会計基準等に基づき払込みまたは給付された財産の評価を、払込みまたは給付をした者の払込みまたは給付直前の帳簿価額によることとされる場合が想定されている）。

(注4) 当該株式会社と現物出資財産の給付をした者が共通支配下関係となる場合（当該現物出資財産に時価を付すべき場合を除く）は、当該現物出資財産の給付をした者における給付直前の帳簿価額。また、上記脚注3後段と同様に、当該給付を受けた金銭の額により資本金または資本準備金の額として計上すべき額を計算することが適切でない場合は、当該給付をした者における給付直前の帳簿価額。

金として計上すべき額から減ずるべき額と定めた額」とは、次の①から⑦の設立費用のうち、Ａの金額から減ずるべき額と定めた額である。

　資本金および資本準備金の額に関する事項は、定款に定めがある場合を除いて、発起人がその全員の同意により定めなければならないと規定されているが（会社法32条１項３号）、次の①から⑦の額のうち減ずるべき額と定めた額は、資本金または資本準備金の計上にあたって払込金額から控除するという意味である。

資本金・資本準備金から減ずることができる設立費用

①　発起人の報酬
②　株式会社の負担する設立に関する費用（③から⑦を除く）
③　定款の認証手数料
④　定款に係る印紙税
⑤　払込取扱金融機関に支払う手数料および報酬
⑥　（検査役の調査を受けた場合の）検査役の報酬
⑦　設立の登記の登録免許税
　（注）①および②は、定款に定めなければその効力を生じない、いわゆる定款の相対的記載事項とされている（会社法28条３号、４号）。

　しかし、企業会計基準委員会から公表されている実務対応報告第19号「繰延資産の会計処理に関する当面の取扱い」によれば、設立費用などの創立費は資本控除できない、すなわち払込金額から控除して資本金を計上することはできず、原則として費用処理（営業外費用に計上）するものとされている。また、繰延資産として計上して一定の償却を行うことも認めるとされている。実務上は、実務対応報告の取扱いをしん酌する必要があるため、設立費用を払込金額からマイナスして資本金等の計上額を定めることはできない。

　将来において、設立に際して資本金または資本準備金の額として計上

すべき額から減ずることを認める会計基準が開発されない限り、減ずることはできないことを意味する。そのため、会社計算規則（平成18年2月7日公布・法務省令第13号）の附則11条5号は、「設立に要した費用の額のうち設立に際して資本金または資本準備金の額として計上すべき額から減ずるべき額と定めた額」は、当分の間、ゼロとするものと規定している。

設立費用は費用処理が原則

設立費用
| 原　則 | 費用として処理する。 |
| 例　外 | 創立費として繰延資産に計上したうえで、一定の償却を行うことができる。 |

2　募集株式の発行と資本金の増加額

　株式会社は、会社成立後に株式の交付を行うことができる。新株発行による場合と自己株式の処分による場合があり、会社法では両者を区別しないで「募集株式の発行」として規定している（会社法199条以下）。

　募集株式を引き受ける者（新たに株主となる者）が払込みをした金銭の額または給付をした金銭以外の財産の額のうち、新株の発行に対応する部分の金額（自己株式の交付に対応する部分以外の額）を「資本金等増加限度額」という（計算規則13条1項）。

　「資本金等増加限度額」は、資本金（または資本金および資本準備金）を構成する（会社法445条1項、2項）。次のように計算する（計算規則14条）。

資本金等増加限度額の算定方法

資本金等増加限度額＝{（A－B）×株式発行割合（※）}－C
A　次の項目の合計額 　　イ　払込みを受けた金銭の額（金銭出資の場合）^(注5) 　　ロ　金銭以外の財産の給付を受けた場合は当該財産の給付の期日または給付の期間を定めた場合は給付を受けた日における当該財産の価額（現物出資の場合）^(注6)
B　株式の募集に関して増加する資本金または資本準備金を決定するときに、募集株式の交付に係る費用の額（株式交付費）のうち、資本金等増加限度額から減ずるべき額と定めた額
C　自己株式処分差損（募集に際して処分する自己株式の帳簿価額が自己株式の対価の額を上回る場合のみ）

（※）　株式発行割合＝$\dfrac{募集に際して発行する株式数}{募集に際して発行する株式数＋処分する自己株式数}$

　しかし、企業会計基準委員会から公表されている実務対応報告第19号「繰延資産の会計処理に関する当面の取扱い」によれば、株式交付費は原則として費用処理（営業外費用に計上）するものとされている。また、繰延資産として計上して一定の償却を行うことも認めるとされている。実務上は、実務対応報告の取扱いをしん酌する必要があるため、株式交付費をマイナスして資本金等増加限度額を定めることはできない。

　将来において、募集株式の発行に際して株式交付費を資本金等増加限度額から減ずることを認める会計基準が開発されない限り、減ずることはできないことを意味する。そのため、会社計算規則（平成18年2月7

（注5）外国通貨をもって金銭の払込みを受けた場合は、当該外国通貨につき払込みがあった日の為替相場に基づき算出された金額。また、当該払込みを受けた金銭の額により資本金等増加限度額を計算することが適切でない場合は、当該金銭の払込みをした者における払込み直前の帳簿価額（会計基準等に基づき払込みまたは給付された財産の評価を、払込みまたは給付をした者の払込みまたは給付直前の帳簿価額によることとされる場合が想定されている）。

（注6）当該株式会社と現物出資財産の給付をした者が共通支配下関係にある場合（当該現物出資財産に時価を付すべき場合を除く）は、当該現物出資財産の給付をした者における給付直前の帳簿価額。また、上記脚注5後段と同様に、当該給付を受けた金銭の額により資本金等増加限度額を計算することが適切でない場合は、当該給付をした者における給付直前の帳簿価額。

日公布・法務省令第13号）の附則11条1号は、「募集株式の交付に係る費用（株式交付費）の額のうち募集株式の発行に際して資本金等増加限度額から減ずるべき額と定めた額」は、当分の間、ゼロとするものと規定している。

株式交付費は費用処理が原則

株式交付費	
原　則	費用として処理する。
例　外	創立費として繰延資産に計上したうえで、一定の償却を行うことができる。

以下、増資を「株主割当増資」と「第三者割当増資」の2類型に分け、それぞれの手続について詳説する。

3　増資の手続（その1　株主割当増資）

株主割当増資は、既存の株主に対してその所有株式数に応じて新株引受権（新株を優先的に引き受けることができる権利）を付与する形で行う増資である。株主は平等に権利を与えられるわけであり、新株引受権を行使すれば持株割合の低下を避けることができる。

また、株主割当増資は、時価よりも低い払込金額を定めて行われることもあるが、新株引受権が平等に付与されているため、株式価値の希薄化による経済的損失を被らないで済む。株式譲渡制限会社のように閉鎖的な会社の場合、株主は持株割合の維持に強い関心を持っていることが多いため、株主割当増資を行うことが比較的多いといわれている。株主割当増資は、既存の株主の利益を害するおそれの少ない新株発行形態といえる。ただし、資金調達先がその分制約を受けることになる。

会社法においては、募集事項を決定するに際して、株主に株式の割当

てを受ける権利を与えることができると定められている（会社法202条）。株主に株式の割当てを受ける権利を与える場合は、株主はその有する株式数に応じて割当てを受ける権利を有する。

次に、株主割当増資の手続を詳しく解説することとする。

（１）定款の定める発行可能株式総数の変更の要否

新株発行を行うときに、最初に必ず確認する必要があるのが、定款に定めた「発行可能株式総数」（いわゆる授権株式数）の範囲内での発行であるかどうかという点である。

株主割当増資であるか、第三者割当増資であるかにかかわらず、新株発行すべてに共通して確認すべき事項である。

新株発行は、既存の株主の利益を害するおそれがあるため、取締役会に対してあまりに広い発行権限を与えると問題があるため、定款において発行可能株式総数という枠を設定するのがこの制度の趣旨である。

仮に新株発行により発行可能株式総数を超えてしまう場合は、発行可能株式総数を増加させる定款変更を行う必要がある。定款変更であるから、株主総会の特別決議が必要である。特別決議とは、その株主総会において議決権を行使することができる株主の議決権の過半数を有する株主が出席し、出席した株主の議決権の３分の２以上に当たる賛成が得られた場合に、可決されたものとされる決議要件である（会社法309条２項）。ただし、定款をもって定めれば、定足数の緩和が可能である。すなわち、定款の定めにより、「その株主総会において議決権を行使することができる株主の議決権の過半数の出席」という定足数要件を緩和することができる。しかし、定款に定めた場合であっても、その株主総会において議決権を行使することができる株主の議決権の３分の１未満に下げることはできない（同条２項括弧書き）(注7)。また、「出席した株主の

議決権の3分の2以上の賛成」という要件についても、これを上回る要件を定款で定めることができる（同条2項括弧書き）。

発行可能株式総数は、発行済株式総数の4倍を超えて増加させることはできない。いわゆる4倍規制といわれる規制が課せられている。ただし、株式の譲渡制限を定款に定める会社（株式譲渡制限会社＝非公開会社）(注8)について、この4倍規制は適用されない（会社法113条3項）。

非公開会社（＝株式譲渡制限会社）は、発行可能株式総数を発行済株式総数の4倍を超えて増加させる定款変更を行うこともできる。設立年数の浅いベンチャー企業など、資金需要の旺盛な会社が新株発行を頻繁に行うと、この4倍規制のために定款変更を頻繁に行わなければならず、機動的に新株発行を行う際の支障になり得るが、非公開会社についてはこの規制はない。

また、新株予約権、新株予約権付社債、または会社の他の株式を対価として交付する内容の取得条項付株式などが発行されている場合には、新株予約権の行使や取得条項付株式の取得に伴い発行すべき株式を留保して、発行する株式の数を決定する必要がある点に留意しなければならない。

（2）手続の内容

すでに説明したように、株主割当増資とは、既存の株主に対して、保有する株式数に応じて新株の割当てを優先的に受ける権利（新株引受権）を与えて募集株式を発行する増資の方法である。会社は、株式の募集において、株主に新株の割当てを受ける権利を与えることができる

(注7) 例えば、定款をもって定足数を総株主の議決権の3分の1以上と定めた場合の特別決議は、総株主の議決権の3分の1以上を有する株主が出席し、その出席した株主の議決権の3分の2以上に当たる多数で行うこととなる。
(注8) 会社法上、株式譲渡制限会社のことを「非公開会社」という。発行している株式のすべてに譲渡制限を定めている株式会社のことであり、逆に発行している株式の全部または一部について譲渡制限を定めていない場合は、公開会社である。

（会社法202条1項）。

　株主は、その持株数に応じて割当てを受ける権利を有する（同条2項）。発行する会社自身に、新株の引受権を与えることは認められない（同項括弧書き）。また、割当てを受ける募集株式の数に1株に満たない端数があるときは、これを切り捨てる（同項但書き）。

　会社法においては、募集株式の申込みと割当てが、規定上区別されている。株主が申込みをした場合に、会社はその申込者のなかから割当てを受ける者を定め、その者に割り当てる募集株式の数を定めなければならない。ただし、株主割当てに関する定めをした場合は、各株主は株式数に応じて割当てを受ける権利を有するため、自動的に割当てがされる（割当ての決定は不要）。また、割り当てる株式は新株でもよいし、自己株式でもよい。その点、会社法は新株の発行と自己株式の処分を同じ規定にまとめている。

　募集事項その他株主割当関連事項を決定する機関は、次のとおりである（同条3項）。

株式会社の区分と募集事項等の決定機関（株主割当増資）

区　　分	決定機関
①　募集事項等を取締役の決定によって定めることができる旨の定款の定めがある場合（取締役会非設置会社の場合）	取締役の決定
②　募集事項等を取締役会の決議によって定めることができる旨の定款の定めがある場合（取締役会設置会社、かつ非公開会社の場合）	取締役会の決議
③　公開会社である場合	取締役会の決議
④　①から③以外の場合	株主総会の決議（特別決議）

　非公開会社（＝株式譲渡制限会社）の場合、定款に別段の定めを置か

ないと、株主割当増資について、株主総会の決議が必要となってしまう点に留意が必要である。

ただし、会社法施行時の非公開会社については、取締役会で決定する旨の定款の定めがあるものとみなされる（整備法76条3項）。この点、会社法施行後に取締役会を設置する非公開会社を設立する場合に、定款の定めには注意が必要である。

株主割当てについては、公開会社の場合は、有利発行であっても、取締役会決議で発行できる。一方、非公開会社の場合は、定款に取締役（または取締役会）の決定によって定めることができる旨の定めを置かない限り、株主総会の決議が必要となる（会社法施行時の非公開会社については、先に説明したように、みなし規定がある）。

なお、第三者割当増資の場合に適用できる一定の範囲での株主総会から取締役（または取締役会）に対する委任の取扱いはない[注9]（会社法202条5項）。

以下、株主割当増資の手続の概要をフローチャートにまとめると次のようになる。

(注9) 第三者割当増資の場合は、募集株式の数の上限と払込金額の下限を定めたうえで、株主総会の決議において取締役（取締役会設置会社の場合は、取締役会）に募集事項の決定を委任できる（会社法200条）。株主割当増資については、この規定の適用はない（会社法202条5項）。

第1編 法務編

株主割当増資の手続

発行可能株式総数の変更の要否の調査

発行可能株式総数の未発行枠を超える場合は、定款変更により発行可能株式総数を増加させる必要がある（株主総会の特別決議）

株主総会または取締役会の募集事項の決定決議

銀行に対する申込み・払込取扱いの委託

株主に対する通知　　（公開会社も含め）公告は不可

申込者に対する通知

第1章　増資の法務

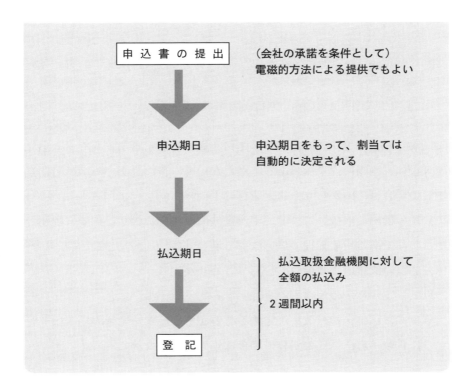

各手続の内容を次に説明する。

① 株主総会または取締役会の募集事項の決定決議

株主総会または取締役会の決議事項は次のとおりである（会社法199条1項、202条1項）。

株主割当増資に係る決議事項

(1) 募集株式の数（種類株式発行会社の場合、募集株式の種類および数）
(2) 募集株式の払込金額（募集株式1株当たり払込金額またはその算定方法）
(3) 現物出資の場合は、その旨ならびにその財産の内容および価額
(4) 払込期日または払込期間

> (5) 新株を発行するときは、増加する資本金および資本準備金に関する事項（自己株式の処分の場合は不要）
> (6) 株主に対して、申込みをすることにより募集株式の割当てを受ける権利を与える旨
> (7) 募集株式の引受けの申込期日

　(1)から(5)が募集株式の発行すべてに共通した募集事項であり、(6)および(7)が株主割当関連事項である。したがって、後で説明する第三者割当増資の場合は、(1)から(5)を決定すればよい。

　会社の機関の取扱いによって、決定機関が異なることはすでに説明したとおりである。取締役の決定による場合、取締役会の決議による場合、株主総会の決議による場合の全部で3通りが生じうる。

　以下、(1)から(7)の決議事項を説明する。

　第1に、募集株式の数を決定する必要がある。新株発行の場合は発行する株式数、自己株式の処分の場合は処分する株式数である。

　第2に、払込金額を決定する必要がある。この場合、1株当たりの払込金額を定めればよい。現物出資の場合も、1株当たりの給付する財産の額を定めればよい。市場価格のある株式の場合は、算定方法でもよい。

　第3に、現物出資の場合は、その旨と現物出資財産の内容と価額を決定する必要がある。

　第4に、払込期日または払込期間を決定する。払込期日を定めた場合は、払い込んだ引受人は払込期日に株主となる（会社法209条1号）。払込期日に代えて払込期間を定めた場合は、引受人は払込日から株主となる（同条2号）。

　第5に、新株発行の場合は、増加する資本金および資本準備金に関する事項を決定する必要がある。資本金および資本準備金に計上する額は、払込金額（または現物出資財産の価額）である。払込金額の2分の1を超

えない額を資本準備金に計上することができる。資本金が増加すればするほど登録免許税が発生するため、払込金額の２分の１を資本金に、残額の２分の１を資本準備金に計上するケースが少なくない。

(6)は、申込みにより割当てを受ける権利を与える旨であるから、株主割当増資を行う旨である。(7)は、その場合の申込みの期日である。

なお、引受けの申込期日と払込期日との間に期間を設ける必要性があるとすれば、それは失権株に対する対応のための期間を確保する必要がある場合である[注10]。したがって、各株主があらかじめ引き受けることに同意していて、失権株が生じないことが明らかな場合は、引受けの申込期日と払込期日を同一の日として差し支えない。

記載例《株主割当増資の場合の取締役会議事録》

取締役会議事録

　平成〇〇年〇〇月〇〇日午前〇〇時〇〇分、当会社本社において、取締役３名の出席をもとに（総取締役３名）、取締役会を開催した。
　代表取締役社長甲野太郎は議長となり、当社の事業拡張に伴う資金需要に対応するため、次のとおり株主割当てによる新株式の発行を行いたい旨説明し、その審議を求めたところ満場一致の賛成を得てこれを承認可決し、午前〇〇時〇〇分閉会を宣した。

　　　　　　　　　　　　記
　１　募集株式の数　　普通株式〇〇〇株
　２　割当方法　平成〇〇年〇〇月〇〇日午後５時現在の株主名簿記載の株主に対し、募集株式の引受けの申込みをすることにより募集株式の割当てを受ける権利を与える。その所有株式〇株につき新株式〇株の割合で割り当てる。ただし、割当ての結果生ずる１株未満の端数はこれを切り捨てる。
　３　募集株式の払込金額　　１株につき金〇〇円

（注10）失権株が生じた場合、それを放置することは法的にまったく問題ない。しかし、資金調達額に不足が生じるなど支障が出る場合もあり得るため、その場合に不足した分をカバーするために新たな新株発行決議を行い、一定の対応をするケースもある。

4　払込期日　　平成○○年○○月○○日
         5　払込金額中資本に組み入れない額　1株につき金○○円
         6　募集株式の引受けの申込期日　　平成○○年○○月○○日
         7　申込証拠金　1株につき金○○円とし、払込期日に新株式払込金に
           振替充当する。ただし、申込証拠金には利息をつけない。
         8　払込取扱金融機関　　○○銀行○○支店
         9　申込期日までに申込みのない新株の引受権については、その権利は
           失う。
     以上の決議を明確にするため、この議事録を作成し、出席取締役の全員
     がこれに記名押印する。
                                       平成○○年○○月○○日
                                       株式会社 *** 取締役会
                    出席取締役　　　　　　　　甲野太郎　印
                    同　　　　　　　　　　　　甲野一郎　印
                    同　　　　　　　　　　　　甲野花子　印
                    出席監査役　　　　　　　　乙田健一　印

② 銀行に対する申込み・払込取扱いの委託

　払込取扱場所に対して、新株の申込み、払込金の受入れ、払込金の保管に係る事務を委託する必要がある。通常は、銀行、信託会社が払込取扱場所に指定されることが多いが、信用金庫、農業協同組合、労働金庫などを指定することもできる。

　金銭の払込みは払込取扱金融機関において行う必要があるが、会社法では、払込取扱金融機関の払込金保管証明（旧商法189条）が要求されていない。旧商法下では、銀行等から払込金保管証明の交付を受ける必要があるために、銀行等の事務処理にある程度の時間を要し、手続に時間がかかる原因の1つであると指摘されていた。払込金保管証明は、払込みが行われた事実を証明する手段であり、その証明手段としては残高証明等でも足りると考えられることから、残高証明等の方法によることが

できるものとされている(注11)。実務上は、通帳のコピーによることができ、その方法を用いるケースが多い。

③ 株主に対する通知

株式会社は、株主に株式の割当てを受ける権利を与える（株主割当増資を行う）決定をしたときは、申込期日の2週間前までに、株主（発行会社を除く）に対し、次に掲げる事項を通知しなければならない（会社法202条4項）。

株主に通知すべき事項

(1) 募集事項
(2) その株主が割当てを受ける募集株式の数
(3) 申込期日

公開会社も含めて、公告によることは認められず、必ず通知することが必要とされる。会社法では、株式申込証の制度は廃止され、一律通知事項とされている。

なお、実務上は、上記の通知を次に説明する「④申込者に対する通知（49ページ参照）」（会社法203条1項）と併せて行うことも考えられる。その場合は、会社法202条4項および203条1項に規定された通知事項をすべてカバーする必要がある。以下に、2つの通知を併せて行う場合の記載例を掲げるものとする。

(注11) この改正により、払い込まれた金銭が、一定の期間、使用できないという不都合が改善された。

記載例《新株式割当ての通知》

平成〇〇年〇〇月〇〇日

株主各位

東京都千代田区〇〇町〇丁目〇番〇号
株式会社〇〇〇
代表取締役社長　甲野太郎

　拝啓　時下ますますご清栄のこととお慶び申し上げます。
　さて、平成〇〇年〇〇月〇〇日開催の取締役会の決議により、新株式募集要領にしたがって新株式を割り当てることとなりました。
　つきましては、下記の新株式募集要領その他の事項をご高覧のうえ、〇〇月〇〇日から〇〇月〇〇日までの申込取扱期間内に、株式申込証拠金を添え、取扱銀行へお申込みくださいますようお願い申し上げます。
　なお、申込期日までにお申込みがない場合には、新株式の引受権を失われることになりますので、特にご注意くださいますようお願い申し上げます。

敬具

記

＝ 新株式募集要領その他の事項 ＝

1　商号　　〇〇〇株式会社
2　発行可能株式総数　　〇〇〇株
3　発行する株式の内容　　当社は、発行する全部の株式の内容として、譲渡による株式の取得につき会社の承認を要する旨を定款に定めている。
4　発行新株式数　普通株式　　〇〇株
5　募集の方法
　　平成〇〇年〇〇月〇〇日午後5時現在の株主名簿に記載してある株主に対し、その所有株式3株につき新株式1株の割合をもって割当てを受ける権利を与える方法によります。
6　払込金額　　　　　1株につき金10万円
7　申込方法
　　同封の株式申込書に所要事項をご記入、ご押印（お届印）のうえ、

申込証拠金を添えて申込取扱期間中に取扱銀行へお申込みください。
8　申込証拠金
　　１株につき金10万円とし、払込期日に新株式払込金に振替充当いたします。ただし、申込証拠金には利息をつけません。
9　申込取扱期間
　　平成○○年○○月○○日から
　　平成○○年○○月○○日まで
10　払込取扱金融機関　○○銀行○○支店
11　払込期日　平成○○年○○月○○日
12　申込期日までにお申込みのない株式の処理その他新株式の発行に必要な一切の事項は、取締役会において決定いたしますが、株主総会の決議を要する場合は、別途招集のご通知を差し上げます。

④　申込者に対する通知

　株式会社は、新株を引き受ける者の募集に応じて、募集株式の引受けの申込みをしようとする者に対し、次に掲げる事項を通知しなければならない（会社法203条１項、会社法施行規則41条）。これらの事項につき変更があった場合は、直ちに、その旨およびその変更があった事項を申込者に通知しなければならない（会社法203条５項）。

申込みをしようとする者に対する通知事項

(1)　株式会社の商号
(2)　募集事項
(3)　金銭の払込みの場合は、払込みの取扱いの場所（払込取扱金融機関）
(4)　発行可能株式総数
(5)　株式会社が発行する株式の内容として会社法107条１項各号に掲げる事項を定めているときは、当該株式の内容（譲渡制限株式、取得請求権付株式または取得条項付株式を発行している場合）
(6)　種類株式を発行することができることとしているときは、各種類の株式の内容

(7) 単元株式数についての定款の定めがあるときは、その単元株式数
(8) 次に掲げる定款の定めがあるときは、その規定
　イ　会社法第139条1項、140条5項または145条1号もしくは2号に規定する定款の定め
　ロ　会社法164条1項に規定する定款の定め
　ハ　会社法167条3項に規定する定款の定め
　ニ　会社法168条1項または169条2項に規定する定款の定め
　ホ　会社法174条に規定する定款の定め
　ヘ　会社法347条に規定する定款の定め
　ト　会社法施行規則26条1号または2号に規定する定款の定め
(9) 株主名簿管理人を置く旨の定款の定めがあるときは、その氏名または名称および住所ならびに営業所
(10) 定款に定められた事項（(1)から(9)に掲げる事項を除く）であって、当該株式会社に対し募集株式の引受けの申込者が当該者に対し通知することを請求した事項

　また、株式会社が、上記の事項を記載した金融商品取引法2条10項に規定する目論見書を、申込みをしようとする者に対して交付している場合その他募集株式の引受けの申込みをしようとする者の保護に欠けるおそれがないものとして法務省令で定める場合には、会社法203条1項の規定（申込者に対する通知義務）は適用されない（会社法203条4項）。

　法務省令で定める場合とは、（ⅰ）当該株式会社が金融商品取引法の規定に基づき目論見書に記載すべき事項を電磁的方法により提供している場合、または（ⅱ）当該株式会社が外国の法令に基づき目論見書その他これに相当する書面その他の資料を提供している場合で、株式会社が申込者に対して上記表の(1)から(10)に掲げる事項を提供している場合である（会社法施行規則42条）。

⑤　申込書の提出

　募集に応じて募集株式の引受けの申込みをする者は、次に掲げる事項を記載した書面を株式会社に交付しなければならない（会社法203条2項）。また、書面に代えて、株式会社の承諾を得て、書面に記載すべき事項を電磁的方法により提供することができる（同条3項）。

申込みに際して書面に記載すべき事項

> (1)　申込みをする者の氏名または名称および住所
> (2)　引き受けようとする募集株式の数（引受希望株式数）

　株式会社が申込者に対してする通知または催告は、上記の(1)の住所（その申込者が別に通知または催告を受ける場所または連絡先を株式会社に通知した場合は、その場所または連絡先）にあてて発すればよい（同条6項）。この通知または催告は、その通知または催告が通常到達すべきであった時に、到達したものとみなす（同条7項）。

⑥　株式の割当ての決定および募集株式の数の通知（不要）

　会社法では、募集事項の決定と割当ての決定の手続は区別されている。株式の申込者に対しての割当てについては、募集事項の決定の手続とは分離されており、申込者のなかから割当てを受ける者およびその者に割り当てる募集株式の数を定める必要がある。しかし、株主割当増資の場合は、株式の申込者に対してその有する株式数に応じて割当てを受ける権利をあらかじめ付与しているわけであるから、申込みをした者に対して自動的に株式を割り当てることになり、割当ての決定は不要である。したがって、募集株式が譲渡制限株式であっても、割当ての決定について株主総会（または取締役会設置会社の場合は、取締役会）の決議が必要であるとする会社法204条2項の規定は適用されない。

　株主割当増資の場合、申込みを条件とした割当ての決定であり、申込

みをしなかった者は権利を失う。すなわち株主割当増資の場合、申込期日までに引受けの申込みをしなかったときは、株主は、募集株式の割当てを受ける権利を自動的に失う（会社法204条4項）。旧商法では、失権株の再募集が可能であったが（旧商法280条の3の3第2項）、会社法においては失権株の再募集は認められない。この点は、1株に満たない端数の合計についても同様に認められなくなっている。

なお、株主割当増資の場合、自動的に割当てを行うことになるため、株式会社は払込期日（払込期間を定めた場合は、その期間の初日）の前日までに、申込者に対し、その申込者に割り当てる募集株式の数を通知する必要はない（会社法204条3項は適用されない）。

⑦ **再募集の禁止（失権株の取扱い）**

会社法では、株主割当増資に際して、株式会社自身に新株の引受権を与えることを認めず、また、1株に満たない部分および申込期日までに申込みがされなかった部分についての再募集は認めない。このようなケースの新株発行は、公告・通知の手続を経ないで新株発行できたため（旧商法280条の3の3第2項）、株主に本来平等に割り当てるべきであるにもかかわらず、有利発行決議を経ないで再募集の割当てを行う実務慣行があることが指摘されていた。この点を考慮し、再募集は認めないとしているが、通常の新株発行手続を経た場合はもちろん募集できる。すなわち、申込みのなかった分について新株を発行したい場合には、その部分について最初から募集株式の発行手続を行う必要がある。失権株が発生したときの対応として留意すべきである。

⑧ **株式の払込み（出資の履行）**

株式の申込みをした株式引受人は、払込期日または払込期間内に、銀行等の払込取扱金融機関において、各株につき払込金額の全額の払込みをする必要がある（会社法208条1項）。同様に、現物出資者は、払込期

日または払込期間内に、払込金額の全額に相当する現物出資財産を給付しなければならない（同条2項）。払込期日までに全額の払込みまたは給付をしなかった株式引受人は、募集株式の株主となる権利を失う（同条7項）。これを全額払込主義という。

実務上は、失権株を早期に確定することから、株式申込証拠金を新株の申込みの段階で払込取扱金融機関に払い込ませ、払込取扱金融機関において別段預金として受け入れられる方法が多くとられる。その株式申込証拠金は払込期日に新株式の払込金に充当されることになる。

会社法上は、払込金保管証明の制度は廃止されている。払込金保管証明は、払込みが行われた事実を証明する手段であり、その証明手段としては残高証明等でも足りると考えられるからである。実務上は、通帳のコピーを使用するケースが多い。

また、資本充実の要請上、募集株式の引受人は、払込みまたは給付をする債務と株式会社に対する債権を相殺することができない（会社法208条3項）。逆に、株式会社からの相殺は許される。引受人からする相殺払込みのみが禁じられ、会社との相殺契約は許される。

出資の履行をすることにより募集株式の株主となる権利を譲渡しても、株式会社に対抗することはできない（同条4項）。

⑨ 新株の効力発生

新株の効力発生は、①払込期日を定めた場合は、払込期日、②払込期間を定めた場合は、出資の履行をした日（払込日）である（会社法209条）。

一方、発行会社においては、①払込期日を定めた場合は払込期日、②払込期間を定めた場合は払込日に、資本金（または資本金および資本準備金）が計上されることとなる。

⑩ 変更登記

新株発行の効力が発生すると、発行済株式総数および資本金の額に変動が生じることから、変更登記が必要となる。変更登記は、2週間以内に、本店所在地において必要であるが（会社法915条1項）、払込期間を定めた場合は、払込期間の末日から2週間以内に行えばよい（同条2項）。

登記申請書に添付する書類は、商業登記法において次のものが定められている（商登法46条、56条）。

登記申請の添付書類

添付書類	具体的内容
（a）株主総会または取締役会議事録等	・登記すべき事項につき株主総会、取締役会、または清算人会の決議を要するときは、その議事録 ・登記すべき事項につき、株主全員の同意またはある取締役の一致を要する場合は、同意または一致があったことを証する書面
（b）株主総会の決議があったものとみなされる場合の、その場合に該当することを証する書面（株主総会の開催を省略した場合）	登記すべき事項につき会社法の規定により株主総会の決議があったものとみなされる場合においては、申請書に、議事録に代えて、その場合に該当することを証する書面
（c）取締役または執行役の決定があったことを証する書面	監査等委員会設置会社[注12]における登記すべき事項につき、取締役会の決議による委任に基づく取締役の決定があったときは、申請書に、取締役会の議事録のほか、当該決定があったことを証する書面 指名委員会等設置会社における登記すべき事項につき、会社法416条4項[注13]の取締役会の決議による委任に基づく執行役の決定があったときは、申請書に、取締役会の議事録のほか、その決定があったことを証する書面

(d) 株式の申込みを証する書面等	募集株式の引受けの申込みを証する書面、または申込者が募集株式の総数の引受けを行う契約（会社法205条）を行う場合は、契約を証する書面。払込取扱金融機関の発行する株式申込取扱証明書によることも認められる。
(e) 払込みがあったことを証する書面（金銭出資の場合）	金銭出資の場合は、払込みがあったことを証する書面（金融機関の発行する残高証明書、通帳のコピー等の簡易な方法でよい）
(f) 検査役の調査報告等（現物出資の場合）	・検査役の調査を要した場合は、検査役の調査報告を記載した書面およびその付属書類。 ・市場価格のある有価証券を市場価格以下で出資した場合に、検査役の調査を省略した場合は（会社法207条9項3号）、有価証券の市場価格を証する書面 ・検査役の調査に代えて、弁護士、弁護士法人、公認会計士、監査法人、税理士、税理士法人の証明をしたときは（会社法207条9項4号）、その証明書および鑑定評価書（出資財産が不動産の場合）ならびにその付属書類。 ・金銭債権を現物出資（デット・エクイティ・スワップ）したときに、検査役の調査を省略した場合は（会社法207条9項5号）、金銭債権について記載された会計帳簿
(g) 裁判があったときの謄本	検査役の報告に関する裁判があったときは、その謄本

　通常の金銭出資による新株発行の場合は、(b)、(c)、(f)、(g)は不要であるため、(a)、(d)、(e)が必要となろう。

(注12) 監査等委員会設置会社においては、一部の事項を除いて監査等委員会設置会社の業務の決定を取締役に委任することが認められている。その委任が行われた場合についての取扱いである。

(注13) 指名委員会等設置会社においては、一部の事項を除いて指名委員会等設置会社の業務の決定を執行役に委任することが認められている。その委任が行われた場合についての取扱いである。

4 増資の手続（その2　第三者割当増資）

　第三者割当増資は、株主に株式の割当てを受ける権利を与えないで、募集株式の申込者に対して会社が割当ての決定をして株式を発行する方法である。既存の株主に新株引受権を平等に付与する株主割当増資と異なり、新株引受権を付与しないで新株発行（または自己株式の処分）を行う増資の形態である。したがって、既存の株主の持株割合に変動が生じうる。たとえ既存の株主のみを対象とした新株発行であっても、株主に株式の割当てを受ける権利を与えないで新株発行する場合は、第三者割当増資に該当することになる点に留意する必要がある。

（1）募集事項等の決定機関

　株式会社は、その発行する株式または処分する自己株式を引き受ける者の募集をしようとするときは、その都度、募集株式（その募集に応じてこれらの株式の引受けの申込みをした者に対して割り当てる株式をいう）について一定の事項（募集事項）を定めなければならない（会社法199条1項）。

　募集事項の決定は、原則として、株主総会の決議による必要がある（同条2項）。決議要件は、特別決議とされている（同法309条2項5号）。ただし、後で詳述するように、会社が置かれた状況次第で手続の機動性・柔軟性が求められる場面もあり得るため、募集事項の決定を株主総会決議により、取締役（取締役会設置会社の場合、取締役会）に委任することもできる。

　また、公開会社については、特則により、払込金額が特に有利な金額である場合（有利発行の場合）を除いて、募集事項の決定は取締役会の決議事項とされている（会社法201条1項）。

募集事項の決定を株主総会決議により、取締役（取締役会設置会社の場合、取締役会）に委任する場合は、その委任に基づいて決定をすることができる募集株式の数の上限および払込金額の下限を定めなければならない（会社法200条1項）。株主の利益を保護する趣旨から、その授権の範囲について一定の制限がされるという趣旨である。

株式会社の区分と募集事項等の決定機関（第三者割当増資）

区　　分	決定機関
①　株主総会決議によって、取締役（取締役会設置会社の場合、取締役会）に委任する場合	取締役会決議または取締役の決定
②　株主総会決議によって、取締役（取締役会設置会社の場合、取締役会）に委任しない場合	株主総会の決議（特別決議）
③　公開会社である場合（有利発行の場合を除く）	取締役会の決議

払込金額が募集株式を引き受ける者に特に有利な金額である場合には、取締役は、株主総会において、特に有利な払込金額でその者の募集をすることを必要とする理由を説明しなければならない（会社法199条3項）。したがって、募集事項の決定に際して、払込金額が特に有利な金額である場合には、その募集事項の決定に係る株主総会の決議において特に有利な金額で募集をすることを必要とする理由を説明したうえで、募集事項の決議を行う。

また、会社法においては、募集株式の申込みと割当てが、規定上区別されている。株主は申込みをした場合に、会社はその申込者のなかから割当てを受ける者を定め、その者に割り当てる募集株式の数を定めなければならない。申込書に記載された引受希望株式数の範囲内で割当てを決定することとなる。また、割り当てる株式は新株でもよいし、自己株式でもよい。その点、会社法は新株の発行と自己株式の処分を同じ規定

にまとめている。ただし、総額引受けの特則による場合（募集株式を引き受けようとする者がその総数の引受けを行う契約を締結する場合）には、割当ての決定の手続（会社法204条）等は不要となり（会社法205条）、手続は簡略になる。この点については、後で詳述する。

（２）手続の内容

以下、第三者割当増資の手続をフローチャートにまとめると次のようになる。

第三者割当増資の手続

発行可能株式総数の変更の要否の調査

発行可能株式総数の未発行枠を超える場合は、定款変更により発行可能株式総数を増加させる必要がある（株主総会の特別決議）

株主総会または取締役会の募集事項の決定決議

原則として株主総会の決議が必要であるが、株主総会の決議によって、一定の範囲で募集事項の決定を取締役会に委任することができる（また、公開会社の場合は、有利発行を除いて、取締役会の決議でよい）

銀行に対する申込み・払込取扱いの委託

株主に対する通知または公告

公開会社において、取締役会で決議した場合に必要（払込期日の２週間前まで）

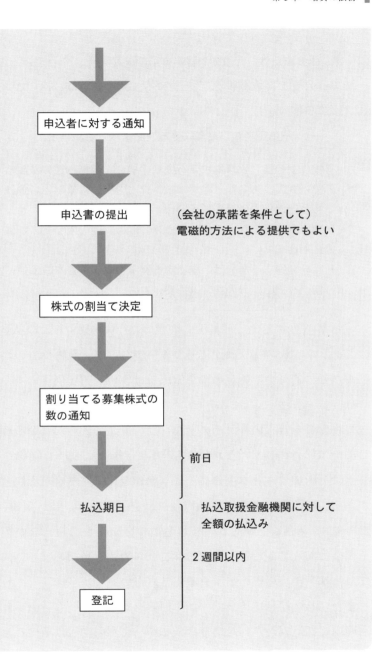

第1編　法務編

以下、各手続の内容を説明する。

① 株主総会または取締役会の募集事項の決定決議

株主総会または取締役会で決議すべき募集事項は、次のとおりである（会社法199条1項）。

第三者割当増資に係る決議事項（募集事項）

> (1) 募集株式の数（種類株式発行会社の場合、募集株式の種類および数）
> (2) 募集株式の払込金額（募集株式1株と引換えに払い込む金銭または給付する金銭以外の財産の額をいう）またはその算定方法
> (3) 現物出資の場合は、その旨ならびにその財産の内容および価額
> (4) 払込期日または払込期間
> (5) 新株を発行するときは、増加する資本金および資本準備金に関する事項（自己株式の処分の場合は不要）

募集事項としては、募集株式の数（発行株式数）および払込金額（金銭出資の場合は、1株当たり払込金額）があるが、現物出資の場合は、1株当たりの給付する財産の額を定めればよい。市場価格のある株式の場合は、算定方法でもよい。

現物出資を行う場合はその旨ならびに財産の内容および価額、払込期日または給付の期日（または払込みまたは給付の期間）、新株を発行するときは、増加する資本金および資本準備金に関する事項を決定する必要がある。資本金および資本準備金に計上する額は、払込金額（または現物出資財産の価額）である。払込金額の2分の1を超えない額は、資本準備金に計上することができる。これらの決定事項の詳しい内容については、株主割当増資の箇所を参照されたい。

また、払込期日に代えて、払込期間を定めることも認められる。払込期間内に払込みがされた場合は、払い込んだ引受人はその払込日から株主となる。

第1章　増資の法務

　すでに説明したように、第三者割当増資は、原則として、株主総会の特別決議により募集事項を決定する。ただし、募集事項の決定を株主総会決議により、取締役（取締役会設置会社の場合、取締役会）に委任することもできるし、公開会社については、特則により、募集事項の決定は、有利発行の場合を除いて取締役会の決議事項とされている（会社法200条1項、201条1項）。

　新株発行の株式数が発行可能株式総数の未発行枠を超える場合には、あらかじめ定款変更により発行可能株式総数を増加させる必要がある。定款変更決議は、株主総会の特別決議事項である。また、新株予約権、新株予約権付社債、または取得の対価として他の株式を交付する内容の取得条項付株式などが発行されている場合に、新株予約権の行使や取得条項付株式の取得に伴う新株発行により発行すべき株式を留保して、発行する新株の数を決定する必要がある点についても、株主割当増資の場合と同様である。

　なお、市場価格のある株式を「公正な価額」で発行する場合は、取締役会において具体的な価額ではなく、「算定の方法」を定めればよいとされている(注14)。また、市場価格のない株式を発行する場合は、一定の根拠に基づいた価額の算定が必要となる。市場価格のない株式に係る「公正な価額」の算定は、税務上も重要な問題となりうる。この点は、第2編「会計・税務編」の第1章「金銭出資の会計・税務」の「2．増資の税務」の「(3)非上場会社株式の時価算定」の箇所で詳述するので参考にされたい。

　市場価格のある株式の場合、市場の需給関係によって株価は変動するため、取締役会において定めた払込金額よりも払込期日における株価が

(注14)「算定の方法」としては、具体的には主幹事証券会社が発行会社の事業内容、株価の動向、機関投資家等へのヒアリングなどをもとに、総合的に払込金額を決める「ブック・ビルディング方式」が実務上多く用いられている。

下回ってしまう可能性がある。新株の引受人がそのときの時価よりも上回る払込金額での払込みを行わなくなるおそれが生じるため、払込金額の設定には一定のアローワンスが許容される。取締役会において決定する時点の市場価格から３％程度割り引いた価額を払込金額とすることが実務上多く行われている。

募集事項は、募集ごとに均等に定めなければならない（会社法199条5項）。

以下、第三者割当増資の募集事項の決定に係る株主総会議事録の記載例を掲げるものとする。後で説明するように、募集事項の決定と株式の割当ては、規定上区別されているが、総額引受けの特則による場合（募集株式を引き受けようとする者がその総数の引受けを行う契約を締結する場合）には、申込者に対する通知や割当ての決定の手続は不要となる（会社法205条）。記載例のように、総額引受けの場合には割当先（割当てを受ける者）を最初から定めて決議することも可能である。

記載例《第三者割当増資の場合における株主総会議事録》

株主総会議事録

平成○○年○○月○○日午前９時より、当会社本社において、臨時株主総会を開催した。

株主総数	○○名
発行済株式総数	○○○株
総株主の議決権数	○○○個
出席株主数	○○名（うち委任状○名）
出席株主の議決権の数	○○○個

以上のとおり総株主の議決権の過半数を有する株主が出席したので、本株主総会は適法に成立した。

代表取締役社長甲野太郎は議長となり、開会を宣し、議事を進行した。

第○号議案　募集株式発行の件

　議長甲野太郎は、本取締役会において、割当てを受ける者との間で別紙「募集株式の総数引受契約書」を締結することにより、下記のとおり総数引受の方法にて募集株式の発行を行いたい旨、および具体的な契約締結については代表取締役に一任したい旨を説明し、その賛否を議場に諮ったところ、満場一致をもって承認可決され、午前○○時○○分閉会を宣した。

記

1　募集株式の数　　普通株式○○○株
2　募集株式の割当方法
　　特定の第三者に以下のとおり募集株式の割当てを受ける権利を与える。
3　募集株式は、下記の者に割り当てる
　　株式会社○○　　　○○○株
4　募集株式の払込金額　　1株につき金○○円
5　増加する資本金及び資本準備金に関する事項
　　増加する資本金の額は、会社計算規則第14条に従い算出される資本金等増加限度額に0.5を乗じた額とし、計算の結果1円未満の端数を生じる場合は、その端数を切り上げるものとする。増加する資本準備金の額は、資本金等増加限度額より増加する資本金の額を減じた額とする。
6　払込期日　　平成○○年○○月○○日
7　払込取扱金融機関　　　　　　　　○○銀行○○支店
　　上記決議を明確にするために、この議事録を作り、議長および出席取締役において記名押印する。
平成○○年○月○○日

　　　　　　　　　　　　　　　　　　　　　○○○株式会社株主総会
　　　　　　　　　　　　　　議長　代表取締役　甲野太郎　印
　　　　　　　　　　　　　　　　　　取締役　甲野一郎　印
　　　　　　　　　　　　　　　　　　取締役　甲野花子　印
　　　　　　　　　　　　　　　　　　監査役　乙田健一　印

② 銀行に対する申込み・払込取扱いの委託

　払込取扱場所に対して、新株の申込み、払込金の受入れ、払込金の保管に係る事務を委託する必要がある点については、すでに株主割当増資の箇所で説明した。通常は、銀行、信託会社が払込取扱場所に指定されることが多いが、信用金庫、農業協同組合、労働金庫などを指定することもできる。また、払込金保管証明が不要である（残高照明、通帳のコピー等で構わない）点についても、株主割当増資の箇所ですでに説明したとおりである。

③ 株主に対する公告または通知（取締役会で募集事項を決定した場合）

　公開会社が、取締役会決議によって募集事項を定めたときは、払込期日（払込期間を定めた場合は、払込期間の初日）の２週間前までに、株主に対し、募集事項（払込金額に代えて「払込金額の決定の方法」を定めた場合は、その方法を含む）を通知しなければならない（会社法201条３項）。また、通知に代えて、公告によることも認められる（同条４項）。株主に対する通知または公告の義務が課されているのは、新株の不公正発行等の場合に株主が不利益を受けるおそれがあるため、株主に新株発行の差止請求権を行使する機会を保障するためである。ただし、払込期日（払込期間を定めた場合は、払込期間の初日）の２週間前までに、金融商品取引法４条１項から３項までの届出（募集または売出しの届出）をしている場合その他の株主の保護に欠けるおそれがないものとして法務省令で定める場合[注15]には、公告または通知は不要である（同条５項）。

　会社法と金融商品取引法の開示規制の差異により、株式会社に一定のコストおよび実務負担を強いることは適当でないと考えられることが、

（注15）有価証券届出書のほかには、発行登録書および発行登録追補書類、有価証券報告書、四半期報告書、半期報告書、臨時報告書が２週間前までに提出されており、２週間前の日から払込期日まで継続して公衆の縦覧に供されている場合は、通知・公告義務は課されない（会社法施行規則40条）。

この取扱いの理由であり、金融商品取引法に基づく開示が２週間前までに行われているのであれば、重ねて通知・公告義務を課す必要性が乏しいと考えられるためである。

記載例《第三者割当増資の場合の新株発行に関する公告》

募集株式発行に関する取締役会決議公告

平成○○年○○月○○日

株主各位

東京都千代田区○○町○丁目○番○号
○○○株式会社
代表取締役社長　甲野太郎

　平成○○年○○月○○日開催の取締役会において、募集株式の発行について下記のとおり決議しましたので、公告いたします。

記

1．募集新株式数　　　　　　　普通株式　　○○○株
2．払込金額　　　　　　　　　１株につき金　○○円
3．払込金額中資本に組み入れない額　１株につき金　○○円
4．払込期日　　　　　　　　　平成○○年○○月○○日
5．割当方法　　　　　　　　　株式会社○○に全株式を割り当てる。

以　上

---

④　申込者に対する通知

　申込者に対する通知、申込みの手続、株式の割当ての決定は、会社法203条以下に規定されており、（株式の割当ての決定を除いて）株主割当増資の場合と同様の手続になる。

　すなわち、株式会社は、新株を引き受ける者の募集に応じて、募集株式の引受けの申込みをしようとする者に対し、次に掲げる事項を通知しなければならない（会社法203条１項、会社法施行規則41条）。これらの事

項につき変更があった場合は、直ちに、その旨およびその変更があった事項を申込者に通知しなければならない（会社法203条5項）。

申込みをしようとする者に対する通知事項

①　株式会社の商号
②　募集事項
③　金銭の払込みの場合は、払込みの取扱いの場所（払込取扱金融機関）
④　発行可能株式総数
⑤　株式会社が発行する株式の内容として会社法107条1項各号に掲げる事項を定めているときは、当該株式の内容（譲渡制限株式、取得請求権付株式または取得条項付株式を発行している場合）
⑥　種類株式を発行することができることとしているときは、各種類の株式の内容
⑦　単元株式数についての定款の定めがあるときは、その単元株式数
⑧　次に掲げる定款の定めがあるときは、その規定
　イ　会社法第139条1項、140条5項または145条1号もしくは2号に規定する定款の定め
　ロ　会社法164条1項に規定する定款の定め
　ハ　会社法167条3項に規定する定款の定め
　ニ　会社法168条1項または169条2項に規定する定款の定め
　ホ　会社法174条に規定する定款の定め
　ヘ　会社法347条に規定する定款の定め
　ト　会社法施行規則26条1号または2号に規定する定款の定め
⑨　株主名簿管理人を置く旨の定款の定めがあるときは、その氏名または名称および住所ならびに営業所
⑩　定款に定められた事項（①から⑨に掲げる事項を除く）であって、当該株式会社に対し募集株式の引受けの申込者が当該者に対し通知することを請求した事項

また、株式会社が、上記の事項を記載した金融商品取引法2条10項に規定する目論見書を、申込みをしようとする者に対して交付している場

第1章　増資の法務

合、その他募集株式の引受けの申込みをしようとする者の保護に欠けるおそれがないものとして法務省令で定める場合には、通知は不要である（会社法203条4項）。

　法務省令で定める場合とは、①当該株式会社が金融商品取引法の規定に基づき目論見書に記載すべき事項を電磁的方法により提供している場合、または②当該株式会社が外国の法令に基づき目論見書その他これに相当する書面その他の資料を提供している場合で、株式会社が申込者に対して前ページ図表の①から⑩に掲げる事項を提供している場合である（会社法施行規則42条）。

⑤　申込書の提出

　募集に応じて募集株式の引受けの申込みをする者は、次に掲げる事項を記載した書面を株式会社に交付しなければならない（会社法203条2項）。また、書面に代えて、株式会社の承諾を得て、書面に記載すべき事項を電磁的方法により提供することができる（同条3項）。

申込みに際して書面に記載すべき事項

(1)　申込みをする者の氏名または名称および住所
(2)　引き受けようとする募集株式の数（引受希望株式数）

　株式会社が申込者に対してする通知または催告は、上記の(1)の住所（その申込者が別に通知または催告を受ける場所または連絡先を株式会社に通知した場合は、その場所または連絡先）にあてて発すればよい（同条6項）。この通知または催告は、その通知または催告が通常到達すべきであった時に、到達したものとみなす（同条7項）。

⑥　株式の割当ての決定および募集株式の数の通知

　会社法では、募集事項の決定と割当ての決定の手続は区別されている。株式の申込者に対しての割当てについては、募集事項の決定の手続とは

分離されており、申込者のなかから割当てを受ける者および割り当てる募集株式数を定める必要がある。

　この場合、割り当てる募集株式の数を申込者の「引き受けようとする募集株式の数」よりも減少することができる（会社法204条1項）。ただし、株主割当増資の場合は、株式の申込者に対してその有する株式数に応じて割当てを受ける権利をあらかじめ付与しているわけであるから、申込みをした者に対して自動的に株式を割り当てることになり、割当ての決定が不要である点については、すでに説明したとおりである。したがって、株主割当増資については、募集株式が譲渡制限株式である場合の株主総会（取締役会設置会社の場合は、取締役会）の決議の規定（会社法204条2項）は適用されない。

　第三者割当増資の場合、募集株式が譲渡制限株式である場合には、割当ての決定は、株主総会（取締役会設置会社の場合は、取締役会）の決議によらなければならない[注16]。ただし、定款に別段の定めをすることはできる（同条2項）。また、募集株式が譲渡制限株式でない場合は、会社法上の規制はなく、（業務執行）取締役が決定することができる。

　割当ての決定を行った場合には、株式会社は、払込期日（払込期間を定めた場合は、その期間の初日）の前日までに、申込者に対し、その申込者に割り当てる募集株式の数を通知しなければならない（同条3項）。

⑦　総額引受けの特則による場合

　総額引受けの特則による場合（募集株式を引き受けようとする者がその総数の引受けを行う契約を締結する場合）には、申込者に対する通知等の手続（会社法203条）および割当ての決定および割り当てる募集株式の数の通知の手続（会社法204条）は不要である（会社法205条）。

　第三者割当増資の場合、第三者による引受けの申込みがなされる前に、

（注16）株主総会の決議を要する場合は、特別決議要件となる（会社法309条2項5号）

あらかじめ会社と第三者との間で、割り当てる株式の種類および株式数、払込金額等について合意がされている場合が多い。最初から募集株式の総数を引き受けようとする者が存在していて、会社との間でその総数の引受けを行う契約を締結する場合には、手続は相当簡略になることを意味している。実際にそのような例が少なくない。

なお、総数の引受けに係る契約書に記載する事項としては、引受先が会社の発行する株式の総数を引き受ける旨、割り当てる株式の種類および数、1株当たり払込金額、払込期日および払込取扱場所などが考えられる。

⑧　株式の払込み（出資の履行）

株式の申込みをした株式引受人は、払込期日または払込期間内に、銀行等の払込取扱金融機関において、各株につき払込金額の全額の払込みをする必要がある（会社法208条1項）。同様に、現物出資者は、払込期日または払込期間内に、払込金額の全額に相当する現物出資財産を給付しなければならない（同条2項）。払込期日までに全額の払込みまたは給付をしなかった株式引受人は、募集株式の株主となる権利を失う（同条5項）。これを全額払込主義という。

実務上は、失権株を早期に確定することから、株式申込証拠金を新株の申込みの段階で払込取扱金融機関に払い込ませ、払込取扱金融機関において別段預金として受け入れられる方法が多くとられる。その株式申込証拠金は払込期日に払込みに充当される。

会社法上は、払込金保管証明の制度は廃止されている。払込金保管証明は、払込みが行われた事実を証明する手段であり、その証明手段としては残高証明等でも足りると考えられるからである。実務上は、通帳のコピーを使用するケースが多い。

また、資本充実の要請上、募集株式の引受人は、払込みまたは給付を

する債務と株式会社に対する債権を相殺することができない（会社法208条3項）。逆に、株式会社からの相殺は許される。引受人からする相殺払込のみが禁じられ、会社との相殺契約は許される。

出資の履行をすることにより募集株式の株主となる権利を譲渡しても、株式会社に対抗することはできない（同条4項）。

⑨　新株の効力発生

新株の効力発生は、①払込期日を定めた場合は、払込期日、②払込期間を定めた場合は、出資の履行をした日（払込日）である（会社法209条）。

一方、発行会社においては、①払込期日を定めた場合は払込期日、②払込期間を定めた場合は払込日に、資本金（または資本金および資本準備金）が計上されることとなる。

⑩　支配株主の異動を伴う場合の特則

平成26年会社法改正により、公開会社における第三者割当てによる新株発行において、支配株主の異動を伴う場合に、特別な取扱いが適用されるものとされた。

公開会社の場合、（有利発行を除く）募集事項の決定、割当ての決定を取締役会の決議で行うことができるが、その引受人が株主となった場合のその者の有する議決権の数が総株主の議決権の数に占める割合が2分の1を超えるとき、すなわち支配株主の異動が生じるときは、会社は払込期日の2週間前（払込期間を定めた場合は払込期間の初日の2週間前）までに、株主に対して、その引受人（特定引受人という）の名称・住所、特定引受人が有することとなる議決権の数その他の法務省令で定める事項（会社法施行規則42条の2）を通知または公告しなければならない。なお、特定引受人が親会社等である場合または株主割当てによる場合は、この規定の対象外である（会社法206条の2第1項から3項）。

また、総株主の議決権の10分の1以上の議決権を有する株主が、通

知・公告の日から２週間以内に特定引受人による募集株式の引受けに反対する旨を会社に対し通知したときは、会社は、払込期日の前日までに、株主総会の決議によって、特定引受人に対する募集株式の割当てまたはその者との間の会社法205条１項の（総数の引受けに係る）契約の承認を受けなければならない（同条４項、５項）。

　支配株主の異動は、会社に重要な影響を与えうる事項であるため、取締役会の決議だけで実行できないようにされているものである。ただし、会社の財産の状況が著しく悪化している場合において、会社の事業の継続のため緊急の必要があるときは、総株主の議決権の10分の１以上の議決権を有する株主による反対の通知が行われた場合であっても、株主総会の決議は不要であるとされている（同条４項但書き）。このような例外が設けられているのは、倒産回避のための緊急な増資の必要性もあるためである。

⑪　変更登記

　新株発行の効力が発生すると、発行済株式総数および資本金の額に変動が生じることから、変更登記が必要となる。変更登記は、２週間以内に、本店所在地において必要であるが（会社法915条１項）、払込期間を定めた場合は、払込期間の末日から２週間以内に行えばよい（同条２項）。

　登記申請書に添付する書類は、商業登記法において次のものが定められている（商登法46条、56条）。

登記申請の添付書類

添付書類	具体的内容
（a）株主総会または取締役会議事録等	・登記すべき事項につき株主総会、取締役会、または清算人会の決議を要するときは、その議事録 ・登記すべき事項につき、株主全員の同意またはある取締役の一致を要する場合は、同意または一致があったことを証する書面

(b) 株主総会の決議があったものとみなされる場合の、その場合に該当することを証する書面（株主総会の開催を省略した場合）	登記すべき事項につき会社法の規定により株主総会の決議があったものとみなされる場合においては、申請書に、議事録に代えて、その場合に該当することを証する書面
(c) 取締役または執行役の決定があったことを証する書面	監査等委員会設置会社(注17)における登記すべき事項につき、取締役会の決議による委任に基づく取締役の決定があったときは、申請書に、取締役会の議事録のほか、当該決定があったことを証する書面 指名委員会等設置会社における登記すべき事項につき、会社法416条4項(注18)の取締役会の決議による委任に基づく執行役の決定があったときは、申請書に、取締役会の議事録のほか、その決定があったことを証する書面
(d) 株式の申込みを証する書面等	募集株式の引受けの申込みを証する書面、または申込者が募集株式の総数の引受けを行う契約（会社法205条）を行う場合は、契約を証する書面 払込取扱金融機関の発行する株式申込取扱証明書によることも認められる。
(e) 払込みがあったことを証する書面（金銭出資の場合）	金銭出資の場合は、払込みがあったことを証する書面（金融機関の発行する残高証明書、通帳のコピー等の簡易な方法でよい）

(注17) 監査等委員会設置会社においては、一部の事項を除いて監査等委員会設置会社の業務の決定を取締役に委任することが認められている。その委任が行われた場合についての取扱いである。
(注18) 指名委員会等設置会社においては、一部の事項を除いて指名委員会等設置会社の業務の決定を執行役に委任することが認められている。その委任が行われた場合についての取扱いである。

（f）検査役の調査報告等（現物出資の場合）	・検査役の調査を要した場合は、検査役の調査報告を記載した書面およびその付属書類 ・市場価格のある有価証券を市場価格以下で出資した場合に、検査役の調査を省略した場合は（会社法207条9項3号）、有価証券の市場価格を証する書面 ・検査役の調査に代えて、弁護士、弁護士法人、公認会計士、監査法人、税理士、税理士法人の証明をしたときは（会社法207条9項4号）、その証明書および鑑定評価書（出資財産が不動産の場合）ならびにその付属書類 ・金銭債権を現物出資（デット・エクイティ・スワップ）したときに、検査役の調査を省略した場合は（会社法207条9項5号）、金銭債権について記載された会計帳簿	
（g）裁判があったときの謄本	検査役の報告に関する裁判があったときは、その謄本	
（h）株主から特定引受人による募集株式の引受けに反対する旨の通知があった場合に、株主総会決議の承認が必要な場合に該当しないときの、該当しないことを証する書面(注19)	会社法206条の2第4項の規定による募集株式の引受けに反対する旨の通知があった場合において、同項の規定により株主総会の決議による承認を受けなければならない場合に該当しないときは、当該場合に該当しないことを証する書面	

（注19）公開会社における第三者割当てによる新株発行の場合で、支配株主の異動を伴うときは、総株主の議決権の10分の1以上の議決権を有する株主が、通知・公告の日から2週間以内に特定引受人による募集株式の引受けに反対する旨を会社に対し通知したときは株主総会決議を要するとされているが、会社の財産の状況が著しく悪化している場合において、会社の事業の継続のため緊急必要があるときは、例外的に株主総会の決議は不要であるとされている（会社法206条の2第4項但書き）。その場合に要求される書面である。

通常の金銭出資による新株発行の場合は、(b)、(c)、(f)、(g)、(h)は不要であるため、(a)、(d)、(e)が必要となろう。

5 増資の手続（その3　現物出資）

(1) 現物出資の概要

　現物出資も増資の一形態である。すなわち、金銭以外の財産による出資であり、有価証券、債権、動産、不動産、無体財産権などが対象となる。増資の一形態であるから、手続は金銭出資の場合と基本は変わらない。通常は、株主割当増資、第三者割当増資のなかで行われる。新株の発行会社に対して金銭債権を現物出資する手法をデット・エクイティ・スワップ（債務の資本化）というが、応用的な論点となるため、「第3編　応用編」の「第3章　デット・エクイティ・スワップ（債務の資本化）」で詳述する。

　現物出資の金銭出資と異なる点は、出資財産の評価が難しい点である。特に過大評価が行われると、他の株主の利益を害するおそれが生じるし、資本充実原則の観点から債権者が害されるおそれも生じる。そこで、会社設立の場合と同様に、増資の場合も、原則として検査役の調査を受ける必要がある。ただし、一定の場合において、検査役の調査を省略できる。その点については、後で詳述する。

(2)　株主総会または取締役会の決議

　すでに解説したように、募集事項のなかに、「現物出資の場合は、その旨ならびにその財産の内容および価額」が規定されている。現物出資を行う旨、その財産の内容および財産の価額が決議事項に加わることになる。増資については、現物出資者の資格に制限は置かれていない。現

物出資による新株発行は、第三者割当増資の方法で行われることが多い。非公開会社において第三者割当増資の方法による現物出資を行う場合は、株主総会の特別決議を経る必要がある（会社法199条1項、309条2項5号）。

（3） 検査役の調査

　会社は、募集事項の決定の後遅滞なく、現物出資財産の価額を調査させるため、裁判所に対し、検査役の選任の申立てをしなければならない（会社法207条1項）。裁判所は、これを不適法として却下する場合を除き、検査役を選任しなければならない（同条2項）。裁判所は、会社が検査役に対して支払う報酬の額を定めることができる（同条3項）。

　検査役は、必要な調査を行い、その調査の結果を記載し、または記録した書面または電磁的記録（法務省令で定めるものに限る）を裁判所に提供して報告をしなければならない（同条4項）。裁判所は、検査役からの報告について、その内容を明瞭にし、またはその根拠を確認するため必要があると認めるときは、その検査役に対し、さらに報告を求めることができる（同条5項）。検査役は、会社に対し、書面の写しを交付するか、または電磁的記録に記録された事項を法務省令で定める方法により提供しなければならない（同条6項）。

　裁判所は、検査役の報告を受けた場合において、現物出資財産について（募集事項として）定められた価額を不当と認めたときは、これを変更する決定をしなければならない（同条7項）。募集株式の引受人（現物出資者）は、裁判所の決定により現物出資財産の価額の全部または一部が変更された場合には、その決定の確定後1週間以内に限り、その募集株式の引受けの申込みまたは会社法205条1項の（総数の引受けに係る）契約に係る意思表示を取り消すことができる（同条8項）。

（4） 検査役の調査を省略できる場合

一定の場合において、検査役の調査を省略できる。次の①から⑤に掲げる場合には、検査役の調査を省略できる（会社法207条9項）。

検査役の調査の省略事由

① 募集株式の引受人に割り当てる株式の総数が、発行済株式総数の10分の1以下である場合
② 現物出資財産について（募集事項として）定められた財産の価額の総額が、500万円以下である場合
③ 現物出資財産のうち、市場価格のある有価証券について（募集事項として）定められた財産の価額が、その有価証券の市場価格として法務省令で定める方法により算定されるものを超えない場合
④ 現物出資財産について（募集事項として）定められた価額が相当であることについて、弁護士、弁護士法人、公認会計士、監査法人、税理士または税理士法人の証明（現物出資財産が不動産の場合は、証明および不動産鑑定士の鑑定評価）を受けた場合
⑤ 現物出資財産が株式会社に対する金銭債権（弁済期が到来しているものに限る）であって、その金銭債権について（募集事項として）定められた価額が、その金銭債権に係る負債の帳簿価額を超えない場合

①は、旧商法では、「現物出資者に対して与える株式の総数が発行済株式総数の10分の1以下で、かつ、新たに発行する株式数の5分の1以下であるとき」（旧商法280条の8第1項）とされていたものが、「発行済株式総数の10分の1以下」に改められている。

②については、いわゆる少額基準である。

③については、市場価格のある有価証券を市場価格以下の価額で現物出資する場合に、検査役の調査が不要となる。「市場価格」とは、随時、売買・換金等を行うことができる取引システム等において形成されている取引価格、気配または指標その他の相場であり[注20]、その価格が公

正に形成されているものと考えられ、取引所の相場よりも範囲が広い。したがって、店頭市場の有価証券も対象範囲に含まれる。

④の証明者について、証明を行った者は、財産の時価が定款に定めた価額に著しく不足するときには、会社に対して連帯してその不足額を支払う義務を負う。ただし、証明にあたって注意を怠らなかったことを証明した場合には、義務を負わない。いわゆる立証責任を転換した過失責任であり、この点は取締役の責任と同様である。弁護士・税理士等の専門家は、受任者として善良な管理者としての注意義務を負うこととなる。

この証明者については欠格事由が規定されており、欠格事由に該当する者は証明者となることができない。第1に、取締役、会計参与、監査役もしくは執行役または支配人その他の従業員は、利害関係者に該当するため、証明者となることができない。第2に、募集株式の引受人は証明者になることはできない。第3に、業務の停止を受け、その停止の期間を経過していない者はなれない。第4に、弁護士法人、監査法人または税理士法人の社員の半数以上が第1または第2のいずれかの者に該当する場合も、法人は証明者になることができない（会社法207条10項）。

⑤は、デット・エクイティ・スワップ（DES）について、検査役の調査が不要となる取扱いである。弁済期が到来している金銭債権をその券面額以下で出資をする場合には、検査役の調査は不要である。「その金銭債権について定められた価額が、その金銭債権に係る負債の帳簿価額を超えない場合」の「その金銭債権に係る負債の帳簿価額」とは、その金銭債権の券面額（額面金額）を意味する。デット・エクイティ・スワップの法的手続は、券面額説が主流になっている実情を踏まえて、弁済期が到来している債権については、券面額以下の価額で出資することについて検査役の調査を省略しても、資本充実の観点から特に問題がな

（注20）泰田啓太「時価会計導入に伴う計算書類規則の一部改正」商事法務 No.1558、P11

いという解釈に基づいているものと考えられる。

なお、弁済期が未到来の金銭債権の現物出資を行うケースにおいて検査役の調査を省略したい場合は、期限の利益を放棄するという方法が考えられるが[注21]、期限の利益を放棄し、時価の著しく低い金銭債権を額面金額で評価して割り当てた場合に、現物出資者および取締役等の不足額てん補責任（会社法212条1項2号、213条）が問題となるおそれがある点に留意する必要がある。

(5) 財産価格てん補責任

現物出資財産の評価が厳格に行われたとしても、新株の発行時点において財産の価格が著しく下落してしまう事態も生じうる。ただし、そのような場合においても、現物出資者に割り当てる新株の数は、取締役会決議で定めた内容に従わなければならない。

現物出資の目的たる財産の新株発行当時における実価が、取締役会決議により定めた価格に著しく不足する場合は、募集に関する職務を行った業務執行取締役等は、会社に対し連帯してその不足額を支払う義務を負う（会社法213条1項）。ただし、検査役の調査を受けている場合は、責任を負わないし（同条2項1号）、職務遂行について注意を怠らなかったことを証明した場合にも責任は負わない（同項2号）。この財産価格てん補責任は、いわゆる過失責任である。すでに説明したように、弁護士等の証明者の責任も、この業務執行取締役等の責任と同様である。

なお、詳しい内容については、「Ⅱ　差止請求、引受人、取締役等の責任、無効の訴え」で解説する。

(注21) 相澤哲・豊田祐子「新会社法の解説（5）株式（株式の併合等・単元株式数・募集株式の発行等・株券・雑則）」。債務者である株式会社において期限の利益を放棄することにより、検査役の調査省略要件を当然に満たすとしている。

（6） 変更登記の添付書類

取締役会議事録または株主総会議事録が必要な点は、通常の金銭出資の場合と同様である。通常の金銭出資の場合に必要な添付書類のほかに、現物出資の場合に特に必要なものとして、検査役の調査を要した場合の検査役の調査報告を記載した書面およびその付属書類、市場価格のある有価証券を市場価格以下で出資し、検査役の調査を省略した場合（会社法207条9項3号）の有価証券の市場価格を証する書面、検査役の調査に代えて、弁護士、弁護士法人、公認会計士、監査法人、税理士、税理士法人の証明をした場合（会社法207条9項4号）の証明書および鑑定評価書（出資財産が不動産の場合）ならびにその付属書類がある。

また、金銭債権を現物出資（デット・エクイティ・スワップ）したときに、検査役の調査を省略した場合（会社法207条9項5号）は、金銭債権について記載された会計帳簿が必要とされる点に留意する必要がある（商登法56条3号ニ）。

6 増資の手続（その4 無償増資）

剰余金の資本組入れや準備金の資本組入れを併せて無償増資という。金銭または金銭以外の財産の払込みを伴うわけではなく、貸借対照表の純資産の部の株主資本のなかでの振替えを行うことによって資本金を増加させる方法であるから、そのような言い方をする。以下、剰余金の資本組入れと準備金の資本組入れについて、それぞれその手続を解説する。

（1） 剰余金の資本組入れ

株主総会の決議によって、剰余金から資本金に組み入れることができる（会社法450条1項、2項）。会社法では、資本の計数の変動は、決算

の確定手続とは無関係とされており、定時株主総会に限定されず、臨時株主総会においても決議して振り替えることができる。剰余金の資本金への組入れに関する議案を株主総会に付議して承認を経ることにより、振替えをすることができる。株主総会の普通決議要件である。剰余金の資本組入れに関する個別議案を付議する形をとる。

　株主総会においては、①減少する剰余金の額および②資本金の額の増加がその効力を生ずる日（効力発生日）の2つを定めて決議する（会社法450条1項、2項）。剰余金の額が減少し、資本金の額が増加するのは、決議において定めた効力発生日である。その際、剰余金をマイナスにしてはならないが、ゼロにすることは問題ない（同条3項）。

　なお、平成21年3月27日付の会社計算規則改正により、その他利益剰余金または利益準備金の資本組入れができることとされた。会社法施行時の会社計算規則では、剰余金から資本金に組み入れる場合はその他資本剰余金に限る旨の規定（旧計算規則48条1項2号）、また、準備金から資本金に組み入れる場合は資本準備金に限る旨の規定（旧計算規則48条1項1号）が置かれていたため、その他利益剰余金または利益準備金から資本金に組み入れることはできなかったわけあるが、それらの限定する旨の規定が削除されたため（計算規則25条1項1号、2号）、できるものとされた。

　もともと「自己株式及び準備金の額の減少等に関する会計基準」は、資本剰余金と利益剰余金との間の混同、すなわち剰余金間の混同を禁じるものであって、資本金と剰余金との間にまで規制を及ぼす趣旨ではなかったことと、中小企業からの要望に応えたというのが改正理由のようである。

　株主総会議事録の記載例を示すと、次のようになる。

第1章　増資の法務

記載例《剰余金の資本組入れの場合の株主総会議事録》

株主総会議事録

　平成○○年○○月○○日午前○○時○○分、東京都千代田区○○町○丁目○番○号本社において、第○○回定時株主総会を開催した。
　　株主総数　　　　　　　　　　○○名
　　発行済株式総数　　　　　　　○○○株
　　総株主の議決権総数　　　　　○○○個
　　出席株主数　　　　　　　　　○○名（うち委任状○名）
　　出席株主の議決権の数　　　　○○○個
　以上のとおり総株主の議決権の過半数を有する株主が出席し、本株主総会は適法に成立したので、定款の規定により代表取締役社長甲野太郎は定刻議長席に着き、開会を宣するとともに直ちに議案の審議に入った。

第○号議案　剰余金の資本組入れに関する承認の件

　議長は、当社の資本の充実を図るため、その他利益剰余金（繰越利益剰余金）○、○○○、○○○円を減少し、全額を資本金に組み入れたい旨、その際資本金の額の増加の効力発生日を平成○○年○○月○○日とする旨の説明をした。
　議長は、第○号議案について賛否を議場に諮ったところ、出席株主の全員一致をもって原案のとおり承認可決された。
　（以下略）

　議事録にも記載されているとおり、株主総会において①減少する剰余金の額、②資本金の額の増加がその効力を生ずる日（効力発生日）の2つを定めて決議する必要がある（80ページ参照）。

（2）準備金の資本組入れ

　株主総会の決議によって、準備金の全部または一部を資本金に組み入れることができる（会社法448条1項2号）。剰余金の資本組入れと同様

に、定時株主総会に限定されず、臨時株主総会において決議して振り替えることもできる。

　株主総会において、①減少する準備金の額、②減少する準備金の全部または一部を資本金とするときは、その旨および資本金とする金額、③準備金の額の減少がその効力を生ずる日（効力発生日）を決議しなければならない（会社法448条1項）。その際、準備金をマイナスにしてはならないが、ゼロにすることは問題ない（同条2項）。

　なお、すでに説明したように、平成21年3月27日付の会社計算規則改正により、その他利益剰余金または利益準備金の資本組入れができることとされた。

　株主総会議事録の記載例は、次のとおりである。

記載例《準備金の資本組入れの場合の株主総会議事録》

株主総会議事録

　平成○○年○○月○○日午前○○時○○分、東京都千代田区○○町○丁目○番○号本社において、第○○回定時株主総会を開催した。

株主総数	○○名
発行済株式総数	○○○株
総株主の議決権総数	○○○個
出席株主数	○○名（うち委任状○名）
出席株主の議決権の数	○○○個

　以上のとおり総株主の議決権の過半数を有する株主が出席し、本株主総会は適法に成立したので、定款の規定により代表取締役社長甲野太郎は定刻議長席に着き、開会を宣するとともに直ちに議案の審議に入った。

第○号議案　準備金の資本組入れに関する承認の件

　議長は、当社の資本の充実を図るため、利益準備金○、○○○、○○○円のうち一部○、○○○、○○○円を資本金に組み入れたい旨、その際効力発生日を平成○○年○○月○○日とする旨の説明をした。

> 議長は、第○号議案について賛否を議場に諮ったところ、出席株主の全員一致をもって原案のとおり承認可決された。
> （以下略）

　議事録にも記載されているとおり、株主総会において①減少する準備金の額、②減少する準備金の全部または一部を資本金とするときは、その旨および資本金とする金額、③準備金の額の減少がその効力を生ずる日（効力発生日）の３つを定めて決議する必要がある（82ページ参照）。

II 差止請求、引受人、取締役等の責任、無効の訴え

1 不公正発行等の差止請求権

　株式の発行等が法令または定款に違反する場合や不公正な方法による場合は、株主に新株発行の差止請求権が認められる。

　すなわち、①株式の発行または自己株式の処分が法令または定款に違反する場合または②株式の発行または自己株式の処分が著しく不公正な方法により行われる場合で、かつ、株主が不利益を受けるおそれがあるときは、株主は、会社に対し、株式の発行または自己株式の処分をやめることを請求することができる（会社法210条）。

　会社としては直接損害を受けないでも、株主としては損害を受ける場合があるため、取締役の法令定款違反により会社に回復できない損害が生じるおそれがある場合について定めた会社法360条の差止請求権と別に、この差止請求権が認められているものと考えられる[注22]。

　法令定款違反または著しく不公正な方法による発行に該当する場合だけではなく、株主が不利益を受けるおそれがある場合を要件としているため、株主割当増資の場合で、適法な取締役会決議がなかった場合は、会社法360条の株主による取締役の行為の差止めが問題となるだけで、本条の差止請求の対象とはならないと解される[注23]。また、時価発行による公募増資の場合も、同様である。

　法令違反の新株発行の例としては、例えば募集株式の発行において特に有利な金額で発行を行うのに、株主総会の特別決議を経ないで発行す

　（注22）上柳克郎・鴻常夫・竹内昭夫編著「新版注釈会社法（7）」有斐閣、P287。
　（注23）上柳克郎・鴻常夫・竹内昭夫編著、前掲、P288。最判昭和36年3月31日民集15巻3号645。

る場合、不均等な条件で株主に割り当てる場合、発行可能株式総数を超えて発行する場合などが考えられる。また、著しく不公正な方法による新株発行の例としては、特に資金調達の必要もないのに、敵対的買収における買収者の議決権の割合を低下させるような意図により発行する場合などが考えられる。

差止請求をしても会社がこれに応じない場合が考えられる。その場合は、裁判により差止請求を行うこととなるが、訴えの判決までに募集株式発行の効力が生じないように、募集株式発行の効力発生前に、発行差止めの仮処分を行う。この仮処分命令に反して発行が行われた場合は、募集株式の発行無効の訴えの原因となる。

2 不公正な払込金額で株式を引き受けた引受人の責任

募集株式の引受人は、次の①または②に掲げる場合には、会社に対し、それぞれに定める額を支払う義務を負う（会社法212条1項）。

引受人がてん補責任を負う事由	支払うべき金額
① 取締役と通じて著しく不公正な払込金額で募集株式を引き受けた場合	払込金額と募集株式の公正な価額との差額に相当する金額
② 募集株式の株主となった時におけるその給付した現物出資財産の価額が、これについて（募集事項として）定められた価額に著しく不足する場合	その不足額

①については、取締役と共謀して著しく不公正な払込金額で引き受けた場合であるから、取締役と共謀していなければ責任を負わない。株主代表訴訟の対象とされている点に留意する必要がある（会社法847条1項）。

②については、取締役と共謀していなくても、不足額についての支払義務が生じる。ただし、現物出資財産を給付した募集株式の引受人が、

その現物出資財産の価額が（募集事項として）定められた価額に著しく不足することにつき善意でかつ重大な過失がないときは、募集株式の引受けの申込みまたは会社法205条1項の契約（募集株式の総数の引受けを行う契約）に係る意思表示を取り消すことができる（会社法212条2項）。現物出資財産の価額の著しい不足については、引受人が善意でかつ重大な過失がないときは、取消権が認められ、救済される。いわゆる過失責任である。

3 出資財産の価額が不足する場合の取締役等の責任

現物出資財産の評価が厳格に行われたとしても、株式の発行時点において財産の価額が著しく下落してしまう事態も生じうる。ただし、そのような場合においても、募集株式の数は、募集事項で定めた内容に従わなければならない。

現物出資財産の価額が、これについて定められた価額に著しく不足する場合においては、次に掲げる者（「取締役等」という）は、会社に対し、その不足額を支払う義務を負う（会社法213条1項）。

現物出資財産の価額が定められた価額に著しく不足する場合は、引受人の募集に関する職務を行った業務執行取締役（その業務の執行に職務上関与した者として法務省令で定めるものを含む）、株主総会（または取締役会）に議案を提案した取締役として法務省令で定めるものは、不足額をてん補する責任を負う。

①　募集株式の引受人の募集に関する職務を行った業務執行取締役（指名委員会等設置会社の場合、執行役。以下、同じ）その他業務執行取締役の行う業務の執行に職務上関与した者として法務省令で定めるもの
②　現物出資財産の価額の決定に関する株主総会の決議があったときは、その株主総会に議案を提案した取締役として法務省令で定めるもの

> ③ 現物出資財産の価額の決定に関する取締役会の決議があったときは、その取締役会に議案を提案した取締役（指名委員会等設置会社の場合、取締役および執行役）として法務省令で定めるもの

①の「業務の執行に職務上関与した者として法務省令で定めるもの」とは、具体的には（ⅰ）現物出資財産の価額の決定に関する職務を行った取締役および執行役、（ⅱ）現物出資財産の価額の決定に関する株主総会の決議があったときは、その株主総会において現物出資財産の価額に関する事項について説明をした取締役および執行役、（ⅲ）現物出資財産の価額の決定に関する取締役会の決議があったときは、その取締役会の決議に賛成した取締役である（会社法施行規則44条）。

また、②の「株主総会に議案を提案した取締役として法務省令で定めるもの」とは、具体的には（ⅰ）株主総会に現物出資財産の価額の決定に関する議案を提案した取締役、（ⅱ）（ⅰ）の議案の提案の決定に同意した取締役（取締役会設置会社の取締役を除く）、（ⅲ）（ⅰ）の議案の提案が取締役会の決議に基づいて行われたときは、その取締役会の決議に賛成した取締役である（会社法施行規則45条）。

さらに、③の「取締役会に議案を提案した取締役として法務省令で定めるもの」とは、具体的には取締役会に現物出資財産の価額の決定に関する議案を提案した取締役および執行役である（会社法施行規則46条）。

また、上記の取扱いにかかわらず、次に掲げる場合は、取締役等は支払う義務を負わない（会社法213条2項）。

てん補責任を負わない場合

①	現物出資財産の価額について検査役の調査を受けた場合
②	その取締役等が、その職務を行うについて注意を怠らなかったことを証明した場合

会社法においては、取締役の責任が一律過失責任とされたことに伴い、

現物出資財産の不足額をてん補する責任も無過失責任から過失責任に改められている。したがって、注意を怠らなかったことを証明した場合は、責任を免れる（立証責任を転換した過失責任）。

また、現物出資財産の価額が、これについて定められた価額に著しく不足する場合は、取締役等の責任と別に、現物出資財産について定められた価額が相当であることについて証明をした者（弁護士、弁護士法人、公認会計士、監査法人、税理士または税理士法人、不動産である場合は不動産鑑定士を含む）は、会社に対し、不足額を支払う義務を負う。ただし、証明をすることについて注意を怠らなかったことを証明したときは、支払う義務を負わない（会社法213条3項）。証明者についても、同様に過失責任である。

なお、募集株式の引受人が現物出資財産の不足額を支払う義務を負う場合において、取締役等または証明者が不足額を支払う義務を負うときは、これらの者は、それぞれ連帯債務者となる（同条4項）。

4　新株発行の無効の訴え

新株発行の無効は、新株発行の効力発生日より6ヵ月以内（非公開会社会社の場合は、1年以内）に訴えをもってのみこれを主張することができる（会社法828条1項2号）。非公開会社については、1年以内とされている点に留意する必要がある。

無効の訴えは、株主、取締役または監査役（指名委員会等設置会社の場合は執行役、清算株式会社の場合は清算人を含む）に限りこれを提起することができる（同条2項）。株主には、旧株だけでなく新株の株主も含まれるし、新株を譲り受けた者も含まれると解されている。新株発行の効力発生後に株式を取得した株主でも提訴権者となりうる。

法令定款違反であればすべて無効原因となるわけではなく、新株発行

を有効と信じて取引した者の取引の安全保護の観点から、無効原因は特に重大な法令定款違反に限定されると解されている。無効原因となりうる新株発行としては、定款に定めた発行可能株式総数を超える新株発行、定款に定めた株主の新株引受権を無視した新株発行、定款に定めのない種類株式の発行、譲渡制限株式の発行に必要な株主総会決議の瑕疵、譲渡制限株式につき（株主割当増資における）株主の割当てを受ける権利を無視した発行、新株発行の差止めに係る仮処分命令違反などが挙げられる。発行可能株式総数を超える新株発行については、新株発行の一部が発行可能株式総数を超える新株発行であっても、新株発行は一体として無効となると解されている[注24]。

　手続上の瑕疵について無効原因とすべきかどうかについては、学説上争いがあるところである。例えば、取締役会決議なしに代表取締役が新株を発行した場合、取締役会決議は単なる会社の内部的な意思決定に過ぎず、対外的に会社を代表する代表取締役の行った新株発行は有効であると解するべきとする判例[注25]や学説がある一方、新株発行は組織法上の行為であって、取締役会決議があってはじめて有効となると考えるべきであるとする判例・学説がみられる。

　なお、新株の無効の判決が確定すると、新株の発行は将来に向かって効力を失い、いわゆる遡及効は否定される（会社法839条）。したがって、判決確定時までの議決権行使や配当の支払には影響を及ぼさない。

(注24)　上柳克郎・鴻常夫・竹内昭夫編著、前掲、P343。
(注25)　最判昭和36年3月31日民集15巻3号645。

第2章 新株予約権の法務

1 新株予約権とは

　新株予約権とは、これを有する者（新株予約権者）が、会社に対して権利を行使したときに、会社が新株予約権者に対し新株を発行し、またはこれに代えて会社の有する自己株式を移転する義務を負うものをいい、オプションとしての権利である。ただし、会社法においては、新株予約権者に対して交付する財産は、株式に限定されず、社債、新株予約権、新株予約権付社債その他の財産を交付する内容を定めることもできる。

　また、取得条項付新株予約権の発行も可能であり、一定の事由が生じたことを条件として会社が新株予約権を取得する内容で発行することもできる。その場合に、取得の対価として新株予約権者に対して株式を交付すると定めておけば、株式に強制転換する設計も可能である（会社法236条1項7号ニ）。

　平成13年商法改正前の新株引受権は、ストック・オプションとしての付与または新株引受権付社債の発行の場合にしか発行が認められていなかったが、改正後の新株予約権については、一般的な発行が認められ、従来認められていなかった単独発行も可能となった。ストック・オプションの権利付与のために発行したり、新株予約権付社債として発行することはもちろん、他の金融商品と組み合わせて資金調達手段として用いたり、敵対的買収に対する防衛策（ポイズン・ピル）として用いたりすることができる。新株予約権の活用については、「第3編　応用編」の「第6章　増資・減資、新株予約権、種類株式、自己株式の活用」の「2　新株予約権の活用」（453ページ）を参照されたい。

2 新株予約権の手続（募集から割当て・払込みまで）

　新株予約権を引き受ける者の募集をしようとするときは、募集事項の決定をしなければならない。募集事項の決定は、募集株式の場合と同様に、原則として株主総会の決議による必要がある。ただし、公開会社については特則が設けられており、特に有利な条件または払込金額が特に有利な金額である場合を除いて、取締役会決議でできるとされている。

　また、募集新株予約権の引受けの申込者に対して、会社は割当てを行う。募集事項の決定と割当ての決定が別の規定に分かれている点は、募集株式の場合と同様に整理されている。割当てを受けて新株予約権者となった者は、権利行使するか、他に譲渡するか、または、消却事由を定めて発行した場合は消却されるケースもあり得る。

　以下、募集事項の決定から、権利行使等に至る手続の流れをフローチャートで示すこととする。フローチャートからも明らかなように、募集株式の制度と整合した内容として整理されている。

新株予約権の募集から割当て・払込みに至る手続の流れ

発行可能株式総数の未発行枠に余裕があるかどうかの確認	発行した新株予約権の権利行使によって、発行済株式総数が発行可能株式総数を超える可能性がないかどうかをチェックする （超える可能性がある場合は、発行可能株式総数の増加のための定款変更を検討する必要がある）
↓	
募集事項の決定	原則として株主総会の決議が必要であるが、株主総会の決議によって、一定の範囲で募集事項の決定を取締役会に委任することができる（公開会社の場合は、有利発行を除いて、取締役会の決議でよい）
↓	

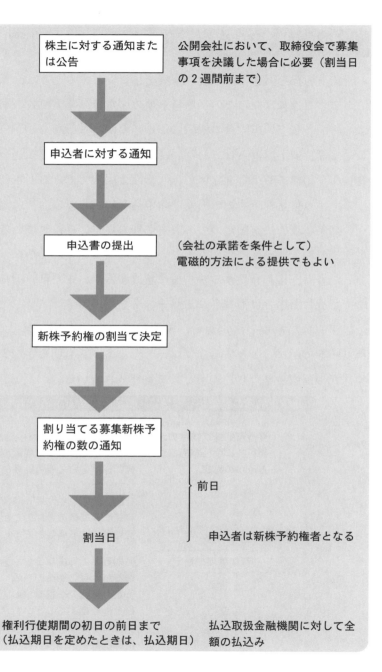

(1) 募集事項の決定

　会社は、その発行する新株予約権を引き受ける者の募集をしようとするときは、その都度、募集新株予約権（募集に応じて新株予約権の引受けの申込みをした者に対して割り当てる新株予約権をいう）について次に掲げる事項（「募集事項」という）を定めなければならない（会社法238条1項）。募集事項は、募集ごとに均等に定めなければならない（同条5項）。

　会社法では、新株予約権の発行手続について、募集株式の発行手続と同様の整理がされている。したがって、募集事項の決定と新株予約権の割当ては、規定上分かれている。

新株予約権の募集事項

① 募集新株予約権の内容および数
② 募集新株予約権と引換えに金銭の払込みを要しないこととする場合（無償の場合）には、その旨
③ ②の場合以外の場合には、募集新株予約権の払込金額（募集新株予約権1個と引換えに払い込む金銭の額をいう）またはその算定方法
④ 募集新株予約権を割り当てる日（割当日）
⑤ 募集新株予約権と引換えにする金銭の払込みの期日を定めるときは、その期日
⑥ 募集新株予約権が新株予約権付社債に付されたものである場合には、会社法676条各号に掲げる事項（募集社債に関する事項）
⑦ ⑥の場合、新株予約権付社債に付された募集新株予約権についての会社法118条1項、179条2項、777条1項、787条1項または808条1項の規定による請求（定款変更の場合の買取請求または組織再編行為の場合の買取請求）の方法につき別段の定めをするときは、その定め

　新株予約権の募集をする場合には、上記の事項を定める必要がある。②は、無償発行の場合にはその旨を定めるべきことを表している。

募集事項の決定は、原則として、株主総会の決議によらなければならない（会社法238条2項）。決議要件は、特別決議である（会社法309条2項6号）。ただし、後で解説するように、公開会社については、払込金額を無償とすることが特に有利な条件に該当する場合または払込金額が特に有利な金額である場合を除いて、取締役会決議によることが認められている（会社法240条1項）。この点も、募集株式の発行と同様の取扱いである。

次に掲げる場合には、取締役は、株主総会において、（ⅰ）の条件または（ⅱ）の金額で募集新株予約権を引き受ける者の募集をすることを必要とする理由を説明しなければならない（会社法238条3項）。

> （ⅰ）募集新株予約権と引換えに金銭の払込みを要しないこととすること（無償で発行すること）が引き受ける者にとって特に有利な条件であるとき
> （ⅱ）有償の場合は、払込金額が引き受ける者にとって特に有利な金額であるとき

無償で発行するときは特に有利な条件に該当する場合、有償で発行するときは払込金額が特に有利な金額であることに該当する場合、いわゆる有利発行に該当する場合である。この場合は、必ず株主総会の特別決議が必要であり、取締役は特に有利な条件または特に有利な金額で発行することを必要とする理由を説明する義務を負う。

（2）募集事項の決定の委任

株主総会においては、その決議によって、募集事項の決定を取締役（取締役会設置会社の場合は、取締役会）に委任することができる。この場合、次に掲げる事項を定めなければならない（会社法239条1項）。

第2章 新株予約権の法務

募集事項の決定を委任した場合の決定事項

> ① 株主総会の委任に基づいて募集事項の決定をすることができる募集新株予約権の内容および数の上限
> ② ①の募集新株予約権につき金銭の払込みを要しないこととする場合（無償発行の場合）には、その旨
> ③ 有償発行の場合には、募集新株予約権の払込金額の下限

　取締役（または取締役会設置会社の場合は、取締役会）に募集事項の決定を委任する決議は、割当日がその決議の日から1年以内の日である募集についてのみその効力を有する（同条3項）。すなわち、取締役（または取締役会）への募集事項の決定の委任は、有効期間が1年である。

（3）公開会社における募集事項の決定の特則

　払込金額を無償とすることが特に有利な条件に該当する場合、または有償の場合に払込金額が特に有利な金額であることに該当する場合を除いて、公開会社における募集事項の決定は、取締役会の決議でできる（会社法240条1項）。

　公開会社は、取締役会の決議によって募集事項を定めた場合は、割当日の2週間前までに、株主に対し、募集事項を通知しなければならない（同条2項）。公告でもよい（同条3項）。

　ただし、割当日の2週間前までに、金融商品取引法4条1項から3項までの届出（募集または売出しの届出）をしている場合その他の株主の保護に欠けるおそれがないものとして法務省令で定める場合[注26]には、不要である（同条4項）。会社法と金融商品取引法の開示規制の差

（注26）有価証券届出書、発行登録書および発行登録追補書類、有価証券報告書、四半期報告書、半期報告書、臨時報告書が割当日の2週間前までに提出されており、割当日の2週間前の日から割当日まで継続して公衆の縦覧に供されている場合は、通知・公告義務は課されない（会社法施行規則53条）。

異により、会社に一定のコストおよび実務負担を強いることは適当でないと考えられたことが、この改正の理由であり、募集株式の発行の取扱いと趣旨および内容は同様である。

(4) 株主に新株予約権の割当てを受ける権利を与える場合（株主割当ての場合）

　株式会社は、新株予約権の募集において、株主に新株予約権の割当てを受ける権利を与えることができる。募集株式の発行における株主割当てに相当する取扱いである。この場合、募集事項のほか、次に掲げる事項を定めなければならない（会社法241条1項）。

募集事項以外に必要な決定事項

① 株主に対し、募集新株予約権の引受けの申込みをすることにより、募集新株予約権の割当てを受ける権利を与える旨
② 募集新株予約権の引受けの申込期日

　株主は、その持株数に応じて割当てを受ける権利を有する（同条2項）。発行する会社自身に、割当てを受ける権利を与えることは認められない（同項括弧書き）。また、割当てを受ける募集新株予約権の数に1に満たない端数があるときは、これを切り捨てる（同項但書き）。

　募集事項および上記の株主割当関連事項を決定する機関は、次のとおりとされる（同条3項）。

株式会社の区分と募集事項等の決定機関

区　　分	決定機関
① 募集事項および株主割当てに関する決定事項を取締役の決定によって定めることができる旨の定款の定めがある場合（取締役会非設置会社の場合）	取締役の決定

②	募集事項および株主割当てに関する決定事項を取締役会の決議によって定めることができる旨の定款の定めがある場合(取締役会設置会社、かつ非公開会社の場合)	取締役会の決議
③	公開会社である場合	取締役会の決議
④	①から③以外の場合	株主総会の決議（特別決議）

　非公開会社の場合、定款に取締役（または取締役会）の決定によって定めることができる旨の定めを置かないと、株主割当てについて、株主総会の決議が必要となる点に留意が必要である。また、株主割当ての場合は、有利発行であっても、公開会社については取締役会決議で発行できるし、一定の範囲での株主総会から取締役（または取締役会）に対する委任の取扱いも適用はない（同条5項）。

　会社は、株主に新株予約権の割当てを受ける権利を与える決定をしたときは、申込期日の2週間前までに、株主（発行会社を除く）に対し、次に掲げる事項を通知しなければならない（同条4項）。

株主に通知すべき事項

① 募集事項
② その株主が割当てを受ける募集新株予約権の内容および数
③ 申込期日

（5）募集新株予約権の申込み・割当て

① 募集新株予約権の申込み

　会社は、募集新株予約権の引受けの申込みをしようとする者に対し、次に掲げる事項を通知しなければならない（会社法242条1項、会社法施行規則54条）。これらの事項につき変更があった場合は、直ちに、その

旨およびその変更があった事項を申込者に通知しなければならない（同条5項）。

募集新株予約権の引受けの申込みをしようとする者に対する通知事項

① 株式会社の商号
② 募集事項
③ 新株予約権の行使に際して金銭の払込みをすべきときは、払込みの取扱いの場所
④ 発行可能株式総数
⑤ 株式会社（種類株式発行会社を除く）が発行する株式の内容として会社法107条1項各号に掲げる事項を定めているときは、当該株式の内容（譲渡制限株式、取得請求権付株式または取得条項付株式を発行している場合）
⑥ 種類株式を発行することができることとしているときは、各種類の株式の内容
⑦ 単元株式数についての定款の定めがあるときは、その単元株式数
⑧ 次に掲げる定款の定めがあるときは、その規定
　イ　会社法第139条1項、140条5項または145条1号もしくは2号に規定する定款の定め
　ロ　会社法164条1項に規定する定款の定め
　ハ　会社法167条3項に規定する定款の定め
　ニ　会社法168条1項または169条2項に規定する定款の定め
　ホ　会社法174条に規定する定款の定め
　ヘ　会社法347条に規定する定款の定め
　ト　会社法施行規則26条1号または2号に規定する定款の定め
⑨ 株主名簿管理人を置く旨の定款の定めがあるときは、その氏名または名称および住所ならびに営業所
⑩ 定款に定められた事項（①から⑨に掲げる事項を除く）であって、当該会社に対し募集株式の引受けの申込者が当該者に対し通知することを請求した事項

また、会社が、上記の事項を記載した金融商品取引法2条10項に規定する目論見書を、申込みをしようとする者に対して交付している場合その他募集新株予約権の引受けの申込みをしようとする者の保護に欠けるおそれがないものとして法務省令で定める場合には、通知は不要である（同条4項）。公開会社の特則により、募集事項を取締役会で決定した場合に要求される募集事項の通知について、有価証券届出書等を提出している場合は省略できるとする取扱いと趣旨は同様である。

　募集に応じて募集新株予約権の引受けの申込みをする者は、次に掲げる事項を記載した書面を会社に交付しなければならない（同条2項）。また、書面に代えて、政令で定めるところにより、会社の承諾を得て、電磁的方法により提供することができる（同条3項）。

引受人が申込みに際して書面に記載すべき事項

① 申込みをする者の氏名または名称および住所
② 引き受けようとする募集新株予約権の数

　募集新株予約権が新株予約権付社債に付されたものである場合には、申込者（募集新株予約権のみの申込みをした者に限る）は、その申込みに係る募集新株予約権を付した新株予約権付社債の引受けの申込みをしたものとみなす（同条6項）。

　株式会社が申込者に対してする通知または催告は、上記の①の住所（その申込者が別に通知または催告を受ける場所または連絡先を会社に通知した場合は、その場所または連絡先）にあてて発すればよい（同条7項）。この通知または催告は、その通知または催告が通常到達すべきであった時に、到達したものとみなす（同条8項）。

② 募集新株予約権の割当て

　会社は、申込者のなかから募集新株予約権の割当てを受ける者を定め、

かつ、その者に割り当てる募集新株予約権の数を定めなければならない。この場合、割り当てる募集新株予約権の数を引受けの申込者の「引き受けようとする募集新株予約権の数」よりも減少することができる（会社法243条1項）。会社法では、募集株式の取扱いと同様に、募集事項の決定と分けて、割当ての決定の手続が規定されている。

募集新株予約権の目的である株式の全部または一部が譲渡制限株式である場合、または、募集新株予約権が譲渡制限新株予約権（譲渡による新株予約権の取得について、会社の承認を要する旨の定めがあるものをいう）である場合には、上記の決定は、株主総会（取締役会設置会社の場合は、取締役会）の決議によらなければならない。株主総会の決議を要する場合は、特別決議要件である（会社法309条2項6号）。ただし、定款に別段の定めをすることはできる（会社法243条条2項）。

株式会社は、割当日の前日までに、申込者に対し、その申込者に割り当てる募集新株予約権の数（募集新株予約権が新株予約権付社債に付されたものである場合は、新株予約権付社債についての社債の種類および各社債の金額の合計額を含む）を通知しなければならない（同条3項）。

株主に新株予約権の割当てを受ける権利を与えた（株主割当ての）場合、募集新株予約権の申込みをした者に対して自動的に新株予約権を割り当てることになり、割当ての決定等の手続が不要となる点については、募集株式の場合と同様である。また、株主が申込期日までに引受けの申込みをしなかったときは、募集新株予約権の割当てを受ける権利を失う（同条4項）。

③　募集新株予約権の申込みおよび割当てに関する特則（総数の引受け契約がある場合）

「①募集新株予約権の申込み」（会社法242条）および「②募集新株予約権の割当て」（同法243条）の規定は、募集新株予約権を引き受けようと

する者がその総数の引受けを行う契約を締結する場合には、適用しない（同法244条1項）。

　募集新株予約権が新株予約権付社債に付されたものである場合には、募集新株予約権を引き受けようとする者が募集新株予約権の総数およびその募集新株予約権を付した社債の総額の引受けを行う契約を締結する場合に、適用しない（同条2項）。

　募集株式の場合と同様に、募集新株予約権の総数の引受けに係る契約を締結する場合は、手続は簡便となる。

　第三者割当増資の場合、第三者による引受けの申込みがなされる前に、あらかじめ会社と第三者との間で、割り当てる新株予約権の種類および数、払込金額（無償の場合は無償である旨）等について合意がされている場合が多い。最初から募集新株予約権の総数を引き受けようとする者が存在していて、会社との間でその総数の引受けを行う契約を締結する場合には、手続は相当簡略になることを意味している。実際にそのような例が少なくない。

④　新株予約権者となる日

　次に掲げる者は、割当日に、次にそれぞれ定める募集新株予約権の新株予約権者となる（会社法245条1項）。なお、有償発行の場合でも、払込みの前の割当日から新株予約権者となる（会社法246条3項）。

（ⅰ）申込者	株式会社の割り当てた募集新株予約権
（ⅱ）契約に基づき募集新株予約権の総数を引き受けた者	その者が引き受けた募集新株予約権

　募集新株予約権が新株予約権付社債に付されたものである場合には、募集新株予約権の新株予約権者となる者は、募集新株予約権を付した新株予約権付社債についての社債の社債権者となる（同条2項）。

（6）募集新株予約権に係る払込み

　有償発行の場合、新株予約権者は、募集新株予約権についての新株予約権を行使することのできる期間の初日の前日（払込期日を定めた場合は、払込期日）までに、会社が定めた銀行等の払込取扱場所において、それぞれの募集新株予約権の払込金額の全額を払い込まなければならない（会社法246条1項）。

　1項の規定にかかわらず、新株予約権者は、会社の承諾を得て、金銭の払込みに代えて、払込金額に相当する金銭以外の財産を給付し、または株式会社に対する債権をもって相殺することができる（同条2項）。新株予約権の割当てに過ぎないため、事前の定めも必要なく、現物給付が認められる。また、新株予約権者からの相殺も認められるが、民法の取扱いと異なり、会社の承諾が必要とされている。一方、新株予約権の行使に際しての払込みの取扱いは株式と同様であり、払込みまたは給付をする債務と株式会社に対する債権を相殺することができない（会社法281条3項）。

　有償発行の場合は、新株予約権者は、募集新株予約権についての払込期日までに、それぞれの募集新株予約権の払込金額の全額の払込みをしないときは、募集新株予約権を行使することができない（会社法246条3項）。

（7）募集新株予約権の発行をとりやめることの請求

　新株予約権の発行が法令または定款に違反する場合、または、新株予約権の発行が著しく不公正な方法により行われる場合で、かつ、株主が不利益を受けるおそれがあるときは、株主は、会社に対し、新株予約権の発行をとりやめること（差止め）を請求することができる（会社法247

条)。差止請求できるのは株主であるが、議決権のあるなしを問わない。

3 新株予約権原簿の管理

(1) 新株予約権原簿

会社は、新株予約権を発行した日以後遅滞なく、新株予約権原簿を作成し、次の①から③に掲げる新株予約権の区分に応じ、それぞれに定める事項（「新株予約権原簿記載事項」という）を記載（または記録）しなければならない（会社法249条1項）。

発行された新株予約権の区分と新株予約権原簿記載事項

新株予約権の区分	新株予約権原簿記載事項
① 無記名式の新株予約権証券が発行されている新株予約権（「無記名新株予約権」という）	新株予約権証券の番号ならびに無記名新株予約権の内容および数
② 無記名式の新株予約権付社債券（証券発行新株予約権付社債に係る社債券をいう）が発行されている新株予約権付社債（「無記名新株予約権付社債」という）に付された新株予約権	新株予約権付社債券の番号ならびに新株予約権の内容および数
③ ①および②に掲げる新株予約権以外の新株予約権 （記名式の場合）	イ　新株予約権者の氏名または名称および住所 ロ　新株予約権者の有する新株予約権の内容および数 ハ　新株予約権者が新株予約権を取得した日 ニ　新株予約権が証券発行新株予約権（新株予約権付社債に付されたものを除く新株予約権で

	あって、当該新株予約権に係る新株予約権証券を発行することとする定めがあるものをいう）であるときは、その新株予約権（新株予約権証券が発行されているものに限る）に係る新株予約権証券の番号
	ホ　新株予約権が証券発行新株予約権付社債に付されたものであるときは、新株予約権を付した新株予約権付社債（新株予約権付社債券が発行されているものに限る）に係る新株予約権付社債券の番号

（2）新株予約権原簿記載事項を記載した書面の交付等

　記名式の新株予約権を有する新株予約権者は、会社に対し、その新株予約権者についての新株予約権原簿に記載（記録）された新株予約権原簿記載事項を記載した書面の交付または新株予約権原簿記載事項を記録した電磁的記録の提供を請求することができる（会社法250条1項）。

　その書面には、代表取締役が署名、または記名押印しなければならない（同条2項）。また、電磁的記録である場合には、代表取締役が法務省令で定める署名または記名押印に代わる措置（電子署名）をとらなければならない（同条3項、会社法施行規則225条1項4号）。

　1項から3項の規定は、証券発行新株予約権および証券発行新株予約権付社債に付された新株予約権については、適用しない（同条4項）。

（3）新株予約権原簿の管理

　株主名簿管理人を置く旨を定款で定めて、事務を委託している場合には、株主名簿管理人は、新株予約権原簿の作成および備置きその他の新株予約権原簿に関する事務をも行う（会社法251条）。

(4) 新株予約権原簿の備置きおよび閲覧等

会社は、株主名簿と同様に、新株予約権原簿をその本店（株主名簿管理人が置かれている場合は、その営業所）に備え置き、会社の営業時間内は、株主および債権者の閲覧・謄写請求に応じなければならない（会社法252条1項、2項）。会社の拒絶事由についても、株主名簿と同様である（同条3項）。

また、親会社社員の裁判所の許可を得て行う請求についても、株主名簿と同様の規定が置かれている（同条4項、5項）。

(5) 新株予約権者に対する通知等

新株予約権者に対して行う通知・催告は、新株予約権原簿に記載（記録）された新株予約権者の住所（新株予約権者が別に場所または連絡先を通知した場合は、その場所または連絡先）にあてて発すれば足りる（会社法253条1項）。その通知または催告は、通常到達すべきであった時に、到達したものとみなす（同条2項）。

新株予約権が共有に属する場合の取扱いについても、株式の場合と同様の取扱いである（同条3項、4項）。

4 新株予約権の行使

(1) 新株予約権の行使

新株予約権の行使は、①その行使に係る新株予約権の内容および数、②新株予約権を行使する日を明らかにしてしなければならない（会社法280条1項）。

証券発行新株予約権を行使しようとするときは、証券発行新株予約権

の新株予約権者は、証券発行新株予約権に係る新株予約権証券を会社に提出しなければならない。ただし、新株予約権証券が発行されていないときは、提出する必要はない（同条2項）。その場合は、新株予約権の内容および数、行使日を記載した「新株予約権行使書」の提出と金銭の全額の払込み（出資の目的が現物出資財産であるときは、現物出資財産の全部の給付）により新株予約権の行使を行う。

また、証券発行新株予約権付社債に付された新株予約権を行使しようとする場合には、その新株予約権の新株予約権者は、新株予約権を付した新株予約権付社債に係る新株予約権付社債券を会社に提示しなければならない。この場合、会社は、新株予約権付社債券に証券発行新株予約権付社債に付された新株予約権が消滅した旨を記載しなければならない（同条3項）。新株予約権付社債に付された新株予約権が権利行使されても、社債が生き残るため、新株予約権付社債券に新株予約権が消滅した旨を記載するものと定められている。

証券発行新株予約権付社債に付された新株予約権を行使しようとする場合において、新株予約権の行使により証券発行新株予約権付社債についての社債が消滅するときは、その新株予約権の新株予約権者は、その新株予約権を付した新株予約権付社債に係る新株予約権付社債券を会社に提出しなければならない（同条4項）。3項の場合と異なり、新株予約権の行使により証券発行新株予約権付社債についての社債が消滅する場合は、無効となった新株予約権付社債券を会社に提出する必要がある。

証券発行新株予約権付社債についての社債の償還後に証券発行新株予約権付社債に付された新株予約権を行使しようとする場合には、その新株予約権の新株予約権者は、新株予約権を付した新株予約権付社債に係る新株予約権付社債券を会社に提出しなければならない（同条5項）。

なお、会社は、自己新株予約権を行使することができない（同条6項）。

（2）新株予約権の行使に際しての払込み

　金銭を新株予約権の行使に際してする出資の目的とするときは（新株予約権の行使に際して、金銭の払込みを行うときは）、新株予約権者は、新株予約権を行使する日に、会社が定めた銀行等の払込みの取扱い場所（金融機関払込取扱場所）において、その行使に係る新株予約権についての行使に際して出資される財産の価額（行使に際して払い込むべき金額）の全額を払い込まなければならない（会社法281条1項）。

　金銭以外の財産を行使に際してする出資の目的とするときは（現物出資を行うときは）、新株予約権者は、新株予約権を行使する日に、その行使に係る新株予約権についての金銭以外の財産を給付しなければならない。この場合、財産の価額が行使に際して出資される財産の価額（行使に際して払い込むべき金額）に足りないときは、銀行等の払込みの取扱い場所（金融機関払込取扱場所）においてその差額に相当する金銭を払い込まなければならない（同条2項）。

　新株予約権者は、払込みまたは給付をする債務と株式会社に対する債権を相殺することができない（同条3項）。先に説明したように、募集新株予約権に係る払込みにおいては、株式会社に対する債権をもって相殺することができるが（会社法246条2項）、新株予約権の行使に際しての払込みにおいては、株式会社に対する債権をもって相殺することはできないわけである。

（3）株主となる時期

　新株予約権を行使した新株予約権者は、新株予約権を行使した日に、その新株予約権の目的である株式の株主になる（会社法282条1項）。

（4）1に満たない端数の処理

　新株予約権を行使した場合、その新株予約権の新株予約権者に交付する株式の数に1株に満たない端数があるときは、会社は、その新株予約権者に対し、次に掲げる区分に応じ、それぞれに定める額にその端数を乗じて得た額に相当する金銭を交付しなければならない。ただし、切り捨てる旨の定め（会社法236条1項9号）がある場合は、金銭を交付する必要はない（会社法283条、会社法施行規則58条）。

① 当該株式が市場価格のある株式である場合	当該株式1株の市場価格として法務省令で定める方法[注27]により算定される額
② ①以外の場合	1株当たり純資産額

（注27）法務省令で定める方法は、次に掲げる額のうちいずれか高い額をもって有価証券の価格とする方法である（会社法施行規則58条）。①新株予約権の行使の日（以下、「行使日」）における当該株式を取引する市場における最終の価格（当該行使日に売買取引がない場合または当該行使日が当該市場の休業日に当たる場合にあっては、その後最初になされた売買取引の成立価格）、②行使日において当該株式が公開買付け等の対象であるときは、当該行使日における当該公開買付け等に係る契約における当該株式の価格。

第3章

減資の法務

減資の手続は、次のように大きく2つの手続からなっている。

第1に、株主総会の決議が必要である（会社法447条1項）。原則として、特別決議が必要である（会社法309条2項9号）。特別決議とは、株主総会において議決権を行使することができる株主の議決権の過半数（3分の1以上の割合を定款で定めた場合は、その割合以上）を有する株主が出席し、出席した株主の議決権の3分の2（これを上回る割合を定款で定めた場合は、その割合）以上の賛成によって決議する方法である。

ただし、定時株主総会で決議する場合で、かつ、資本金の減少額の全額を欠損てん補に充当するものについては、普通決議要件とされている点に留意が必要である（会社法309条2項9号）。

第2に、債権者保護手続が必要である（会社法449条）。債権者保護手続は、官報による公告および催告の2つからなっており、両方とも必要であり、いずれかを省略することはできない。

準備金の減少の場合は、定時株主総会で決議する場合であって、かつ、減少額の全額を欠損てん補に充てる場合には、債権者保護手続を省略できるが（会社法449条1項ただし書き）、減資についてはその場合でも債権者保護手続を省略することはできない。

なお、以上の2つの手続のほかに、最終的な手続として変更登記があるが、減資の効力発生日後2週間以内に行う必要がある（会社法915条1項）。

以下、手続の内容について、詳述する。

1 株主総会の決議

(1) 株主総会の決議事項

　減資の株主総会決議は、定時株主総会または臨時株主総会のいずれでもできる。決議事項は、次のとおりである（会社法447条1項）。

減資の決議事項

① 減少する資本金の額
② 減少する資本金の額の全部または一部を準備金とするときは、その旨および準備金とする額
③ 資本金の額の減少がその効力を生ずる日（効力発生日）

　①については、減少する資本金の額を定めるのは当然である。最も基本となる決議事項である。

　②については、旧商法では、減少する資本金の額を準備金に組み入れることは認められていなかったが、会社法では、資本金を減少し、その全部または一部を準備金に組み入れることができる。資本金を減少して準備金に組み入れる場合は、資本準備金に組み入れる必要がある（計算規則26条1項1号）。

　資本金を減少させプラスの剰余金が生じる減資を行うときに債権者からの異議の申述が予想される場合、資本金を減少させ準備金に計上する減資であれば、債権者が異議の申述をしないことも考えられる。そのような場面でこの取扱いが活用されている事例がみられる。

　①で決議した「減少する資本金の額」は、③の効力発生日における資本金の額を超えてはならないと規定されており（会社法447条2項）、この規定から資本金ゼロ円までの減少が可能であることが明示されてい

る。会社法では、準備金の減少に係る下限規制（減少後の準備金が資本金の４分の１相当額を下回ってはならないという規制）も撤廃されているため、資本金および準備金双方について、ゼロ円までの減少が可能である。準備金の減少の場合は、定時株主総会で決議する場合であって、かつ、減少額の全額を欠損てん補に充てる場合には債権者保護手続を省略できるとされていることから、債権者保護手続が必ず要求される減資よりも先んじて行われるのが通常である。

　③は、減資の「効力発生日」である。旧商法では、債権者保護手続等の手続がすべて終了した時が、減資の効力発生日であると解されていたが、会社法では、減資の効力発生日が減資の決議事項とされている。ただし、③の効力発生日において、なお債権者保護手続が終了していない場合は、手続が終了した時が効力発生日となる（会社法449条６項）。

　また、効力発生日前は、いつでも決議で定めた効力発生日を変更することもできる（同条７項）。いったん決議した効力発生日が到来しても、手続に予想外の時間がかかり債権者保護手続が終了していない場合は、資本金の減少の効力は発生せず、事前に定めた効力発生日を変更する必要が生じる。その場合の決議機関についての会社法上の定めがないため、株主総会や取締役会の決議は必要なく、業務執行を行う取締役が変更を行うことが可能である[注28]。この場合に、変更等の公告を行う必要もない。

　また、債権者保護手続が決議で定めた効力発生日よりも前に終了する場合は、いったん決議した効力発生日を変更することが考えられるが、その場合の決議機関についても同様であり、業務執行を行う取締役が変更を行うことが可能である。

（注28）相澤哲・岩崎友彦「株式会社の計算等」商事法務Ｎｏ.1746、P32。相澤哲ほか「新・会社法　千問の道標」商事法務、P543からP544。

実務上は、債権者保護手続の終了日（通常は、公告・催告の異議申述期間の満了日）を見込んで、その日を効力発生日として決議すれば、通常は決議した効力発生日に実際に効力が発生することが想定される。

効力発生日と債権者保護手続の終了との関係

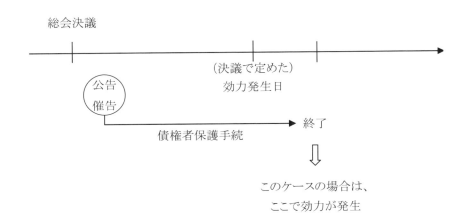

なお、後で説明するように、債権者保護手続（公告および催告）においては1ヵ月を下回らない異議申述期間を設定する必要があり、1ヵ月ちょうどを設定するケースがほとんどである。株主総会の日の1ヵ月前から公告・催告を開始して、異議申述期間の終了日に株主総会の決議をとり、その日に効力を発生させることも可能であるとされている[注29]。

記載例《資本減少に係る株主総会議事録》

臨時株主総会議事録
平成○○年○月○日午前9時より、当会社本社において、臨時株主総会を開催した。 　　　株主総数　　　　　　　　　○○名 　　　発行済株式総数　　　　　　○○○株

(注29) 相澤哲ほか「新・会社法　千問の道標」商事法務、P544。

```
    総株主の議決権数           ○○○個
    出席株主数              ○○名（うち委任状○名）
    出席株主の議決権の数        ○○○個
```
　以上のとおり総株主の議決権の過半数を有する株主が出席したので、資本減少に関する本株主総会は適法に成立した。

　代表取締役社長甲野太郎は議長となり、開会を宣し、議事を進行した。

第○号議案　　資本金減少の件

　議長は、本日の議案たる資本金減少の件につき、その提案理由を詳細に説明し、その審議を求めたところ、満場一致をもって、次のとおり承認可決された。

一　当会社の資本金5,000万円のうち金4,000万円を減少すること。
二　資本減少の効力発生日は、平成○○年○月○日とすること。

　以上をもって、本日の議案の全部を議了したので、午前9時30分、議長は閉会を宣した。

　上記決議を明確にするため、この議事録を作り、議長および出席取締役において記名押印する。

平成○○年○月○日

○○○株式会社株主総会

```
        議長　代表取締役    甲野太郎　印
        取　締　役        甲野一郎　印
        取　締　役        甲野花子　印
        監　査　役        乙田健一　印
```

（2）決議要件の特例

① 欠損てん補に充てる場合

　減資の決議要件は、原則として株主総会の特別決議である。その例外としては、第1に、定時株主総会において決議する場合であって、かつ、資本金の減少額の全額を欠損のてん補に充てる（減資によって新たな剰

余金が生じない）場合は、普通決議でよい（会社法309条2項9号括弧書き）。決議要件が緩和されている理由は、資本金の減少額の全額を欠損のてん補に充てるのであるから、新たに分配可能な剰余金を発生させることもなく、株主に不利益をもたらすおそれがないからである。また、定時株主総会の決議に限定しているのは、欠損の額を正確に算定する必要から、決算の確定時基準に合わせてその時点の欠損の額をとらえるためである。なお、欠損の額とは、ゼロとゼロから分配可能額を減じて得た額のうち、いずれか高い額である（会社法施行規則68条）。すなわち、分配可能額がマイナスである場合の、その絶対値という意味である。

② 増資と同時に行う場合

新株発行と同時に減資を行う場合で、減資後の資本金の額が減資前の資本金の額を下回らない場合は、資本金の減少について取締役の決定（取締役会設置会社の場合は、取締役会の決議）で足り、株主総会の決議は不要である（会社法447条3項）。業績不振企業が第三者割当増資によりスポンサーの出資を受け入れるようなケースにおいて、減資を行わざるを得ない場合が少なくないが、そのような場合に減資を確実・迅速に実行できるように新設された規定であると考えられる。

会社法において、資本金と株式の関係は完全に切断されており、減資は、株式数に変動を生じさせない単なる資本の計数の変動であるととらえることができる。前後において資本金が減少しないのであれば、既存の株主にとって特に不利益をもたらすおそれがないと考えられることから、資本金の減少について株主総会の決議を不要としたものと考えられる。ただし、同時に行う新株発行について、原則として株主総会の決議は必要である（ただし、公開会社の場合は、有利発行の場合を除いて、特則により取締役会決議でできる）。また、減資に伴い、既存の株主の有する株式を会社が取得する場合は、そのことについて株主総会の決議が必要

となる場合もあり得る。要するに、資本金と株式（株主）の関係は、切り離してとらえることとなる。

（3）減資と払戻し、株式数の減少または欠損てん補との関係

会社法では、減資と払戻し、減資と株式消却、減資と欠損てん補が切り離されている。旧商法では、「株主に払戻しを行うときは払戻額」、「株式の消却を行うときは、株式の種類、数、消却の方法および消却額」、「欠損てん補に充てる場合は、欠損てん補額」が減資の決議事項に含まれていたが（旧商法375条1項1号から3号）、会社法上は削除されている。この点、従来の有償減資はどのように行ったらよいのか、また、従来、減資に併せて株式数を減少させるために株式消却を行うことがあったが、会社法ではどのように行ったらよいのかという問題が生じる。

① 会社法における有償減資

会社法における減資は、単なる資本の計数の変動（資本金の金額の減少）に過ぎない。したがって、払戻しという行為は別の問題であり、また、株式も別の問題である。減資に伴い株主に金銭等の払戻しを行う場合は、減資の決議のほかに剰余金の配当の決議を行い、減資の効力発生日以後に剰余金の配当を行う必要がある[注30]。

したがって、剰余金の配当について、剰余金の分配規制の対象になる[注31]。旧商法における減資は、財源規制の直接の対象ではなかったが[注32]、会社法では、この払戻し（＝剰余金の配当）が財源規制の直接の対象になっている点に留意する必要がある。

（注30）減資によって発生したその他資本剰余金を配当原資に用いる場合、減資の効力発生日よりも前に配当を行うことはできない。それに対して、減資を行う前に剰余金の分配可能額がもともとあり、その範囲内で配当を行うのであれば、減資の効力発生日よりも前に配当を行うことは当然にできる。
（注31）具体的には、払戻額が配当の効力発生日における剰余金の分配可能額を超えてはならない（会社法461条1項）。

② 減資と株式数の減少（減資に際して株式数を減少させるためには）

　企業再生の場面において、債務超過の解消と欠損てん補を同時に行うために、減資と増資を両方行うようなケースにおいて、既存の株主の経営責任を明確にしないと、増資の引受け手が納得しないという問題が生じ得る。既存の株主の権利と新たな引受け手の権利とのバランスをとるために、既存の株主の株式数を減少させる必要が生じるケースである。旧商法においては、減資に際して株式消却を併せて決議することができたため、株式消却を伴う減資によりそのような場面に対応することができた。

　会社法においては、減資から株式消却が完全に切り離されている。会社法における減資は、資本金の金額を減少させる行為であり、株式数を減少させる手続は、減資と無関係である。したがって、減資において株式数を減少させるためには、①株式併合の決議を別途採るか、②自己株式の取得決議を行って、取得した自己株式を消却するか、どちらかの方法による必要がある。

　また、会社法における株式の消却は、自己株式の消却のみに整理されているので、強制消却という制度は（取得条項付株式の取得、全部取得条項付種類株式の取得など）強制取得という形で整理されている。株主が所有している株式を消却するためには、株主が株式を所有している状態で消却することはできず、いったん自己株式の取得を行い、その後自己株式の消却を行う手続が必要である。

③ 減資と欠損てん補

　減資によって発生したその他資本剰余金を欠損てん補（利益剰余金の

（注32）ただし、旧商法においても、欠損の会社が欠損をてん補しないで有償減資を行うことはできない、すなわち有償減資後に資本の欠損の状態であることは許されないと解されていた。この点については、「実務相談株式会社法（5）」、P151編者注（長谷部茂吉）参照。

マイナス）に充てる場合は、剰余金の処分（会社法452条）の手続による。剰余金の処分は、剰余金間の振替に相当する手続であり、欠損てん補も剰余金間の振替であるため、この手続による。資本金の減少の決議と剰余金の処分の決議を併せてとって行うことになる。

資本金の減少と剰余金の処分は、同時でもよいし、期間を空けて行うことも可能である。同じ株主総会において、資本金の減少の決議と剰余金の処分の決議を両方とり、それぞれの効力発生日を同じ日と定めて決議する場合は、資本金の減少によって発生したその他資本剰余金が同時に欠損てん補（利益剰余金のマイナス）に充当されることになる。

なお、資本金の減少の決議と剰余金の処分の決議を同じ株主総会で併せて決議し、両者の効力発生日も同じ日とする場合の株主総会議事録の記載例は、次のとおりである。

減資によって発生したその他資本剰余金を欠損てん補に充てる場合の株主総会議事録の記載例

臨時株主総会議事録

平成〇〇年〇月〇日午前9時より、当会社本社において、臨時株主総会を開催した。

株主総数	〇〇名
発行済株式総数	〇〇〇株
総株主の議決権数	〇〇〇個
出席株主数	〇〇名（うち委任状〇名）
出席株主の議決権の数	〇〇〇個

以上のとおり総株主の議決権の過半数を有する株主が出席したので、資本減少に関する臨時株主総会は適法に成立した。代表取締役社長甲野太郎は議長となり、開会を宣し、議事を進行した。

　　　　　　　　第1号議案　　資本金減少の件

議長は、本日の議案たる資本金減少の件につき、その提案理由を詳細に

説明し、その審議を求めたところ、満場一致をもって、次のとおり承認可決された。
1．減少する資本金の額　金40,000,000円
2．効力発生日　平成○○年○月○日

　　　　　　　第2号議案　　剰余金の処分の件
　第1号議案における資本金の額の減少により生じる剰余金について、平成○○年3月31日現在の欠損のてん補に充てるため、下記のとおり処分したい旨を説明し、その理由を詳細に説明し、その審議を求めたところ、満場一致をもって、次のとおり承認可決された。
1．増加する剰余金の項目　　その他利益剰余金
2．減少する剰余金の項目　　その他資本剰余金
3．処分する各剰余金の項目に係る額　金40,000,000円
4．効力発生日
　処分の効力は、第1号議案における資本金の額の減少の効力発生日に生じるものとする。

　以上をもって、本日の議案の全部を議了したので、午前9時30分、議長は閉会を宣した。
　上記決議を明確にするため、この議事録を作り、議長および出席取締役において記名押印する。
平成○○年○月○日

　　　　　　　　　　　　　　　　　　　　　　　○○○株式会社
　　　　　　　　　　　　議長　代表取締役　　甲野太郎　印
　　　　　　　　　　　　取　締　役　　　　　甲野一郎　印
　　　　　　　　　　　　取　締　役　　　　　甲野花子　印
　　　　　　　　　　　　監　査　役　　　　　乙田健一　印

2　債権者保護手続

（1）公告・催告事項

　債権者保護手続とは、会社の債権者が減資に対して異議を申し述べる

機会を与えるための手続である。資本金という拘束性の強い財源が、拘束性のない剰余金に振り替わるケースが想定されるので、債権者の立場からみれば、会社の財産の株主への流出が生じうるわけであり、債権の弁済に支障が生じないのかが重要な問題となり得る。そこで、会社法は、減資に対して債権者が異議を申し述べる機会を保障し、場合によって、異議を申し述べた債権者に対して弁済の機会を与えるために、債権者保護手続を要求している。

債権者保護手続は、公告および催告（個別に債権者に通知）からなっている。すなわち、会社が資本金の額を減少する場合には、その会社の債権者は、その会社に対し、資本金の額の減少について異議を述べることができる（会社法449条1項）。

債権者が異議を述べることができる場合には、会社は、次ページの①から⑧に掲げる事項を官報に公告し、かつ、知れている債権者には、各別にこれを催告しなければならない（同条2項、計算規則152条）。⑧の期間（異議申述期間）は、1ヵ月を下回ることができない（同項但書き）。

債権者が1ヵ月を下回らない一定の期間内に異議を述べなかったときは、その債権者は、その資本金の額の減少について承認をしたものとみなす（会社法449条4項）。

債権者が一定の期間内に異議を述べたときは、株式会社は、その債権者に対し、弁済し、もしくは相当の担保を提供し、またはその債権者に弁済を受けさせることを目的として信託会社等に相当の財産を信託しなければならない。ただし、その資本金の額を減少してもその債権者を害するおそれがないときは、弁済等の必要はない（同条5項）。その場合は、それを証する書面が登記の添付書類となる。「その債権者を害するおそれがないとき」に該当するかどうかの判断は、債権額の多寡、弁済期などを考慮して判断されることになると解される。その判断の当否に

ついては変更登記の際の登記官が審査することになるが、登記官には形式的審査権限しかない。そこで、異議を述べた債権者で会社の措置に不満のある債権者は、資本減少の無効の訴え等（会社法828条1項5号、2項5号）を提起して、その点について争うことになるが、債権者を害するおそれがないことの証明責任は会社が負う[注33]。

　債権者が異議申述期間内に異議を申し述べてきた場合であっても、会社はその異議を撤回してもらうように説得する。それでも撤回しない債権者に対しては、上記の例外を除き、弁済等で対応せざるを得ない。

公告および催告すべき事項

① 資本金の額の減少の内容
② 最終事業年度に係る貸借対照表またはその要旨を公告（決算公告）しているときは、次に掲げるもの
　イ　官報で公告をしているときは、官報の日付および公告が掲載されている頁
　ロ　日刊新聞紙で公告をしているときは、日刊新聞紙の名称、日付および公告が掲載されている頁
　ハ　電子公告により公告をしているときは、登記事項である電子公告ホームページのアドレス
③ 最終事業年度に係る貸借対照表を電磁的方法（ホームページ等）で公開しているときは、登記事項であるアドレス
④ 株式会社が有価証券報告書提出会社である場合、最終事業年度に係る有価証券報告書を提出しているときは、その旨
⑤ 特例有限会社であって、決算公告義務が課せられないときは、その旨
⑥ 最終事業年度がないときは（設立1期目の場合等）、その旨
⑦ ②から⑥に掲げる場合以外の場合には、最終事業年度に係る貸借対照表の要旨の内容（会社計算規則第6編第2章の決算公告の要旨について定めた規定に従い作成）

(注33) 江頭憲治郎「株式会社法　第6版」有斐閣、P698。

> ⑧ 債権者が一定の期間内に異議を述べることができる旨

　①は、「資本金の額の減少の内容」であり、資本金の額をいくら減少していくらにするのかという内容が中心になるが、欠損のてん補に充当する額がある場合には、それも含めた記載をすることも考えられる。

　②から⑦は、直近の決算公告の掲載場所等である。ただし、有価証券報告書提出会社および特例有限会社には決算公告義務がないため、その旨の記載だけでよい。また、最終事業年度がないときは（設立１期目の場合等）、直近の決算公告がされていないことから、その旨の記載でよいとされている。

　⑧は、異議申述期間であり、１ヵ月未満で定めることができないとされているため、通常は１ヵ月ちょうどを設定することが多い。

　資本金の減少に係る公告および催告の記載例を示すと次のようになる。

《公告および催告の記載例》

資本減少公告の記載例（官報に掲載）

資本減少公告

当社は、平成○○年○月○日開催の臨時株主総会において、資本金五千万円を四千万円減少することを決議いたしました。効力発生日は平成○年○月○日であります。この決議に対して異議のある債権者は、本公告掲載の翌日から一箇月以内にお申し出下さい。

なお、当社の最終の貸借対照表は、平成○○年○月○日付官報の○○頁に公告しています。

平成○○年○月○日

東京都千代田区○○町○丁目○番○号
○○○株式会社
代表取締役　甲野　太郎

資本減少異議申述催告書の記載例

平成○○年○月○日

○○○○様

資本減少異議申述催告書

　当社は、平成○○年○月○日開催の臨時株主総会において、資本金5,000万円を4,000万円減少することを決議いたしました。効力発生日は平成○○年○月○日であります。この決議に対して貴殿側において異議のある時は、平成○○年○月○日までにお申し出下さるようお願い致します。

　なお、当社の最終の貸借対照表は、平成○○年○月○日付官報の○○頁に公告しています。

東京都千代田区○○町○丁目○番○号
○○○株式会社
代表取締役　甲野　太郎

特例有限会社については、決算公告義務が課せられていないため、最後のなお書きの箇所は、「なお、当社は、「会社法の施行に伴う関係法律の整備等に関する法律」第28条の規定により、計算書類の公告をしていません。」と記載すればよい。

また、最終の事業年度について有価証券報告書を提出している場合は、「当社は、金融商品取引法第24条第１項の規定により最終事業年度に係る有価証券報告書を提出しています。」と記載すればよい。

さらに、非公開会社（株式譲渡制限会社）のなかには決算公告をしていない株式会社も少なくないが、そのような会社が資本減少公告を行う際に、「なお、当社の最終の貸借対照表は左記のとおりです。」と記載して、資本金減少公告の隣に直近の決算公告を併せて公告している事例が多くみられる。「最終の貸借対照表」とは、直近の確定した貸借対照表を意味しており、少なくとも最終の貸借対照表の要旨１期分が債権者に対して開示されていれば、減資の手続上は問題ないと考えられる[注34]。

（２）催告を省略できる場合

官報による公告のほかに、会社が定款の定めに従い、日刊新聞紙に掲載する方法による公告または電子公告により公告する場合は、催告は省略できる（会社法449条３項）。すなわち、官報による公告プラス日刊新聞紙による公告、または官報による公告プラス電子公告で対応すれば、催告を省略することができる。

3　手続上の留意事項

減資の手続を適法に行っておかないと、場合によって、それが減資無

[注34] 「最終の（直近の確定した）貸借対照表」の掲載場所が債権者に把握できれば問題ないものと考えられる。その意味において、資本減少公告に併せて、最終の貸借対照表の要旨の公告が掲載されていれば減資の手続上は問題ないと解される。

効原因となることもあるし、減資の変更登記ができなくなることもあるので、十分留意する必要がある。以下、手続上の留意事項について詳述する。

（1）催告は債権者全員に対して行う必要があるのか

　催告は、知れている債権者に対してすでに説明した一定の事項を個別に通知しなければならない手続である。実務上、知れている債権者に対する個別の催告は、少額債権者について省略する場合が少なくない。債権者の数が多数の場合に、知れている債権者全員に通知をするとなると、実務上煩瑣であるし、郵送コストがかかるためである。減資無効の訴えは、減資の効力発生日から6ヵ月を経過した時点までとされているが（会社法828条1項5号）、その間に訴えを提起された場合は、その少額の債権を弁済すれば問題ないと解されるためである[注35]。

　したがって、債権者が相当数存在する場合は、実務上、金額で一定金額以下の債権者に対する個別の催告を省略する対応でも問題ないと解される。ただし、異議を申し述べた債権者に対しては、個別に弁済する対応が必要である。

（2）株式数を減少させるか

　欠損のてん補や剰余金の増加のために減資を行うのであれば、株式数を特に減少させる必要はないが、企業再生の場面において減資と同時に第三者割当増資を行うようなケースでは、既存の株主の権利を一部または全部消滅させるケースが少なくない。旧商法では、強制消却を伴う100％減資を行い、同時に第三者割当増資を行うケースがあった。いわ

（注35）債権を弁済すれば、当事者適格がなくなる。最終的に異議を撤回しない少額債権者に対しては、弁済で対応すれば無効の訴えを提起されることはないと解される。

ゆる増減資スキームのなかで行われるものである。会社法では、強制消却は廃止されたため、既存の株主の権利を消滅させるためには、会社が株主の有する株式を自己株式として取得することが必要となる。要するに、会社法では、強制消却ではなく、強制取得として整理された。

従来の100％減資は、全部取得条項付種類株式を用いて行うべきことが明文化されている。この増減資については、「第3編　応用編」の「第4章　増減資（100％減資を含む）」で詳述する。

（3）資本金ゼロ円までの減資は可能か

会社法においては、最低資本金規制が撤廃されている。この下限規制が撤廃されたため、資本金の額を減少するときの制約は存在しなくなっている。具体的には、資本金ゼロ円までの減資は可能である。また、準備金の減少についても下限規制はなく、ゼロ円までの減少が可能である。準備金の減少の場合は、定時株主総会で決議する場合であって、かつ、減少額の全額を欠損てん補に充てる場合には債権者保護手続を省略できるとされていることから、債権者保護手続が必ず要求される減資よりも先んじて行われるのが通常である。

4　変更登記

減資の効力が発生すると、資本金の額に変動が生じることから、変更登記が必要となる。変更登記は、2週間以内に、本店所在地において必要である（会社法915条1項）。

登記申請書に添付する書類は、商業登記法において次のものが定められている（商登法46条、70条）。

登記申請の添付書類

添付書類	具体的内容
（a）株主総会または取締役会議事録等	・登記すべき事項につき株主総会、取締役会、または清算人会の決議を要するときは、その議事録 ・登記すべき事項につき、株主全員の同意またはある取締役の一致を要する場合は、同意または一致があったことを証する書面
（b）株主総会等の決議があったものとみなされる場合の、その場合に該当することを証する書面 （株主総会の開催を省略した場合）	登記すべき事項につき会社法の規定により株主総会の決議（または取締役会の決議）があったものとみなされる場合においては、議事録に代えて、その場合に該当することを証する書面
（c）取締役または執行役の決定があったことを証する書面	・監査等委員会設置会社における登記すべき事項につき、取締役会の決議による委任に基づく取締役の決定があったときは、申請書に、取締役会の議事録のほか、当該決定があったことを証する書面 ・指名委員会等設置会社における登記すべき事項につき、取締役会の決議による委任に基づく執行役の決定があったときは、申請書に、取締役会の議事録のほか、当該決定があったことを証する書面
（d）公告・催告をしたことを証する書面	・公告・催告の写し ・官報による公告のほか、日刊新聞紙または電子公告による公告をした場合（催告の省略をした場合）は、これらの方法による公告をしたことを証する書面
（e）債権者に対して弁済等した場合、それを証する書面	・異議を述べた債権者がある場合は、会社が弁済、担保提供または弁済を目的とした財産の信託をしたことを証する書面 ・資本金の額を減少しても、債権者を害するおそれがないと判断し、弁済等を行わなかった場合は、それを証する書面

第 4 章

準備金の減少に係る法務

資本金の減少と同様に、準備金の減少を行うことができる。減資の手続と仕組みは同様である。株主総会の決議と債権者保護手続が必要である。準備金の額を減少して欠損てん補に充当する場合もあれば、もともと欠損のない会社において準備金の額を減少して、新たな剰余金を発生させるケースもある。

定時株主総会で準備金の減少を決議する場合であって、かつ、減少額の全額を欠損てん補に充当する場合は、債権者保護手続は不要である（会社法449条1項但書き）。

1 株主総会の決議

（1）株主総会の決議事項

株式会社は、準備金の額を減少することができる。この場合、株主総会の決議（普通決議）によって、次に掲げる事項を定めなければならない（会社法448条1項）。

準備金の額の減少における決議事項

① 減少する準備金の額
② 減少する準備金の額の全部または一部を資本金とするときは、その旨および資本金とする額
③ 準備金の額の減少がその効力を生ずる日（効力発生日）

①については、減少する準備金の額を定めるのは当然である。最も基本となる決議事項である。

②については、減少する準備金の額の全部または一部を資本金に組み入れることができ、その場合は、その旨および資本金に組み入れる額を

決議する。準備金の減少額を資本金に組み入れる場合も、準備金の減少手続として株主総会の決議事項となる。

　なお、平成21年3月27日付の会社計算規則改正により、その他利益剰余金または利益準備金の資本組入れができることとされた点に留意する必要がある（計算規則25条1項1号、2号）。

　③は、準備金の額の減少の「効力発生日」である。旧商法では、債権者保護手続等の手続がすべて終了した時が、効力発生日であると解されていたが、会社法では、効力発生日が決議事項とされている。ただし、③の効力発生日において、なお債権者保護手続が終了していない場合は、手続が終了した時が効力発生日となる（会社法449条6項）。また、効力発生日前は、いつでも決議で定めた効力発生日を変更することもできる（同条7項）。いったん決議した効力発生日が到来しても、手続に予想外の時間がかかり債権者保護手続が終了していない場合は、準備金の減少の効力は発生せず、事前に定めた効力発生日を変更する必要が生じる。その場合の決議機関についての会社法上の定めがないため、株主総会や取締役会の決議は必要なく、業務執行を行う取締役が変更を行うことが可能である[注36]。この場合に、変更等の公告を行う必要もない。

　実務上は、債権者保護手続の終了日（通常は、公告・催告の異議申述期間の満了日）を見込んでそれを決議すれば、通常は決議した効力発生日に実際に効力が発生することが想定される。

（注36）相澤哲・岩崎友彦「株式会社の計算等」商事法務Ｎｏ．1746、P32。相澤哲ほか「新・会社法　千問の道標」商事法務、P543からP544。

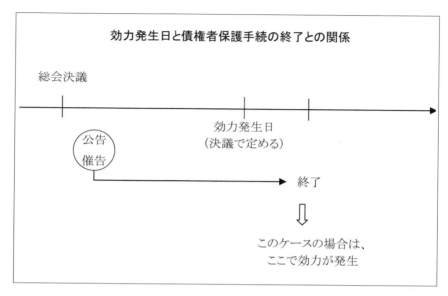

　減少する準備金の額は、準備金の減少の効力発生日における準備金の額を超えてはならない（同条2項）。旧商法においては、準備金が資本金の4分の1に相当する額を下回る減少はできないとされていたが（旧商法289条2項）、この4分の1規制は撤廃されている。準備金はゼロ円まで減少することが可能である。

　株主総会の議事録記載例を示すと、次のとおりである。

記載例《準備金減少に係る株主総会議事録》

株主総会議事録

　平成○○年○月○日午前9時、東京都千代田区○○町○丁目○番○号本社において、臨時株主総会を開催した。

　　株主総数　　　　　　　　　○○名
　　発行済株式総数　　　　　　○○○株
　　総株主の議決権数　　　　　○○○個
　　出席株主数　　　　　　　　○○名（うち委任状○名）
　　出席株主の議決権の数　　　○○○個

以上のとおり総株主の議決権の過半数を有する株主が出席したので、本株主総会は適法に成立した。定款の規定により代表取締役社長甲野太郎は議長となり、開会を宣するとともに直ちに議案の審議に入った。

第〇号議案　　準備金減少の件

　議長は、本日の議案たる準備金減少の件につき、その提案理由を詳細に説明し、その審議を求めたところ、満場一致をもって、次のとおり承認可決された。
一　当会社の資本準備金3,000万円の全額を減少すること。
二　資本準備金減少の効力発生日は、平成〇〇年〇月〇日とすること。
　以上をもって議事の全部を終了したので、議長は午前９時30分閉会を宣した。
　以上の決議の結果を明らかにするため、本議事録を作成し、議長および出席取締役は、次に記名押印する。
平成〇〇年〇月〇日
　　　　　　　　　　　　　　　　　　　〇〇〇株式会社株主総会
　　　　　　議長　代表取締役社長　　　甲野太郎　印
　　　　　　　　　　取締役　　　　　　甲野一郎　印
　　　　　　　　　　取締役　　　　　　甲野花子　印
　　　　　　　　　　監査役　　　　　　乙田健一　印

（２）決議要件の特則

　会社が株式の発行と同時に準備金の額を減少する場合において、その準備金の額の減少の効力が生ずる日後の準備金の額がその日前の準備金の額を下回らないときは、準備金の減少については株主総会の決議ではなく取締役の決定（取締役会設置会社にあっては、取締役会の決議）とする（会社法448条３項）。

　（株式の発行に伴う）準備金の額の増加と準備金の額の減少は、単なる計数の変動であって、前後で準備金の額が減少しないのであれば、準備金の減少について株主総会の決議を経る必要はない。株式の発行に伴う

資本金の額の増加と資本金の額の減少（減資）についても、同様の規定が定められている（会社法447条3項）。ただし、株式の発行について株主総会の決議が必要となる場合があることは言うまでもない。会社法においては、資本金と株式、準備金と株式は切り離してとらえることとなる。

2 債権者保護手続

（1）債権者保護手続を省略できる場合

準備金の額を減少するときに原則として要求される債権者保護手続については、減資の場合の債権者保護手続と同様の規定が定められている（会社法449条）。仕組みや内容はほぼ共通している。

会社が準備金の額を減少する場合（減少する準備金の額の全部を資本金とする場合を除く）には、その会社の債権者は、その会社に対し、準備金の額の減少について異議を述べることができる（会社法449条1項本文）。ただし、準備金の額のみを減少する場合で、①定時株主総会で決議する場合であって、かつ、②減少する準備金の額が定時株主総会の日における欠損の額として法務省令で定める方法により算定される額を超えない場合（減少額の全額を欠損てん補に充当する場合）は、債権者は異議を述べることができず、債権者保護手続を行う必要がない（同項但書き）。

要するに、定時株主総会における準備金の減少決議であって、減少により分配可能な剰余金が生じないときは、債権者保護手続は要しないものとされる。それに対して、欠損てん補のための資本金の減少で、減少により分配可能な剰余金が生じない場合であっても、債権者保護手続を要する点に差異がある。

なお、「欠損の額として法務省令で定める方法により算定される額」について、法務省令は欠損の額を次のように定めている。すなわち、ゼロとゼロから分配可能額を減じて得た額のうち、いずれか高い額である（計算規則151条）。分配可能額がマイナスである場合の、その絶対値という意味である。

(2) 公告・催告事項

債権者が異議を述べることができる場合には、会社は、次の①から⑧に掲げる事項を官報に公告し、かつ、知れている債権者には、各別にこれを催告しなければならない（会社法449条2項、計算規則152条）。⑧の期間（異議申述期間）は、1ヵ月を下回ることができない（同項但書き）。

公告および催告すべき事項

① 準備金の額の減少の内容
② 最終事業年度に係る貸借対照表またはその要旨を公告（決算公告）しているときは、次に掲げるもの
　イ　官報で公告をしているときは、官報の日付および公告が掲載されている頁
　ロ　日刊新聞紙で公告をしているときは、日刊新聞紙の名称、日付および公告が掲載されている頁
　ハ　電子公告により公告をしているときは、登記事項である電子公告ホームページのアドレス
③ 最終事業年度に係る貸借対照表を電磁的方法（ホームページ等）で公開しているときは、登記事項であるアドレス
④ 株式会社が有価証券報告書提出会社である場合、最終事業年度に係る有価証券報告書を提出しているときは、その旨
⑤ 特例有限会社であって、決算公告義務が課せられないときは、その旨
⑥ 最終事業年度がないときは（設立1期目の場合等）、その旨
⑦ ②から⑥に掲げる場合以外の場合には、最終事業年度に係る貸借対照

>   表の要旨の内容（会社計算規則第6編第2章の決算公告の要旨について定めた規定に従い作成）
> ⑧　債権者が一定の期間内に異議を述べることができる旨

　①は、「準備金の額の減少の内容」であり、準備金の額をいくら減少していくらにするのかという内容が中心になるが、欠損てん補に充当する額がある場合には、それも含めた記載をすることも考えられる。

　②から⑦は、直近の決算公告の掲載場所等である。ただし、有価証券報告書提出会社および特例有限会社には決算公告義務がないため、その旨の記載だけでよい。また、最終事業年度がないときは（設立1期目の場合等）、直近の決算公告がされていないことから、その旨の記載でよいとされている。

　⑧は、異議申述期間であり、1ヵ月未満で定めることができないとされているため、通常は1ヵ月ちょうどを設定するケースが多い。

　公告および催告の記載例を示すと次のようになる。

《公告および催告の記載例》

準備金減少公告の記載例（官報に掲載）

準備金減少公告
　当社は、平成○○年○月○日開催の臨時株主総会において、資本準備金二千万円を一千五百万円減少することを決議いたしました。効力発生日は平成○○年○月○日であります。この決議に対して異議のある債権者は、本公告掲載の翌日から一箇月以内にお申し出下さい。
　なお、当社の最終の貸借対照表は、平成○○年○月○日付官報の○○頁に公告しています。
　平成○○年○月○日
　　東京都千代田区○○町○丁目○番○号
　　　○○○株式会社
　　　　代表取締役　甲野　太郎

準備金減少異議申述催告書の記載例

平成○○年○月○日

○○○○様

準備金減少異議申述催告書

　当社は、平成○○年○月○日開催の臨時株主総会において、資本準備金2,000万円を1,500万円減少することを決議いたしました。効力発生日は平成○○年○月○日であります。この決議に対して貴殿側において異議のある時は、平成○○年○月○日までにお申し出下さるようお願い致します。
　なお、当社の最終の貸借対照表は、平成○○年○月○日付官報の○○頁に公告しています。

東京都千代田区〇〇町〇丁目〇番〇号
〇〇〇株式会社
代表取締役　甲野　太郎

　減資で説明したように、特例有限会社は決算公告義務が課せられていないため、最後のなお書きの箇所は、「なお、当社は、「会社法の施行に伴う関係法律の整備等に関する法律」第28条の規定により、計算書類の公告をしていません。」と記載すればよい。

　また、最終の事業年度について有価証券報告書を提出している場合は、「当社は、金融商品取引法第24条第1項の規定により最終事業年度に係る有価証券報告書を提出しています。」と記載すればよい。

　さらに、非公開会社（株式譲渡制限会社）のなかには決算公告をしていない株式会社も少なくないが、そのような会社が準備金減少公告を行う際に、「なお、当社の最終の貸借対照表は左記のとおりです。」と記載して、準備金減少公告の隣に直近の決算公告を併せて公告している事例が多くみられる。「最終の貸借対照表」とは、直近の確定した貸借対照表を意味しており、少なくとも最終の貸借対照表の要旨1期分が債権者に対して開示されていれば、準備金の減少手続上問題ないと考えられる[注37]。

（注37）「最終の（直近の確定した）貸借対照表」の掲載場所が債権者に把握できれば問題ないものと考えられる。その意味において、準備金減少公告に併せて、最終の貸借対照表の公告が掲載されていれば手続上は問題ないと解される。

第5章

自己株式の法務

1 自己株式の取得

　平成13年商法改正までは、自己株式の取得は原則として禁止されていた。それは、①出資の払戻しと同様の結果を生じさせ、会社財産の不当な流出により債権者を害するおそれがある、②取得の条件いかんによっては、株主間の不平等を生じさせるおそれがある、③グリーンメーラー(注38)などの反対派株主から自己株式の取得を行うことにより、経営者が保身を図るおそれがあるなどの理由に基づいていた。平成13年商法改正により、自己株式の取得および保有が認められるものとされた。ただし、上記の弊害防止の観点から、剰余金の分配可能額の範囲内での取得および一定の手続規制に従うものとされている。

　会社法上、株式会社は、次に掲げる場合に限り、当該株式会社の株式（自己株式）を取得することができる（会社法155条、会社法施行規則27条）。取得できる事由が法定されているわけである。

自己株式の取得が可能な場合

①　取得条項付株式(注39)の取得（会社法107条2項3号イ）
②　譲渡制限株式の譲渡等を承認しなかった場合の、株式会社の譲渡等承認請求者からの買取り（会社法138条1号ハ、2号ハ）
③　株主との合意による取得（会社法156条1項）
④　取得請求権付株式(注40)の株主からの取得請求に基づく取得（会社法166条1項）

（注38）グリーンメーラーとは、経営に参加する意思がないにもかかわらず株式の一定買占めを行い、保有した株式の影響力をもとに、その発行会社や関係者に対して高値での引取りを要求する者をいう。標的とした会社に買い戻しをさせることを目的とした、株買い占め屋である。
（注39）株式会社が、一定の事由が生じたことを条件として取得できることを定款で定めた株式をいう（107条2項3号）。
（注40）株主が株式会社に対してその取得を請求することができることを定款で定めた株式をいう（107条2項2号）。

⑤ 全部取得条項付種類株式の株主総会決議に基づく取得（会社法171条1項）

⑥ 相続人または一般承継により株式を取得した者に対して、売渡しの請求をすることができる旨を定款で定めた株式会社における売渡し請求に基づく自己株式の取得（会社法176条1項）

⑦ 単元未満株式の買取請求に基づく買取り（会社法192条1項）

⑧ 所在不明株主の株式について競売に代えて売却を行う場合の、その株式の全部または一部の買取り（会社法197条3項）

⑨ 1株に満たない端数の合計数に相当する数の株式について競売に代えて売却を行う場合の、その株式の全部または一部の買取り（会社法234条4項、235条2項）

⑩ 他の会社（外国会社を含む）の事業の全部を譲り受ける場合において、他の会社が有する当該株式会社の株式（自己の株式）を取得する場合（事業の全部の譲受けに伴う自己株式の取得）

⑪ 合併後消滅する会社から当該株式会社の株式（自己の株式）を承継する場合（合併に伴う自己株式の承継）

⑫ 吸収分割をする会社から当該株式会社の株式（自己の株式）を承継する場合（会社分割に伴う自己株式の承継）

⑬ 自己株式を無償で取得する場合

⑭ 株式会社が有する他の法人等の株式等につき当該他の法人等が行う剰余金の配当または残余財産の分配により自己株式の交付を受ける場合（これらに相当する行為を含む）

⑮ 株式会社が有する他の法人等の株式等につき当該他の法人等が行う次に掲げる行為に際して当該株式等と引き換えに自己株式の交付を受ける場合
　イ　組織の変更
　ロ　合併
　ハ　株式交換（会社法以外の法令（外国の法令を含む）に基づく株式交

換に相当する行為を含む）
ニ　取得条項付株式（これに相当する株式を含む）の取得
ホ　全部取得条項付種類株式（これに相当する株式を含む）の取得

⑯　株式会社が有する他の法人等の新株予約権等を当該他の法人等が当該新株予約権等の定めに基づき取得することと引き換えに自己株式の交付を受ける場合

⑰　株式会社が反対株主の株式買取請求等（116条5項、182条の4第4項、469条5項、785条5項、797条5項、806条5項）に応じて自己株式を取得する場合

⑱　合併後消滅する法人等（会社を除く）から自己株式を承継する場合

⑲　他の法人等（会社および外国会社を除く）の事業の全部を譲り受ける場合において、当該他の法人等の有する自己株式を譲り受けるとき

⑳　その権利の実行に当たり目的を達成するために当該株式会社の株式を取得することが必要かつ不可欠である場合

2　自己株式の取得方法の類型

　会社法においては、自己株式の取得について、すべての株主に売却の機会を与える手続を創設している。内容が公開買付けに類似しており、「ミニ公開買付け」と表現される。市場取引による自己株式の取得は別の規定で定められており、市場取引以外の自己株式の取得手続として、次に説明するミニ公開買付けが定められている。

　ただし、後で説明するように、特定の株主を定めて取得する手続も別に置かれており、ケースによって使い分ける必要がある。非公開会社（株式譲渡制限会社）の場合は、特定の株主を定めて取得するケースが多いものと想定されるのに対して、公開会社の場合は、市場取引による取得を行うケースが少なくないと想定される。特定の株主からの自己株式取得については、後で説明するように、手続の規制は厳しい。

また、市場価格のある株式の相対取得、子会社からの取得、相続人等の一般承継人からの取得については、株主との合意による取得の一種であるが、取得手続について特則が設けられているため、特殊な自己株式の取得として位置づけられる。

自己株式の取得の類型

① ミニ公開買付け（すべての株主に売却の機会を与えて行う自己株式取得）
② 特定の株主からの自己株式取得
③ 特殊な自己株式の取得（市場価格のある株式を市場価格以下で取得する場合の特例、相続人等からの取得の特例、子会社からの自己株式の取得の特例）
④ 市場取引による自己株式取得の特例

3　株主との合意による取得

（1）すべての株主に売却の機会を与えて行う取得手続（ミニ公開買付け）

　株主の全員に譲渡しの勧誘を行う方法であり、非公開会社のような閉鎖的な会社において、自己株式の取得を公平に行うための方法である。

① 株主総会の決議

　株式会社が株主との合意により自己株式を有償で取得するには、あらかじめ、株主総会の決議によって、次に掲げる事項を定めなければならない（会社法156条1項）。

株主総会の決議事項

（ⅰ）取得する株式の数（種類株式発行会社の場合は、株式の種類および種類ごとの数）
（ⅱ）株式を取得するのと引換えに交付する金銭等（当該株式会社の株式を除く）の内容およびその総額
（ⅲ）株式を取得することができる期間（1年を超えることはできない）

　株主総会は定時株主総会でも臨時株主総会でも構わない。また、決議事項のなかに対価として交付する「交付する金銭等の内容およびその総額」とあるので、金銭以外の財産を交付することを決議することもできることを意味している。剰余金の配当の取扱い（会社法454条）との平仄を合わせているものと考えられる。

② 取締役会の決議

　株式会社は、①の株主総会決議に従い株式を取得しようとするときは、その都度、次に掲げる事項を定めなければならない（会社法157条1項）。取締役会設置会社においては取締役会が決議し（同条2項）、それ以外の株式会社においては株主総会決議を要する[注41]。株式の取得の条件は、均等に定めなければならない（同条3項）。

取締役会（または株主総会）の決議事項

（ⅰ）取得する株式の数（種類株式発行会社の場合は、株式の種類および数）
（ⅱ）株式1株を取得するのと引換えに交付する金銭等の内容および数もしくは額またはこれらの算定方法
（ⅲ）株式を取得するのと引換えに交付する金銭等の総額

（注41）取締役会非設置会社の場合に、取締役の過半数をもって決定するのか、株主総会決議を要するのかについて規定上明確ではないが、1株当たり取得価額等の決定の重要性に鑑み、株主総会決議を要すると解する見解がみられる（江頭憲治郎「株式会社法（第6版）」（有斐閣）P256からP257）。

(ⅳ) 株式の譲渡しの申込みの期日

①の株主総会決議の決定を受けて、実際に取得しようとするときは、取締役会が具体的な内容を決議する必要がある。「株式1株を取得するのと引換えに交付する金銭等の内容および数もしくは額またはこれらの算定方法」とあるが、一般的に想定される金銭の交付の場合は、1株当たり〇〇〇円と1株当たり取得価額を定めればよい。

③ 株主に対する通知

株式会社は、株主（種類株式発行会社においては、取得する株式の種類の種類株主）に対し、②に掲げる事項（取締役会または株主総会が決議した事項）を通知しなければならない（会社法158条1項）。公開会社においては、通知に代えて、公告によることができる（同条2項）。

④ 譲渡しの申込み

③の通知を受けた株主は、その有する株式の譲渡しの申込みをしようとするときは、株式会社に対し、その申込みに係る株式の数（種類株式発行会社の場合は、株式の種類および数）を明らかにしなければならない（会社法159条1項）。

株式会社は、申込期日（株式の譲渡しの申込みの期日）において、株主が申込みをした株式の譲受けを承諾したものとみなす。株主は、申込みをするかどうかを判断し、申込みをする場合は、その株式の数を明らかにする。1株当たり取得価額も知らされたうえで判断できるため、株主は的確に判断することができる。

ただし、申込総数が（取締役会が決議した）「取得する株式の数」（取得総数）を超えるときは、取得総数を申込総数で除して得た数に、各株主が申込みをした株式の数を乗じて得た数（1株に満たない端数が生じる場合は、切り捨て）の株式の譲受けを承諾したものとみなす（同条2項）。

すなわち、申込総数が取得総数を超える場合は、各株主が申込みをした株式の数に応じて按分する。株主平等原則に配慮した取扱いが定められている。

　すべての株主に売却の機会を与える取得手続であり、ミニ公開買付けといえる内容であるが、市場取引・公開買付け以外の方法による取得であり、上場会社以外の会社が活用することが想定されている[注42]。閉鎖的な会社において、自己株式の取得を公平に行う方法として位置づけられる。また、次項で解説するように、相対取引による特定の株主からの取得に相当する手続が、別途定められている。

ミニ公開買付けの手続

(1) 株主総会の決議
決定事項
　取得株数、交付する金銭等の内容および総額（金銭の場合は、金銭を総額いくらと定める）、取得することができる期間（1年以内で設定）
　↓
(2) 取締役会決議（または株主総会の決議）
決定事項
　取得株数、1株を取得するのと引換えに交付する金銭等の内容・数もしくは額またはこれらの算定方法（金銭の場合は、通常1株当たり取得価額）、株式を取得するのと引換えに交付する金銭等の総額（取得価額の総額）、申込期日
　↓
(3) 株主に対する通知
　(2)の決定事項を通知（公開会社は公告可）
　↓
(4) 株主の申込み

(注42) 上場会社は、この方法を利用することができない（金融商品取引法27条の22の2第1項）。

> 株主は(3)の通知を受けて、その内容を踏まえて申し込むかどうかを判断する。
> (申し込む場合は、申込期日までに申し込む)

(2) 特定の株主からの取得

① 特定の株主からの取得手続

　先のミニ公開買付けの手続とは別に、特定の株主を対象とした自己株式の取得も可能であるが、次の手続に従う。特定の株主からの取得であり、株主平等原則に特に配慮する必要性から、手続はより厳格である。

　株式会社は、先の(1)①に掲げる事項の（株主総会の）決定に併せて、その株主総会の決議によって、先の(1)③の通知を特定の株主に対して行う旨を定めることができる（会社法160条1項）。この決定は、特別決議による必要がある（会社法309条2項2号括弧書き）。

　株式会社は、そのような決定をしようとするときは、法務省令で定める時までに、株主（種類株式発行会社の場合は、取得する株式の種類の種類株主）に対し、（株主が）次の請求をすることができる旨を通知しなければならない（同条2項）。すなわち、株主は、特定の株主のほかに譲渡人として自己をも加えたものを株主総会の議案とすることを、法務省令で定める時までに、請求することができる（同条3項）。

　株主が請求できる期限は、株主総会の日の5日（定款でこれを下回る期間を定めた場合は、その期間）前である（会社法施行規則29条）。

　また、株式会社が株主に対して売主追加請求ができる旨を通知すべき期限は、原則として株主総会の日の2週間前であるが、招集通知の発送時期との関係で、次のイからハに掲げる場合には、その期限はそれぞれ次のように繰り下げられる（会社法施行規則28条）。

イ　株主総会の招集通知を発すべき時が株主総会の日の2週間を下回る期間（1週間以上の期間に限る）前である場合	招集通知を発すべき時
ロ　株主総会の招集通知を発すべき時が株主総会の日の1週間を下回る期間前である場合	株主総会の日の1週間前
ハ　招集の手続を経ることなく株主総会を開催する場合（会社法300条）	株主総会の日の1週間前

　上記に掲げる場合には、株主が請求できる期限は、株主総会の日の3日（定款でこれを下回る期間を定めた場合は、その期間）前となる（会社法施行規則29条但書き）。

　売主追加請求権は、特定の株主から取得しようとする場合であっても、他の株主が自己をも売主に追加するように議案修正を請求できる強い権利である。株主平等原則に配慮した取扱いである。特定の株主から自己株式を取得しようとする場合は、株主平等原則の観点から、他の株主にも平等に売却する機会を保障しているわけである。会社は、そのような請求があったときは、拒むことはできない。

　ただし、次に説明する②市場価格のある株式を市場価格以下で取得する場合、③相続人等の一般承継人からの取得、④子会社からの取得については、他の株主に売主追加請求権を認めなくてよい特例が置かれている。

　株式会社は、1株当たり取得価額も含めた決定事項を特定の株主および売主に加わる株主に対し、通知する必要がある（会社法160条5項）。

② **市場価格のある株式を市場価格以下で取得する場合の特例**

　会社法160条2項、3項の規定（売主追加請求の手続）は、取得する株式が市場価格のある株式である場合において、その株式1株を取得するのと引換えに交付する金銭等の額がその株式1株の市場価格として法務

省令で定める方法により算定されるものを超えないときは、不要である（会社法161条）。

　市場価格とは、具体的には、（ⅰ）株主総会の決議の日の前日における最終取引価格（当該日に売買取引がない場合または当該日が市場の休業日に当たる場合にあっては、その後最初になされた売買取引の成立価格）、（ⅱ）公開買付けの対象であるときは、公開買付け契約における価格、以上の金額のうちいずれか高い額である（会社法施行規則30条）。

　市場価格のある株式を市場価格以下で取得する場合は、他の株主の利益を害するおそれがないと考えられるため、売主追加請求の手続の対象外として取り扱われる。

③　相続人等の一般承継人からの取得の特例

　株式会社が株主の相続人その他の一般承継人（合併・分割等により取得した者）からその相続その他の一般承継により取得した当該株式会社の株式を取得する場合には、会社法160条2項、3項の規定（売主追加請求の手続）は必要ない。ただし、次のいずれかに該当する場合は、売主追加請求の手続を原則どおり適用しなければならない（会社法162条1項）。

イ　株式会社が公開会社である場合
ロ　当該相続人その他の一般承継人が株主総会において当該株式について議決権を行使した場合

　ロの要件がわかりにくいと思われるが、相続人等の一般承継人が相続等により取得した株式について議決権行使をした場合は、株主がその取得した株式を手放さずに株主としてとどまることを選択したことになるため、原則どおりの取扱い（他の株主に売主追加請求権を認める取扱い）を適用する必要があるという意味である。

この特例は、相続等により当該会社にとって好ましくない者が株主となった場合において当該株主も株式を手放すことについて異議がない場合に、その状態を解消しやすくするための措置であるとされている[注43]。

非公開会社（株式譲渡制限会社）の場合で、かつ、相続人等の一般承継人が相続等により取得した株式について株主総会において議決権を行使していない場合は、相続人等の一般承継人から自己株式を取得するに当たっては、相続人等の一般承継人を除いた株主による株主総会の特別決議の決定があれば、相続人等のみからピンポイントで自己株式の取得ができることを意味している。しかも定時株主総会によらないで、臨時株主総会で機動的に対応できる。

平成16年度税制改正によって、相続財産に株式が含まれていて、かつ、相続税の納税義務が生じる場合において、相続税の申告期限から３年以内の相続人からの自己株式の取得についてみなし配当課税を行わないという特例措置（措法９条の７）が設けられている点を考え併せると、相続税の支払資金の捻出手段としての活用が十分に考えられる。

④ 子会社からの取得の特例

株式会社がその子会社の有する当該株式会社の株式を自己株式として取得する場合は、取締役会設置会社にあっては取締役会が会社法156条１項の事項を決定できるが、取締役会非設置会社にあっては株主総会が決定する（会社法163条）。会社法157条から160条までの規定は適用しない。

⑤ 市場取引等による株式の取得の特例

市場取引または公開買付け（「市場取引等」という）により自己株式を取得する場合には、会社法157条から160条までの規定（「（１）すべての

（注43）相澤哲・豊田祐子「新会社法の解説（４）株式（株式会社による自己の株式の取得）」商事法務Ｎｏ.1740、Ｐ48。

第5章　自己株式の法務

株主に売却の機会を与えて行う取得手続（ミニ公開買付け）」の「②　取締役会の決議」から「（2）特定の株主からの取得」の「①　特定の株主からの取得手続」まで）は適用しない（会社法165条1項）。

　原則として、株主総会において、会社法156条1項に掲げる事項を定めて取得すればよい。ただし、取締役会設置会社は、市場取引等により自己株式を取得することを取締役会の決議によって定めることができる旨を定款で定めることができる（同条2項）。

　取締役会決議によって定めることができる旨を定款で定めておけば、取締役会決議により機動的な自己株式の取得が可能である。機動的に自己株式の取得を行いたいという産業界のニーズにより、平成15年商法改正により実現した取扱いが会社法に継承されているものである。

⑥　特定の株主からの取得に関する定款の定め

　株式会社は、株式（種類株式発行会社の場合は、ある種類の株式）の取得について、会社法160条1項の規定による決定（特定の株主からの取得）をするときは、同条2項、3項の規定（売主追加請求の手続）を適用しない旨を定款で定めることができる（会社法164条1項）。

　特定の株主からの取得の場合は、本来、株主に売主追加請求権が認められているわけであるから、その権利を排除するためには、株主全員の同意が要件とされている。

　また、株式の発行後に定款を変更してその株式についてそのような定款の定めを設け、またはその定めについての定款の変更（そのような定款の定めを廃止する場合を除く）をしようとするときは、株主平等原則の観点から、その株式を有する株主全員の同意が必要である（同条2項）。

4　取得請求権付株式および取得条項付株式の取得

(1) 取得請求権付株式の取得

　取得請求権付株式とは、株主が会社に対して株式を取得するように請求できる内容の株式であり、株主に請求権がある。取得条項付株式が、一定の取得事由の発生をもって、会社が強制的に株主から株式を取得することとなるのと内容が異なる。ただし、いずれも自己株式の取得となる点で共通している。

① 取得の請求

　取得請求権付株式の株主は、株式会社に対して、その株主の有する取得請求権付株式を取得することを請求することができる。ただし、取得請求権付株式を取得するのと引換えに一定の財産を交付する場合において、これらの財産の帳簿価額が請求の日における剰余金の分配可能額を超えているときは、請求することができない（会社法166条1項）。

　取得請求権付株式の自己株式取得については、剰余金の分配規制（会社法461条1項）は直接課されていない。それは、株主総会の承認に基づく定款の定めに基づき発行している以上、取締役に剰余金配当責任を負わせることが適当でないと考えられるためである。しかし、上記の会社法166条1項の規定に基づき、取得請求権行使に剰余金の分配規制を課し（剰余金の分配可能額を超える取得になるときは、請求行為自体できないとし）、財源規制の実質は確保されている[注44]。

　また、取得請求時における対価の額が剰余金の分配可能額の範囲内であっても、事後的に期末に欠損を生じたときは、その行為に関する職務

（注44）相澤哲・豊田祐子「新会社法の解説（4）株式（株式会社による自己の株式の取得)」商事法務Ｎo.1740、P44、P50。

を行った取締役に対して、欠損額と払戻額のいずれか小さい額について連帯して支払う義務が生じる（会社法465条1項4号）。財源規制の趣旨は徹底されているといえる。

取得の請求は、その請求に係る取得請求権付株式の数（種類株式発行会社の場合、取得請求権付株式の種類および種類ごとの数）を明らかにしてしなければならない（同条2項）。

株券発行会社の株主が、その有する取得請求権付株式について請求をしようとするときは、その取得請求権付株式に係る株券を株券発行会社に提出しなければならない。ただし、取得請求権付株式に係る株券が発行されていない場合は、その必要はない（同条3項）。

② 効力の発生

株式会社は、取得請求権付株式の株主からの請求の日に、その請求に係る取得請求権付株式を取得する（会社法167条1項）。

また、請求をした株主は、その請求をした日に、会社法107条2項2号に定める事項（取得請求権付株式についての定款の記載事項）についての定めに従い、次に掲げる者となる（同条2項）。

取得請求権付株式と引換えに社債等を交付する場合

交付する対価についての定め	取得請求をした株主がなる者
① 株式と引換えにその株式会社の社債（新株予約権付社債を除く）を交付する場合（会社法107条2項2号ロ）	社債の社債権者
② 株式と引換えにその株式会社の新株予約権（新株予約権付社債に付されたものを除く）を交付する場合（会社法107条2項2号ハ）	新株予約権の新株予約権者

③ 株式と引換えにその株式会社の新株予約権付社債を交付する場合（会社法107条2項2号ニ）	新株予約権付社債についての社債の社債権者およびその新株予約権付社債に付された新株予約権の新株予約権者
④ ある種類株式と引換えにその株式会社の他の株式を交付する場合（会社法108条2項5号ロ）	他の株式の株主

　上記の④のケースにおいて、他の株式の数に1株に満たない端数があるときは、これを切り捨てる。この場合、株式会社は、定款に別段の定めがある場合を除き、次に定める額にその端数を乗じて得た額に相当する金銭を請求した株主に対して交付しなければならない（同条3項）。

① その株式が市場価格のある株式である場合	その株式1株の市場価格として法務省令で定める方法により算定される額 （会社法施行規則31条の規定により、取得請求日の終値を原則とし、公開買付けの対象となっているときは、公開買付価格と終値のいずれか高い額）
② ①以外の場合	1株当たり純資産額

　上記の取扱いは、その株式会社の社債および新株予約権について端数がある場合について準用する。②の1株当たり純資産額は、「法務省令で定める額」と読み替える。

（2）取得条項付株式の取得

　取得条項付株式とは、一定事由の発生により、発行会社がその種類株式を取得できる種類株式である。取得条項は、一定の日の到来を取得事由とするケースとそれ以外の取得事由を定めるケースがある。

① 取得する日の決定

　取得条項付株式について、株式会社が定めた一定の日が到来すること

をもって取得事由とする定め（会社法107条2項3号ロ）がある場合には、株式会社は、取得することとなる日を株主総会（取締役会設置会社の場合、取締役会）の決議によって定めなければならない。ただし、定款に別段の定めをすることはできる（会社法168条1項）。

取得することとなる日を定めたときは、株式会社は、取得条項付株式の株主および登録株式質権者に対し、その日の2週間前までに、その日を通知しなければならない（同条2項）。通知に代えて公告によることもできる（同条3項）。

取得条項付株式の取得時期は、株式会社が自由に決められるということであり、その日を公告または通知により、取得条項付株式の株主等に対して知らせる必要がある。

② 取得する株式の決定等

株式会社は、一定の事由が生じたときに、株式の一部を取得することとする旨の定め（会社法107条2項3号ハ）がある場合において、取得条項付株式を取得しようとするときは、その取得する取得条項付株式を決定しなければならない（会社法169条1項）。

取得する取得条項付株式は、株主総会（取締役会設置会社の場合、取締役会）の決議によって定めなければならない。ただし、定款に別段の定めをすることはできる（同条2項）。

そのような決定をしたときは、株式会社は、決定した取得条項付株式の株主およびその登録株式質権者に対し、直ちに、その取得条項付株式を取得する旨を通知しなければならない（同条3項）。通知に代えて公告によることもできる（同条4項）。

③ 財源規制との関係

取得請求権付株式で解説したのと同様に、取得条項付株式についても会社法461条1項の剰余金の分配規制は直接課されていない。それは、

取得請求権付株式と同様に、株主総会の承認に基づく定款の定めに基づき発行している以上、取締役に剰余金配当責任を負わせることが適当でないと考えられるためである。しかし、取得対価として交付する財産の帳簿価額が取得事由となる一定事由の発生日における剰余金の分配可能額を超えているときは、取得の効力は生じないとされており（会社法170条5項）、財源規制の趣旨は徹底されている[注45]。

交付する財産の帳簿価額が一定事由発生日における剰余金の分配可能額を超えているときは、取得自体が無効になるため、不当利得に基づく返還義務が生じる。この場合、株式の返還と対価の返還というように、会社と株主双方の返還義務となる。

また、期末の欠損てん補責任についても、取得請求権付株式と同様である。

④ 効力の発生

株式会社は、取得事由となる一定事由が生じた日において、取得条項付株式を取得する。ただし、取得条項付株式の全部ではなく一部を取得することと定款に定めている場合（会社法107条2項3号ハに掲げる事項についての定めがある場合）は、株主総会（取締役会設置会社の場合は取締役会）の決議により取得する株式を決定し、その旨を株主と登録株式質権者に通知（または公告）することになる。①一定事由が生じた日と②取得条項付株式の株主および登録株式質権者に対する通知（または公告）の日から2週間を経過した日のいずれか遅い日に取得する（会社法170条1項）。

また、次に掲げる場合には、取得条項付株式の株主は、取得事由が生じた日に、対価として定められた内容に従い、次に掲げる者となる（同

（注45）相澤哲・豊田祐子「新会社法の解説（4）株式（株式会社による自己の株式の取得）」商事法務Ｎｏ.1740、P44、P50。

条2項)。

取得条項付株式と引換えに社債等を交付する場合

交付する対価についての定め	取得請求をした株主がなる者
株式と引換えにその株式会社の社債（新株予約権付社債を除く）を交付する場合（会社法107条2項3号ニ）	社債の社債権者
株式と引換えにその株式会社の新株予約権（新株予約権付社債に付されたものを除く）を交付する場合（会社法107条2項3号ホ）	新株予約権の新株予約権者
株式と引換えにその株式会社の新株予約権付社債を交付する場合（会社法107条2項3号ヘ）	新株予約権付社債についての社債の社債権者およびその新株予約権付社債に付された新株予約権の新株予約権者
ある種類株式と引換えにその株式会社の他の株式を交付する場合（会社法108条2項6号ロ）	他の株式の株主

　株式会社は、取得事由が発生した後、遅滞なく、取得条項付株式の株主およびその登録株式質権者に対し、その事由が生じた旨を通知しなければならない（会社法170条3項）。通知に代えて公告によることもできる（同条4項）。

　ただし、一定の日が到来することをもって取得事由とする定めの場合には、その日の2週間前までに通知（または公告）が行われているため（会社法168条2項または3項）、新たな通知は必要ない（同条3項但書き）。

5　全部取得条項付種類株式の取得

（1）全部取得条項付種類株式の取得に関する決定

　全部取得条項付種類株式とは、株主総会の取得決議（特別決議）により、その種類株式全部を発行会社が取得できる種類株式である（会社法108条1項7号、171条1項、309条2項3号）。既存の株主から会社再建を支援するスポンサーに株主を交代する手段として100％減資があるが、会社法においては、この全部取得条項付種類株式を用いて行うこともできる。

　全部取得条項付種類株式は、有償による自己株式の取得も適用範囲にしており、100％減資はその活用方法の一部に過ぎないといえる。

　全部取得条項付種類株式を発行した種類株式発行会社は、株主総会の決議によって、全部取得条項付種類株式の全部を取得することができる。この場合、株主総会の決議によって、次に掲げる事項を定めなければならない（会社法171条1項）。決議要件は、特別決議である。

全部取得条項付種類株式の取得に係る株主総会の決議事項

> ①　全部取得条項付種類株式を取得するのと引換えに金銭等を交付するときは、その金銭等（「取得対価」という）についての次に掲げる事項
> 　イ　取得対価が発行会社の株式であるときは、その株式の種類および種類ごとの数またはその数の算定方法
> 　ロ　取得対価が発行会社の社債（新株予約権付社債を除く）であるときは、その社債の種類および種類ごとの各社債の金額の合計額またはその算定方法
> 　ハ　取得対価が発行会社の新株予約権（新株予約権付社債に付されたものを除く）であるときは、その新株予約権の内容および数またはその算定方法

ニ　取得対価が発行会社の新株予約権付社債であるときは、その新株予約権付社債の種類および種類ごとの各社債の金額の合計額またはその算定方法、およびその新株予約権付社債に付された新株予約権の内容および数またはその算定方法
　　ホ　取得対価がその株式会社の株式等以外の財産であるときは、その財産の内容および数もしくは額またはこれらの算定方法
　②　①に規定する場合には、全部取得条項付種類株式の株主に対する取得対価の割当てに関する事項
　③　株式会社が全部取得条項付種類株式を取得する日（取得日）

　上記②の割当てに関する事項についての定めは、株主（発行会社を除く）の有する全部取得条項付種類株式の数に応じて取得対価を割り当てることを内容とするものでなければならない（会社法171条2項）。

　取締役は、株主総会決議において、全部取得条項付種類株式の全部を取得することを必要とする理由を説明しなければならない（同条3項）。

（2）裁判所に対する価格の決定の申立て

　上記の決議をした場合には、次に掲げる反対株主は、株主総会の日から20日以内に、裁判所に対し、株式会社による全部取得条項付種類株式の取得の価格の決定の申立てをすることができる（会社法172条1項）。取得の対価に不満を持つ反対株主に、裁判所に対する価格の決定申立てを認めている。

　株式会社は、取得日の20日前までに、全部取得条項付種類株式の株主に対して、全部取得条項付種類株式の全部を取得する旨を通知しなければならない（同条2項）。公告によることも認められる（同条3項）。

価格の決定の申立てができる株主

> ①　その株主総会に先立って全部取得条項付種類株式の取得に反対する旨を株式会社に対して通知し、かつ、その株主総会において取得に反対した株主（その株主総会において議決権を行使することができるものに限る）
> ②　その株主総会において議決権を行使することができない株主

（3）取得対価等に関する書面の備置きおよび閲覧等

　全部取得条項付種類株式を取得する株式会社は、①株主総会の日の2週間前の日、②会社法172条2項の通知の日または172条3項の公告の日のいずれか早い日、以上の①と②の日のいずれか早い日から、取得後6ヵ月を経過する日までの間、「（1）全部取得条項付種類株式の取得に関する決定」に掲げる株主総会の決議事項その他法務省令（会社法施行規則33条の2）で定める事項を記載し、または記録した書面または電磁的記録をその本店に備え置かなければならない（会社法171条の2第1項）。株主は、当該株式会社に対して、その営業時間内は、いつでも閲覧の請求等をすることができる（同条2項）。

　また、株式会社は、取得日後遅滞なく、取得した全部取得条項付種類株式の数その他の全部取得条項付種類株式の取得に関する事項として法務省令（会社法施行規則33条の3）で定める事項を記載し、または記録した書面または電磁的記録を作成し、取得日から6ヵ月間、本店に備え置かなければならない（会社法173条の2第1項、2項）。全部取得条項付種類株式を取得した株式会社の株主または取得日に全部取得条項付種類株式の株主であった者は、当該株式会社に対して、その営業時間内は、いつでも閲覧の請求等をすることができる（同条3項）。

(4) 財源規制との関係

全部取得条項付種類株式の取得については、直接的に剰余金の分配規制の対象である（会社法461条1項4号）。すなわち、取得の対価として交付する財産の帳簿価額が、取得の効力発生日の剰余金の分配可能額を超える場合は、譲渡人（譲渡した株主）、取得行為を行った取締役、株主総会および取締役会の議案提案者（計算規則159条2号、3号、160条、161条）は、会社に対して連帯して、譲渡人が交付を受けた財産の帳簿価額に相当する金額の支払義務を負うことになる（会社法462条1項1号、2号）。

(5) 効力の発生

株式会社は、取得日に、全部取得条項付種類株式の全部を取得する（会社法173条1項）。

次に掲げる場合には、全部取得条項付種類株式の株主（発行会社を除く）は、取得日に、株主総会決議の定めた取得対価の内容に従い、次に掲げる者となる。（同条2項）。

株主総会の決議の定めと株主がなる者

株主総会の決議事項の内容	株主がなる者
① 会社法171条1項1号イに掲げる事項についての定め（取得対価が発行会社の株式である場合の株主総会の決定）がある場合	株式の株主
② 会社法171条1項1号ロに掲げる事項についての定め（取得対価が発行会社の社債である場合の株主総会の決定）がある場合	社債の社債権者

③ 会社法171条1項1号ハに掲げる事項についての定め（取得対価が発行会社の新株予約権である場合の株主総会の決定）がある場合	新株予約権の新株予約権者
④ 会社法171条1項1号ニに掲げる事項についての定め（取得対価が発行会社の新株予約権付社債である場合の株主総会の決定）がある場合	新株予約権付社債についての社債の社債権者およびその新株予約権付社債に付された新株予約権の新株予約権者

（6）100％減資への活用

　民事再生法や会社更生法によらない100％減資の手続は、全部取得条項付種類株式（会社法108条1項7号）を用いて行うことが可能である。2以上の種類の株式を発行する株式会社において、1つの種類の種類株式の全部を株式会社が強制取得することにより、100％減資が可能となる。100％減資をする場合は、通常、普通株式のみしか発行されていないが、定款変更により法形式的に株式の種類を2種類にして、そのうえで一方の種類株式を強制取得（100％減資）し、もう一方の種類株式を新株発行するという形をとる。この場合の新株発行される株式も、通常は普通株式となる。法形式上2種類の株式となるが、全部取得条項が付されているかどうかの種類の違いとなる。

　具体的な手続としては、①1つの種類の株式の全部を株主総会の特別決議により有償または無償で取得することができる旨の定款の定めをする（債務超過会社で行われることが想定される100％減資の場合、取得価額は無償となるのが通常である）、②2以上の種類の株式を発行する旨の定款の定めを設ける、③①の定款の定めに基づいて1つの種類の株式の全部を取得する旨の株主総会決議をする、以上の3つの特別決議を同じ株主総会において決議することができると解されており、手続は複雑とな

るが、1つの株主総会において対応が可能であるため、時間的にはスピーディな対応ができる。

①の株主総会決議に反対した株主は、反対株主の買取請求権を行使することができる（会社法116条1項2号）。また、裁判所に対する価格決定申請の手続もあり（同法172条1項）、一定の保護がされている。ただし、債務超過会社で行われる100％減資の場合、買取価格は通常はゼロになることが想定される。

なお、有償で強制的に取得することもできる旨が規定されており、100％減資よりも適用対象範囲が拡大されている。例えば、株式取得による買収（M＆A）の後に、少数株主を締め出す手段としての活用も可能である。

100％減資の詳しい手続や仕組みについては、「第3編　応用編」の「第4章　増減資（100％減資を含む）」を参照されたい。

6　相続人等に対する売渡しの請求

非公開会社（株式譲渡制限会社）は、閉鎖的な会社であることが想定され、会社にとって好ましくない者を排除するために、株式の譲渡制限の定めを定款に定めている。中小企業の多くは非公開会社（株式譲渡制限会社）であるが、その閉鎖性を維持するために、そのような定めをしている。

ところが、次に説明する会社法174条は、株式の譲渡に関する制限ではなく、相続や合併などの一般承継による株式の移転に関する制限である。株式譲渡制限制度は、譲渡という特定承継に限定した取扱いであり、相続や合併などの一般承継は適用対象外であると解されていた。会社法174条の定款の定めを活用すれば、相続などの一般承継に関して、会社にとって好ましくない者への移転である場合に、制限をかけることがで

きる。

この制度は、閉鎖性の強い中小企業ほど利用価値のあるものである。

（1）相続人等に対する売渡しの請求に関する定款の定め

株式会社は、相続その他の一般承継によりその株式会社の株式（譲渡制限株式に限る）を取得した者に対し、その株式を売り渡すことを請求することができる旨を定款で定めることができる（会社法174条）。

相続や合併等の一般承継について、譲渡の場合と実質的に同様の制限を定款に定めることができることを意味している。株式が相続人等の一般承継人に移転することを前提とし、株式会社がその移転を承認しないときは、その株式を買い取ることができるものとする取扱いである。譲渡人の同意は必要とせず、会社は売渡し請求により強制的に取得することができる。

なお、会社が、相続により取得した者から、売渡し請求により自己株式を取得した場合は、その株式が相続財産に含まれており、かつ、相続税の納税義務が生じている場合には、相続税の申告期限から3年以内の取得については、平成16年度税制改正によるみなし配当課税の除外措置（措法9条の7）の適用を受けることができる。みなし配当の適用を受けないということは、株式の譲渡所得のみとなるため、申告分離課税のみで済み、かつ、取得費加算特例（措法39条）[注46]を併せて利用できるため、税負担は通常の場合に比べて少なく済むケースが多い。

なお、定款の記載例は、次のとおりである。

（注46）取得費加算特例とは、相続または遺贈により取得した株式等を、相続税の申告書の提出期限の翌日から3年以内に譲渡した場合には、その相続税額のうち譲渡した株式等に対応する金額を、譲渡した株式等の譲渡所得の計算上取得費に加算することができる特例である。（株式以外でも適用あり。）

相続人等に対する売渡し請求についての定款の記載例

（相続人等に対する売渡しの請求）
第○条　当会社は、相続その他の一般承継により当会社の株式を取得した者に対し、当該株式を当会社に売り渡すことを請求することができる。

（2）売渡しの請求の決定

定款の定めに基づいて（1）の売渡し請求をするときは、その都度、株主総会の決議によって、次に掲げる事項を定めなければならない（会社法175条1項）。決議要件は、特別決議である（会社法309条2項3号）。

株主総会の決議事項

① 売渡し請求をする株式の数（種類株式発行会社の場合、株式の種類および種類ごとの数）
② ①の売渡し請求の対象となった株式を有する者の氏名または名称

売渡し請求の対象となった株式を有する者（相続人または一般承継者）は、その株主総会において議決権を行使することができない。ただし、その者以外の株主の全部がその株主総会において議決権を行使することができない場合は、行使することができる（会社法175条2項）。

（3）売渡しの請求

株式会社は、（2）に掲げる事項を定めたときは、相続人または一般承継者に対し、売渡しを請求することができる。ただし、株式会社が、相続その他の一般承継があったことを知った日から1年を経過したときは、請求することができない（会社法176条1項）。会社からの売渡し請求という一方的な行為により取得することができる制度であるため、株

主の不安定な立場を長期間にすべきでないという理由により、請求期限を1年としているものと考えられる。

請求をする場合は、その請求に係る株式の数（種類株式発行会社の場合、株式の種類および種類ごとの数）を明らかにしてしなければならない（同条2項）。

また、株式会社は、その請求をいつでも撤回することができる（同条3項）。

（4）売買価格の決定

売渡しの請求があった場合は、売渡し請求の対象となる株式の売買価格は、株式会社と相続人または一般承継者との協議によって定める（会社法177条1項）。

ただし、両者のいずれからも、売渡しの請求があった日から20日以内に、裁判所に対し、売買価格の決定の申立てをすることができる（同条2項）。その際、供託金は不要である。裁判所は、請求の時における株式会社の資産状態その他一切の事情を考慮して決定しなければならない（同条3項）。

請求の日から20日以内に裁判所に対する申立てがあったときは、裁判所が定めた額をもって売買価格とする。

裁判所が資産状態その他の一切の事情を考慮して決定するといった場合には、裁量の範囲が広く、時価純資産価額（土地、上場有価証券は時価評価するが、譲渡であるから会社の継続を前提に法人税額等相当額の控除はしない）、類似業種比準価額、収益還元価額、配当還元価額などから、その会社の事情、支配権の有無などの一切の事情を考慮したうえで、いくつかを組み合わせて評価する折衷方式を採用して決定するのが通常であり、税務上もそれが認容される傾向であるが、当事者の協議により決

定する場合は、税務上の観点からの慎重な検討が必要であろう。

協議が調わなかった場合で、かつ、裁判所に対する申立てがない場合は、請求はその効力を失う（同条5項）。すなわち、売渡し請求日から20日以内に協議が調うか、または、裁判所へ申立てをしないと、売渡し請求は効力を失う点に留意する必要がある。実務上は、売渡し請求の時点で、会社は裁判所に対する価格決定申立ての書面を準備しておいて、協議が調わない見込みであるときに、迅速に対応できるようにしておくケースが少なくない。

（5）財源規制との関係

一般承継人からの自己株式取得となるため、剰余金の分配規制の適用を受ける。すなわち、一般承継人に支払う金銭等の総額が取得の効力発生日における剰余金の分配可能額を超えてはならない（会社法461条1項5号）。取得の対価として交付する財産の帳簿価額が、取得の効力発生日の剰余金の分配可能額を超える場合は、譲渡人、取得行為を行った取締役は、会社に対して連帯して、譲渡人が交付を受けた財産の帳簿価額に相当する金額の支払義務を負うことになる（会社法462条1項）。

また、取得した結果、期末に欠損が生じたときは、取締役に欠損てん補責任が発生する（会社法462条）。

（6）少数株主からの売渡し請求があったときの対応

定款の規定に基づき、相続等の一般承継により取得した株主に対して売渡し請求が行われた場合に、売渡し請求を受けた者は、その株主総会において議決権を行使することができないと規定されているため（会社法175条2項）、定款に規定が置かれている状況のもとで、相続等により多数の株式を取得した者に対して少数株主が売渡し請求をかけてきたと

きに、決議が成立して少数株主が経営権を掌握してしまう可能性が生じる。

現実には、相続等により多数の株式を取得したものが、裁判所への価格決定申立ての手続を踏むことにより時間稼ぎをし、その間に取締役の選任議案および（少数株主側のメンバーの）解任議案により取締役会を牛耳り、代表取締役を多数株主側で占めてしまえば、少数株主側が会社を代表して売渡し請求という行為を行うことはできないものと解される。

7 株式の消却

株式会社は、自己株式を消却することができる。この場合、消却する自己株式の数（種類株式発行会社の場合、自己株式の種類および種類ごとの数）を定めなければならない（会社法178条1項）。取締役会設置会社においては、取締役会の決議によらなければならない（同条2項）。

会社法では、株式の消却制度は自己株式の消却のみとされている。旧商法における強制消却は、自己株式の強制取得と自己株式の消却の組合せとなり、規定上は、別の規定に分かれる。

一定の事由の発生により、株式会社の権利として株主の同意なく取得できる取得条項付株式（会社法107条2項3号）と取得後の自己株式の消却（会社法178条1項）を組み合わせることにより、旧商法の強制消却と同様の行為が可能となる。全部取得条項付種類株式の取得決議による自己株式の取得および自己株式の消却の組合せによることも考えられる。

また、資本金の減少手続において株式の消却が決議事項から除外されたため、減資に際して株式の消却を行う場合、資本金の減少に係る決議と別に、自己株式の取得手続（および自己株式の消却）を行う必要がある。

税務上は、自己株式の取得と自己株式の消却の組合せとなるため、自

己株式の取得段階において、交付金銭等の額が、会社の資本金等の額に発行済株式総数に対する取得株式数の割合を乗じた額（取得資本金額）を超える額が、利益積立金額の減少として取り扱われ、みなし配当課税の対象になる（法法24条1項4号、法令8条1項18号、9条1項13号）。ただし、市場取引による取得その他の政令で定める取得は、みなし配当課税の対象外である（法法24条1項4号括弧書き、法令23条3項）。

自己株式の消却を決議した場合は、会社は、遅滞なく株式の失効手続をとる必要がある。

失効手続とは、株主名簿からの抹消と株券発行会社の場合は株券を破棄するなど、消却する株式を特定する意思表示を行うことと解されている[注47]。また、発行済株式総数の減少に係る変更登記も必要である（発行可能株式総数は変わらない）。

(注47) 東京地判・平成2年3月29日金判857号、P27。

第6章 剰余金の配当に係る法務

1 剰余金の配当

　株式会社は、その株主に対し、剰余金の配当をすることができる（会社法453条）。ただし、自己株式に対して剰余金の配当をすることはできない（同条括弧書き）。

　剰余金の額は会社法446条に基づいて計算される。最終事業年度の末日における財産の状態をベースとしつつ、期中の自己株式の処分または消却に伴う増加または減少、期中の資本金または準備金の減少に伴う増加、期中の剰余金の配当をしたことに伴う減少、その他法務省令で定める各勘定科目に計上した額を調整して算定する仕組みが採用されている。

　剰余金の配当といったときに、資本金または準備金の減少に伴い発生した剰余金を原資として、その効力発生日以後において株主に金銭等の分配を行う行為も、剰余金の配当という概念に含まれる。旧商法における配当および金銭の分配（中間配当）だけでなく、資本金および準備金の減少に伴う払戻し[注48]も含めた概念として整理されている。

2 剰余金の配当に関する事項の決定

　株式会社は、剰余金の配当をしようとするときは、その都度、株主総会の決議によって、次に掲げる事項を定めなければならない（会社法454条1項）。期中いつでも（かつ剰余金の分配可能額の範囲内であれば何度でも）、株主総会の決議によって、剰余金の配当をすることができる。

（注48）資本金または準備金の減少は、単なる計数の問題として整理されており、株主に対する払戻しは剰余金の配当として行う。すなわち、資本金または準備金の減少により、その効力発生日以後に金銭等の分配を行う行為は、資本金または準備金の減少（会社法447条、448条）と剰余金の配当（会社法453条、454条）の2つの組合せになる。旧商法における資本金または準備金の減少手続では、「株主に払戻しをするときは、払戻額」が決議事項とされていたが、会社法においては、資本金または準備金の減少の決議事項から除外されている。資本金または準備金の減少手続と、剰余金の配当手続は、規定上は別個の規定になり、剰余金の配当という点においては、旧商法の配当・中間配当と区別しないで統合され、統一的に財源規制を課す取扱いとされている。

ただし、後で解説するように、一定の要件を満たした会計監査人設置会社については、剰余金の配当等を取締役会が決定できる旨の定款の定めを置くことができる特則が設けられている（会社法459条）。

株主総会の決議事項

① 配当財産の種類および帳簿価額の総額
② 株主に対する配当財産の割当てに関する事項
③ 当該剰余金の配当がその効力を生ずる日

「株主に対する配当財産の割当てに関する事項」についての定めは、株主の有する株式の数に応じて配当財産を割り当てることを内容とするものでなければならない。株主に対する配当財産の割当てに関する事項としては、通常は「株式1株につき金〇円」という内容を定めることになる。

なお、剰余金の配当に関して内容の異なる2以上の種類の株式を発行しているときは、株式会社は、その種類の株式の内容に応じ、株主に対する割当てに関する事項として、次に掲げる事項を定めることができる（会社法454条2項）。

剰余金の配当に関して内容の異なる種類株式を発行している場合

① ある種類の株式の株主に対して配当財産の割当てをしないこととするときは、その旨およびその株式の種類
② ①に掲げる事項のほか、配当財産の割当てについて株式の種類ごとに異なる取扱いを行うこととするときは、その旨およびその異なる取扱いの内容

優先配当株式を発行する場合は、上記②の定めが必要であり、普通株式の配当に対してどのように優先するのかの具体的な内容（例えば普通株式の配当額に対して1.2倍とする等）を定める必要がある。

第1編　法務編

剰余金の配当に関して内容の異なる種類株式を発行している場合は、種類株式ごとに各種類株式の数に応じて割り当てることとする（同条3項）。

剰余金の配当に関する議案の例を掲げると、次のとおりである。

第○号議案　剰余金の配当の件

剰余金を以下のとおり配当いたしたいと存じます。
　期末配当に関する事項
　　期末配当金につきましては、当期の業績、今後の経営環境の見通し等を総合的に勘案し、次のとおりといたしたいと存じます。
（1）配当財産の種類
　　　　金銭
（2）株主に対する配当財産の割当てに関する事項およびその総額
　　　　当社普通株式1株につき金5円　　総額10,000,000円
（3）剰余金の配当が効力を生じる日
　　　　平成○○年○月○日

（注）議題名を「剰余金の処分の件」としてもよい。

3　現物配当の手続

会社法上、現物配当の規定が明確化され、現物配当の手続の取扱いが定められている。

配当財産が金銭以外の財産であるときは（現物配当を行うときは）、株式会社は、株主総会の決議によって、次に掲げる事項を定めることができる。ただし、①の金銭分配請求権を行使することができる期間の末日（以下、「行使期限日」）は、「剰余金の配当がその効力を生ずる日」（効力発生日）以前の日でなければならない（会社法454条4項）。

現物配当を行う場合の定めることができる事項

① 株主に対して金銭分配請求権（その現物の配当財産に代えて金銭を交付することを株式会社に対して請求する権利をいう）を与えるときは、その旨および金銭分配請求権を行使することができる期間
② 一定の数未満の数の株式を有する株主に対して配当財産の割当てをしないこととするときは、その旨およびその数

株主に対して金銭分配請求権を与えない場合は、株主総会の決議は特別決議要件とされる。ただし、原則として、株主総会の特別決議を要するとしたのは、金銭を分配する取扱いと異なり、受領した株主において即時に換価できるかどうかという問題が生じるためであるから、株主に対して金銭分配請求権を与える場合は、普通決議で足りる（会社法309条2項10号）。

4 金銭分配請求権の行使

株主に対して金銭分配請求権を与える場合は、金銭分配請求権を行使することができる期間の末日の20日前までに、株主に対し、金銭分配請求権を与える旨およびその権利を行使することができる期間（会社法454条4項1号）を通知しなければならない（会社法455条1項）。

株式会社は、金銭分配請求権を行使した株主に対し、その株主が割当てを受けた配当財産に代えて、その配当財産の価額に相当する金銭を支払わなければならない。この場合、次に定める額をもってその配当財産の価額とする（同条2項）。

① 配当財産が市場価格のある財産である場合	その配当財産の市場価格として法務省令で定める方法により算定される額 （会社計算規則154条の規定により、行使期限日における配当財産を取引する市場における終値、公開買付けの対象となっているときは、公開買付価格、以上のうちいずれか高い額）
② ①以外の場合	株式会社の申立てにより裁判所が定める額

5 基準株式数を定めた場合の処理

現物配当の決定において、一定の数未満の数の株式を有する株主に対して配当財産の割当てをしないこととするとき（会社法454条4項2号）のその数を「基準株式数」という。

基準株式数を定めた場合には、株式会社は、基準株式数に満たない数の株式（基準未満株式）を有する株主に対し、会社法455条2項の規定の例により配当財産の価額として定めた額に、基準未満株式の数の基準株式数に対する割合を乗じて得た額に相当する金銭を支払わなければならない（会社法456条）。基準未満株式を有する株主に対しては、その株式数に応じて平等に金銭を分配する必要があるという意味である。

6 配当財産の交付の方法等

配当財産は、株主名簿に記載し、または記録した株主（登録株式質権者を含む）の住所または株主が株式会社に通知した場所において、これを交付しなければならない（会社法457条1項）。配当財産の交付に要する費用は、会社の負担とするのが原則であるが、株主の責めに帰すべき事由によってその費用が増加したときは、その増加額は、株主の負担とされる（同条2項）。ただし、これらの規定は、日本に住所を有する株主を対象にしたものであり、日本に住所を有しない株主に対する交付に

ついては適用されない（同条3項）。

7 純資産額が300万円未満の場合の適用除外

純資産額が300万円未満の場合には、剰余金があっても株主に配当することができない（会社法458条）。最低資本金規制の撤廃と引換えに設けられた財源規制である。資本金の額と会社財産の額の関係が切れていることから、資本金の額ではなく、一定の純資産額が現実に確保されていなければ株主に配当できないとする方が合理的である。

8 期中の配当（取締役会の決議によるもの）

取締役会設置会社は、1事業年度の途中において1回に限り取締役会の決議によって剰余金の配当（配当財産が金銭であるものに限る）をすることができる旨を定款で定めることができる（会社法454条5項）。事業年度の途中で行う配当（いわゆる中間配当）について、取締役会設置会社において定款に定めることにより可能とされている。

なお、次項で説明するように、会計監査人設置会社で一定の要件を満たした株式会社においては、剰余金の配当等を取締役会が決定する旨を定款に定めることが可能である（剰余金の配当等を決定する機関の特則）。その場合は、回数制限はない。

9 剰余金の配当等を決定する機関の特則

(1) 剰余金の配当等を取締役会が決定する旨の定款の定め

①会計監査人設置会社であり、②取締役（監査等委員会設置会社の場合、監査等委員である取締役以外の取締役）の任期を1年と定め、③監査役会設置会社、監査等委員会設置会社または指名委員会等設置会社であ

る会社は、次に掲げる事項を取締役会が定めることができる旨を定款で定めることができる（会社法459条1項）。定款に定めることによって、剰余金の配当等に係る一定の決定事項を取締役会が決定することができる取扱いである。

定款で取締役会に授権できる剰余金の配当等に係る決定事項

定款で取締役会が定めることができる事項	具体的な内容
① 会社法160条1項の規定による決定をする場合以外の場合における会社法156条1項各号に掲げる事項	株主との合意による自己株式の取得（特定の株主からの取得の場合を除く）[注49]に係る決定事項
② 会社法449条1項2号に該当する場合における会社法448条1項1号および3号に掲げる事項	減少する準備金の額が欠損てん補額を超えない場合の「減少する準備金の額」および「準備金の額の減少がその効力を生ずる日」
③ 会社法452条後段の事項	剰余金についてのその他の処分（任意積立金の積立て・取崩など）を行う場合に定める「当該剰余金の処分の額その他の法務省令で定める事項」
④ 会社法454条1項各号および同条4項各号に掲げる事項（ただし、配当財産が金銭以外の財産であり、かつ、株主に対して金銭分配請求権を与えないこととする場合を除く）	剰余金の配当を行う場合の決議事項、および現物配当（金銭分配請求権を与えない場合を除く）を行う場合の定めることができる事項

②の事項については、各事業年度の計算書類等の承認を行う取締役会が定める必要がある。

上記の定款の定めは、最終事業年度に係る計算書類が法令および定款

（注49）特定の株主からの取得（会社法160条1項）については、株主平等原則に反する決議になるため、取締役会決議により行うことはできないものとされている。

に従い、株式会社の財産および損益の状況を正しく表示しているものとして法務省令で定める要件に該当する場合に限り、その効力を有する（同条2項）。

法務省令で定める要件とは、次の4つの要件をいずれも充足することである（計算規則155条）。

> ① 計算書類についての会計監査報告の「計算関係書類が一般に公正妥当と認められる企業会計の慣行に準拠して、その期間の財産および損益の状況をすべての重要な点において適正に表示しているかどうかについての意見」が無限定適正意見であること
> ② 会計監査報告に係る監査役会、監査等委員会または監査委員会の監査報告の内容として会計監査人の監査の方法または結果を相当でないと認める意見がないこと
> ③ 会社計算規則128条2項後段、128条の2第1項後段または129条1項後段の規定により、会計監査報告に係る監査役会、監査等委員会または監査委員会の監査報告に付記された内容が②の意見でないこと（付記された内容が、会計監査人の監査の方法または結果を相当でないと認める意見でないこと）
> ④ 計算関係書類が会社計算規則132条3項の規定により監査を受けたものとみなされたものでないこと（特定監査役（注）が監査役の監査報告の内容の通知をすべき日までに通知をしなかったことにより、通知をすべき日に監査を受けたものとみなされたものでないこと）

（注）会計監査報告の内容の通知を受ける監査役を定めた場合は、通知を受ける監査役として定められた監査役、定めていない場合はすべての監査役（計算規則130条5項）。

剰余金の配当等について、一定の要件のもとで、取締役会に決定の権限を授権できる制度である。そのような定款の定めをした場合、例えば、剰余金の配当を取締役会が決定できるようになるため、配当を取締役会

決議により機動的に決定できることを意味している。この制度を用いれば、四半期の業績に基づいて、取締役会決議で配当を行うという米国型の配当政策も日本において採用が可能である。しかし、配当の回数を増加させることによる郵送コストの増加という点で、結果として株主への利益還元が減少することになる面もあり、四半期配当を採用している会社は現状では限られている。

(2) 株主の権利の制限

（1）の定款の定めがある場合には、会社は、180ページの事項（①から④の事項）を株主総会の決議によっては定めない旨を定款で定めることができる（会社法460条1項）。

取締役会の決議で決定できるという定款の定めがあった場合でも、株主が株主提案権を行使して剰余金の配当を議題にすることもできるため、取締役会決議で決定した配当の額に不満を持つ株主が株主提案権を行使するという問題が発生しないように、定款で制限をかけておくこともできることを意味している。

また、そのような定款の定めは、最終事業年度に係る計算書類が法令および定款に従い、株式会社の財産および損益の状況を正しく表示しているものとして法務省令で定める要件に該当する場合に限り、その効力を有する（同条2項）。

10 剰余金の配当等に関する責任

(1) 配当等の制限（財源規制）

次に掲げる行為により株主に対して交付する金銭等（当該株式会社の株式を除く）の帳簿価額の総額は、その行為がその効力を生ずる日にお

ける分配可能額を超えてはならない（会社法461条１項）。

　株主に対する金銭等の分配については、剰余金の配当のみならず、自己株式の有償取得も含めて、統一的に財源規制が課されている。剰余金の配当等の効力発生日における分配可能額を基準とし、株主に対して交付する金銭等の帳簿価額の総額がそれを超えてはならないという仕組みになっている。

　統一的な財源規制の対象となる行為は、次のとおりである。

財源規制の対象となる行為

分配可能額に基づく財源規制の対象となる金銭等の分配	具体的な内容
①　会社法138条１号ハまたは２号ハの請求に応じて行う自己株式の買取り	・株式会社が譲渡制限株式の譲渡を承認しない場合の、株式会社の買取り ・譲渡制限株式を取得した株式取得者が、譲渡制限株式を取得したことについて、株式会社が承認しない場合の、株式会社の買取り
②　会社法156条１項の規定による決定に基づく自己株式の取得（会社法163条に規定する場合または会社法165条１項に規定する場合における自己株式の取得に限る）	・子会社からの自己株式の取得 ・市場取引または公開買付けによる自己株式の取得
③　会社法157条１項の規定による決定に基づく自己株式の取得	市場取引・公開買付け以外の方法による自己株式取得（株主との合意による自己株式の取得）
④　会社法173条１項の規定による自己株式の取得	全部取得条項付種類株式の全部の取得
⑤　会社法176条１項の規定による請求に基づく自己株式の買取り	相続人その他一般承継により株式を取得した者に対して、（定款の定めに基づき）売渡しの請求をしたうえで行う自己株式の買取り

⑥ 会社法197条3項の規定による自己株式の買取り	株式会社が所在不明株主の株式を競売に代えて売却するときに認められるその全部または一部の自己株式の買取り	
⑦ 会社法234条4項（235条2項において準用する場合を含む）の規定による自己株式の買取り	・株式会社が1株に満たない端数の合計数に相当する数の株式を競売に代えて売却するときに認められるその株式の全部または一部の買取り ・株式分割または株式併合をすることにより株式の数に1株に満たない端数が生ずるときに、その端数の合計数に相当する数の株式を競売に代えて売却するときに認められるその株式の全部または一部の買取り	
⑧ ————	剰余金の配当	

　これら①から⑧までの剰余金の配当等は、債権者保護の観点から、剰余金の分配可能額の範囲内での払戻しであることが要求される。剰余金の分配可能額を超えて株主に対する払戻しを行った場合は、その行為により金銭等の交付を受けた者、ならびにその行為に関する職務を行った業務執行取締役等は、会社に対して連帯して、交付を受けた金銭等の帳簿価額に相当する金銭を支払う義務を負うことになる（会社法462条1項）。

　業務執行取締役等の責任は、過失責任であり、注意を怠らなかったことを証明しない限り、支払義務を負う。会社が分配可能額を超えて株主に対して金銭等の交付を行った場合の責任については、「(3)剰余金の配当等に係る取締役等の責任」（187ページ）を参照されたい。

　なお、①から⑦に掲げる自己株式の有償取得については財源規制が課されるが、次に掲げるもののように、会社が不可避的に取得するもの、法律の規定に基づき義務として取得するものについては、財源規制は課されない。

第6章 剰余金の配当に係る法務

財源規制を課さない自己株式の取得

> （ⅰ） 合併、分割および事業全部の譲受けにより、相手方の有する自己の株式を取得する場合
> （ⅱ） 合併、分割、株式交換、株式移転、事業譲渡および事業の譲受けの際の反対株主の買取請求に応じて買い受ける場合
> （ⅲ） 単元未満株主の買取請求に応じて買い受ける場合

　また、人的分割については、「物的分割＋剰余金の配当」という構成とされ、分割会社の株主に対して交付される財産が、新設会社または承継会社の株式の場合については、剰余金分配に係る財源規制は課さないものとされている。

（2）分配可能額の算定方法

① 算定の仕組み

　剰余金の分配可能額の算定方法については、最初にその仕組みを整理する必要がある。次の図表を参照していただくと、把握がしやすいと思われる。

剰余金の分配可能額の算定の仕組み

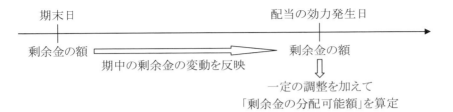

　第1に、最終事業年度の末日（期末日）の剰余金の額を算定する。第2に、最終事業年度の末日の翌日から配当の効力発生日までの剰余金の変動を反映（加減算）する。それによって、配当の効力発生日（分配時）

の剰余金の額に変換される。第3に、その配当の効力発生日時点の剰余金の額に対して一定の調整を加えることによって、剰余金の分配可能額が算定される。

　この仕組みから明らかなように、剰余金の分配可能額は期末日の数値ではなく、配当の効力発生日（分配時）の数値である。会社法における剰余金の配当は、決算の確定手続とは切り離され、期中の臨時株主総会でも決議をとることができるようになり、また、剰余金の分配可能額の範囲内であれば何回決議することもできるものとされている[注50]。したがって、期末日基準ではなく、分配時を基準としている。

② 配当の効力発生日とは

　配当の効力発生日は、配当の支払の効力が生ずる日であり、剰余金の配当を決議するときの決議事項の1つである（会社法454条1項3号）[注51]。したがって、剰余金の配当に関する議案において、明確に定めておく必要がある。配当の効力発生日とは、配当の支払日または支払開始日と考えることができる。例えば、上場企業において配当を決議する場合は、決議の日の翌日（正確には、金融機関の翌営業日）を支払開始日（受取証にはいつからいつまでが支払期間かを記載するが、その起算日）として設定することが多い。その場合、配当を振込みによって受け取る株主については、通常その支払開始日に振込手続をとる。

　ただし、効力発生日をいつに設定するかは、各企業が配当の決議において定めることになるから、決議の日の翌日に限定されるわけではない。

（注50）定時株主総会で配当の決議をする会社が多い。定時株主総会で決議する場合であっても、剰余金の分配可能額は期末日を基準とするのではなく、配当の効力発生日（分配時）を基準に算定しなければならない。

（注51）配当を決議するときの決議事項は、配当財産の種類および帳簿価額の総額（金銭配当の場合は、金銭を総額いくらと定めればよい）、株主に対する配当財産の割当てに関する事項（1株に対して○○円を配当するという内容）、配当の効力発生日の3つである（会社法454条1項）。

（3）剰余金の配当等に係る取締役等の責任

① 分配可能額を超えて配当等をした場合の責任

　剰余金の分配可能額を超えて配当等をした場合は、その行為により金銭等の交付を受けた者、その行為に関する職務を行った業務執行者、およびその他一定の者は、弁済責任を負う（会社法462条1項）。剰余金の分配可能額を超えて剰余金の配当等を行った業務執行者および法令で定められたその他一定の者の負う義務は、免除することができない（同条3項本文）。その責任の性質が、任務懈怠責任とは異なる特別な責任（資本充実責任）であるから一部免除の対象にならないものとされている。したがって、弁済すべき金額は分配額そのものであって、会社に与えた損害額ではない。

　ただし、行為時における分配可能額を限度として免除することについて総株主の同意がある場合は、分配可能額を限度として責任を免除できるものと規定されており（同条3項但書き）、逆に分配可能額を超えて分配した部分については、株主全員の同意があっても免除は認められない。

② 責任を負うべき者

　会社法461条1項の規定に違反して、剰余金の分配可能額を超えて株主に対する金銭等の分配をした場合には、その行為により金銭等の交付を受けた者（＝株主）、ならびにその行為に関する職務を行った業務執行者（業務執行取締役（指名委員会等設置会社の場合は、執行役）その他その業務執行取締役の行う業務の執行に職務上関与した者として法務省令で定めるものをいう）、および会社法462条1項1号から6号までに掲げるそれぞれの行為ごとに定められた責任を負うべき者は、その株式会社に対し、連帯して、その金銭等の交付を受けた者が交付を受けた金銭等の帳簿価額に相当する金銭を支払う義務を負うものとされている（会社法

462条1項)。

　業務執行取締役その他業務執行取締役の行う業務の執行に職務上関与した者として法務省令で定めるものは、具体的には会社計算規則159条1項が定めているが、違法配当の場合は、次の者が職務上関与した者として規定されている。

業務執行取締役の行う業務の執行に職務上関与した者（違法配当の場合）

①　配当に関する職務を行った取締役および執行役（会社計算規則159条8号イ）
②　株主総会において説明した取締役および執行役（同号ロ）
③　配当に関する取締役会の決議に賛成した取締役（同号ハ）
④　分配可能額に関する報告を監査役等が請求したときに、報告した取締役および執行役（同号ニ）

　このほかに、連帯して責任を負うべき者として、次に説明する「総会議案提案取締役」および「取締役会議案提案取締役」が挙げられる。

③　連帯して責任を負うべき者

　連帯して責任を負うべき者については、会社法462条1項1号から6号まで、いくつかのケース別に規定されているが、違法配当の場合は、次のように株主総会決議による場合と、取締役会決議による場合の2つに分けて規定されている。

　第1に、会社法454条1項の規定による決定に係る株主総会の決議（剰余金の配当の決定に係る株主総会決議）があった場合（その決議によって定められた配当財産の帳簿価額がその決議の日における分配可能額を超える場合に限る）、総会議案提案取締役が連帯して責任を負うとされ、総会議案提案取締役とは、株主総会に議案を提案した取締役、その議案の提案の決定に同意した取締役（取締役会設置会社の取締役を除く）、およ

びその議案の提案が取締役会決議に基づいて行われたときは、その取締役会において取締役会の決議に賛成した取締役をいう（計算規則160条）。

第2に、会社法454条1項の規定による決定に係る取締役会の決議（剰余金の配当の決定に係る取締役会決議）があった場合（その決議によって定められた配当財産の帳簿価額がその決議の日における分配可能額を超える場合に限る）は、取締役会議案提案取締役が連帯して責任を負うものとされ、取締役会議案提案取締役とは、取締役会に議案を提案した取締役および執行役をいう（計算規則161条）。

④　業務執行者等の責任は過失責任

業務執行者およびその他の一定の者（総会議案提案取締役または取締役会議案提案取締役）は、その職務を行うについて注意を怠らなかったことを証明したときは、責任（支払義務）を負わないと規定されている（会社法462条2項）。すなわち、自己の無過失を立証すれば、責任は負わない。ただし、過失がないことを立証する責任は、業務執行者等の側にあり、立証責任を転換した過失責任である。

⑤　業務執行取締役等の責任の免除の取扱い

会社法462条1項の規定により業務執行者およびその他の一定の者（総会議案提案取締役または取締役会議案提案取締役）の負う義務は、免除することができないとされている（同条3項本文）。その責任の性質が、任務懈怠責任とは異なる特別な責任（資本充実責任）であるから一部免除の対象にならないものとされている。したがって、責任の法的性質が資本充実責任であることから、弁済すべき金額は分配額そのものであり、会社に与えた損害額ではない点に留意する必要がある。

ただし、会社法462条1項各号に掲げる行為の時における分配可能額を限度として免除することについて総株主の同意がある場合は、分配可能額を限度として責任を免除できる（同条3項但書き）。

逆に、剰余金の分配可能額を超えて分配した超過部分については、株主全員の同意があっても免除は認められないということを意味している。

取締役等の責任免除の取扱い

```
┌─────────────────────────────────────────────┐
│ 配当額                                       │
│ （交付した金銭等の帳簿価格）                 │
│  ┌──────────┐                                │
│  │//////////│ ⇒ 株主全員の同意があっても    │
│  │//////////│   この部分の金額については免除不可│
│  ├──────────┤ ┐                              │
│  │          │ │                              │
│  │          │ ├ 行為時の分配可能額           │
│  │          │ │                              │
│  └──────────┘ ┘                              │
└─────────────────────────────────────────────┘
```

⑥ 株主の責任免除の取扱い

剰余金の分配可能額を超えて配当した場合に、配当を受領した株主については、免除に関する具体的な規定はない。会社法463条2項の規定により債権者がその権利を代位行使していなければ、会社が通常の業務執行として免除することができると解されている。

⑦ 期末のてん補責任の取扱い

剰余金の配当等については、統一的な財源規制の対象となったが、事後的な財源規制である期末のてん補責任も課されており、この点は旧商法と同様である。すなわち、剰余金の配当をした場合に、事後的に決算の確定時の分配可能額がマイナスとなった場合は、当該行為に関する職務を行った業務執行者は、株式会社に対して、連帯して、当該マイナスの額と払戻しをした額のいずれか少ない額を支払う義務を負う。

また、貸借対照表等の確定と同時に行う剰余金の配当については、てん補責任が課されない。取締役会に配当権限を授権した場合についても、決算の確定時に行う取締役会決議に基づく剰余金の配当について

は、てん補責任は課されない。さらに、資本金・準備金の減少決議と同時に、剰余金の配当決議を決議し、資本金・準備金の減少額の範囲内で配当を行う剰余金の配当についてもてん補責任は課されない（会社法465条1項10号）。

　これらの責任についても、総株主の同意がなければ免除できないとされている（同条2項）。

第2編

会計・税務編

第1章

金銭出資の会計・税務

1 増資の会計処理

　金銭出資の場合、払込期日までに（または払込期間を定めたときは、払込期間中に）引受人から払込みが行われるが、通常は失権株を早期に確定するために、新株の申込みの段階で新株式申込証拠金が支払われるケースが多い。新株式申込証拠金は、①払込期日を定めた場合は、払込期日、②払込期間を定めた場合は、実際の払込日に新株式払込金に振替充当され、資本金（または資本金および資本準備金）が計上される。一方、募集株式の引受人が株主となる時期についても、①払込期日を定めた場合は、払込期日、②払込期間を定めた場合は、実際の払込日である（会社法209条1項）。

　払込金額のうち資本に組み入れない額（＝資本準備金に組み入れる額）は、払込金額の2分の1以下でなければならないが、登録免許税は資本金の増加額で決まることから、払込金額の2分の1を資本金に、残りの2分の1を資本準備金に計上する例が多い。資本金と資本準備金に2分の1ずつ計上する場合は、次の仕訳となる。

```
新株の申込み時
　現預金　　　　　　　　3,000　／　新株式申込証拠金　3,000
払込期日
　新株式申込証拠金　　　3,000　／　資本金　　　　　　1,500
　　　　　　　　　　　　　　　　　　資本準備金　　　　1,500
```

　申込期日経過後であって、払込期日が到来していない段階で決算日を迎えた場合には、受け入れた申込期日経過後の新株式申込証拠金を貸借対照表の純資産の部の株主資本に「新株式申込証拠金」として区分して表示しなければならない（計算規則76条2項2号）。

個別貸借対照表における純資産の部の表示例

```
(純資産の部)
株主資本
  1  資本金
  2  新株式申込証拠金
  3  資本剰余金
    (1) 資本準備金
    (2) その他資本剰余金
                  資本剰余金合計
  4  利益剰余金
    (1) 利益準備金
    (2) その他利益剰余金
          ○○積立金
        繰越利益剰余金
                  利益剰余金合計
  5  自己株式
                  株主資本合計
                  純資産合計
```

　また、期中の増資は、株主資本等変動計算書の記載事項となる。先の仕訳例の数値を前提として記載例を示すと、次のとおりである（株主資本の変動が、増資と当期純利益のみのシンプルな記載例を示す）。この場合、記載例のように、変動事由（新株の発行）とそれに対応する変動額を示す必要がある。

株主資本等変動計算書の記載例

	株主資本							純資産合計
	資本金	資本剰余金	利益剰余金			自己株式	株主資本合計	
		資本準備金	利益準備金	その他利益剰余金				
				圧縮積立金	繰越利益剰余金			
当期首残高	XXX	XXX	XXX	XXX	XXX	△XXX	XXX	XXX
当期変動額								
新株の発行	1,500	1,500					3,000	3,000
当期純利益					300		300	300
当期変動額合計	1,500	1,500			300		3,300	3,300
当期末残高	XXX	XXX	XXX	XXX	XXX	△XXX	XXX	XXX

2　増資の税務

（1）株主割当増資に係る税務

　募集株式の発行を株主割当てで行う場合（会社法202条）、払込金額が特に有利な価額であっても、原則として持株割合に変動が生じないため、課税関係が発生しない。ところが、株主のなかに新株の引受けに応じない株主が生じたときに、持株割合が変動することになる。その場合でも、時価発行であれば、持株割合に変動が生じたとしても、株主間の利益移転の問題は生じない。持株割合が変動し、かつ、時価よりも有利な払込金額による発行の場合に、株主間の利益移転の問題が生じるので留意が必要である。

　新株を有利な価額で発行した場合、すでに発行されている既存の株式の価値は希薄化により減少する。株主割当増資において、全員が権利行使に応じた場合、たとえ有利な払込金額であったとしても、旧株の価値

減少と新株引受けによる利益の享受が同額となり、株主の持分に変動は生じない。しかし、増資前の株主の持株割合に応じた新株の割当てがなされないと、新株の引受けをしなかった株主の持分は減少し、逆に新株を有利な価額で引き受けた株主は、時価と払込金額との差額相当額の含み益を享受することとなる。例えば、同族株主のうち新株の引受権を行使しない者が、その権利をその同族株主の親族に与えたとする。その親族が時価よりも有利な価額で新株を引き受けると、同族株主からその親族に対しての贈与があったものとして、贈与税の課税関係が生じうる（相法9条）。

　要するに、株主割当増資であっても、株主全員が権利行使しない場合であって、かつ、時価よりも有利な価額による新株の発行が行われる場合には、経済的に株主間の利益移転が生じる結果となる点に留意する必要がある。

　これに関連した通達として、次のケースにおいて贈与税の課税関係が生じうるものとされている。すなわち、同族会社が新株の発行（当該同族会社の有する自己株式の処分を含む）をする場合において、当該新株に係る引受権（以下、「募集株式引受権」という）の全部または一部が会社法206条各号（募集株式の引受け）に掲げる者（当該同族会社の株主の親族等（親族その他相続税法施行令31条に定める特別の関係がある者をいう）に限る）に与えられ、当該募集株式引受権に基づき新株を取得したときは、原則として、当該株主の親族等が、当該募集株式引受権を当該株主から贈与によって取得したものとして取り扱うものとする。ただし、当該募集株式引受権が給与所得または退職所得として所得税の課税対象となる場合を除くものとする（相基通9-4）。

　株主として新株引受権を与えられた者が新株引受権を行使しなかったことにより当該新株引受権が当該株主の親族等（親族その他相続税法施

第2編　会計・税務編

行令31条に定める特別の関係がある者をいう）に与えられ、当該株主の親族等が新株引受権に係る新株を引き受けた場合は、当該新株引受権に係る権利行使をしなかった者からその親族等への贈与として取り扱われる。

（２）有利発行に係る税務上の取扱い

① 　１株当たり帳簿価額の修正

　金銭出資による増資が行われたとき、株主割当増資の場合で、かつ、失権株が発生しない場合であれば、課税関係が発生しない点についてはすでに説明した。ただし、課税関係が発生しない場合であっても、１株当たりの帳簿価額を修正する必要はある。なぜならば、新株式と旧株式の帳簿価額を平均化することによって、将来において譲渡がなされたときの両者の譲渡原価を同一にしておかないと、異なる譲渡損益が算定されてしまうという不都合が生じるためである。具体的には、次の算定式により１株当たりの帳簿価額を修正する。

$$\text{新旧１株当たりの帳簿価額} = \frac{\text{旧株１株の従前の帳簿価額} + \text{新株１株の払込金額} \times \text{旧株１株について取得した新株の数}}{1 + \text{旧株１株について取得した新株の数}}$$

設例 1

前提条件

割当の方法　　　旧株１株について0.5株の割当て
１株の帳簿価額　　　1,000円
１株当たりの払込金額　700円
従前の所有株式数　　　4000株

解　答

（１）１株当たりの帳簿価額＝（1,000円＋700円×0.5）÷（1＋0.5）
　　　　　　　　　　　　＝900円

（２）修正後の帳簿価額
　　900円×（4000株＋2000株）＝5,400,000円
（３）仕訳
　　投資有価証券（新）5,400,000　／　投資有価証券（旧）4,000,000
　　　　　　　　　　　　　　　　　　　現金　　　　　　　1,400,000

② 有利な払込金額とは

　税務上、「有利な払込金額」とは、その新株の価額を決定する日の現況における発行法人の株式の価額に比べて、社会通念上相当と認められる価額を下回る価額のことである（法基通2－3－7、所基通23～35共－7）。

　また、社会通念上相当と認められる価額を下回るかどうかは、株式の時価と発行する価額の差額が時価のおおむね10％相当額以上であるかどうかにより判定する（同通達の注1）。税務上、有利な価額であるかどうかについては、このおおむね10％相当額以上であるかどうかにより判定することになる。税法における有利発行かどうかの判定はこの通達の取扱いに即して行われるが、会社法における有利発行についての株主総会の特別決議（会社法199条3項、309条2項5号）があったかどうかは問わないものとされている。[注52]。

　なお、新株の価額を決定する日の現況における株式の時価とは、決定日の価額のみをいうのではなく、決定日前1ヵ月の平均株価等、発行する価額を決定するための基礎として相当と認められる価額をいう（同通達の注2）。

　税務上は、有利発行により取得した有価証券の取得価額は、有価証券の取得の時におけるその有価証券の取得のために通常要する価額（時価）であるとされ（法令119条1項4号）、時価相当額と実際の取得価額

───
（注52）小原一博編著「法人税基本通達逐条解説」税務研究会出版局、P223からP224。

との差額が受贈益として認識される。非上場会社の株式の時価算定については、原則として法人税基本通達4－1－5および4－1－6に準じて合理的に算定する（法基通2－3－9）。

ただし、資本関係、資金関係、取引関係、人的関係がない企業の新株引受けのように、利害の対立する純然たる第三者に対する割当ての場合は、通達に示された算定方法よりも、その会社の個別事情を考慮したより合理的評価が可能である場合には、あえてそのような合理的評価を用いることが適当な場合もある。通達に示された算定方法による評価とそのような合理的評価との間に一定の乖離がある場合には、例えば専門家等の第三者による「株式鑑定評価書」を入手することも検討する必要があるものと考えられる。この点については、次項の「（3）非上場会社株式の時価算定（214ページ）」において詳述する。

③ 有利発行における課税関係

新株を有利発行する場合は、課税関係に注意する必要がある。株主割当増資の場合、株主全員が新株引受権を行使して、持株割合に応じて新株の割当てを受ければ、たとえ有利な払込金額であったとしても、課税関係は生じない。ところが、株主のなかに新株引受権を行使しない者があったときに、権利行使をして有利な払込金額で新株の引受けを行った者が利益を享受することになる。

有価証券と引換えに払込みをした金銭の額および給付をした金銭以外の資産の価額の合計額が、その取得のときにおけるその有価証券の取得のために通常要する価額（＝時価）に比べて有利な金額である場合、その有価証券の取得価額は、その取得の時におけるその有価証券の取得のために通常要する価額（＝時価）とする（法令119条1項4号）。ただし、法人の株主等が株主等として金銭その他の資産の払込み等により取得をした当該法人の株式または新株予約権（当該法人の他の株主等に損害を及

ぼすおそれがないと認められる場合における当該株式または新株予約権に限る）を除く。

　要するに、払込期日における時価と払込金額との差額が、原則として受贈益として認識されることになる。払込期日における時価とは、増資前の時価ではなく、増資後の時価である点に留意する必要がある[注53]。また、新株の引受けに個人が有利な価額で応じて利益を享受した場合は、払込期日における時価から払込金額を控除した差額が収入金額とみなされ、原則として所得税の課税対象となる（所法36条2項、所令84条5号）。

　有利な払込金額により新株の発行を受け、新株を取得した場合であっても、「株主等として取得をしたもの」（当該法人の他の株主等に損害を及ぼすおそれがないと認められる場合における当該株式または新株予約権に限る）であるときは、取得価額を払込金額により計上すればよく、時価との差額相当額について課税を受けることはない。法人税法施行令119条1項4号（有利な価額で取得をした有価証券の取得価額）に規定する「他の株主等に損害を及ぼすおそれがないと認められる場合」とは、株主等である法人が有する株式の内容および数に応じて株式または新株予約権が平等に与えられ、かつ、その株主等とその内容の異なる株式を有する株主等との間においても経済的な衡平が維持される場合をいう（法基通2-3-8）。株主の持株割合に応じて、全員が権利行使した場合である。

　また、第三者割当増資の場合は、持株割合に変動が生じるのが通常であり、有利発行であれば、有利な価額で引き受けた者が経済的利益を享受することになる。

（注53）時価よりも有利な払込金額により増資後の時価に相当する価値の株式を取得したわけであるから、増資後の時価相当額から払込金額を控除した額が、享受した利益となる。その点、有利性の判定における基準とする時価は、払込金額を決定する日の現況における時価（増資前の時価）である点と異なる。一方、引受けに応じなかった既存の株主は、増資前の時価と増資後の時価との差額相当額（新株の有利発行による希薄化によって時価が下落している）について損失を被ったわけであるが、そのことを理由として旧株式の帳簿価額を減額して損金算入することは認められない。

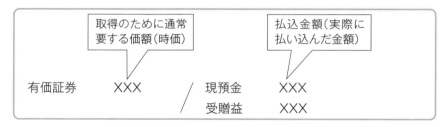

　法人の株主等が当該株主等として金銭の払込みをした場合（持株割合に応じて平等に引き受けた場合）で、法人の他の株主等に損害を及ぼすおそれがないと認められる場合は、払込金額が取得価額とされる。

④　高額発行における課税関係

　債務超過会社に対して増資の払込みを行うケースがあるが、時価よりも高い払込金額により割り当てる場合も少なくない。多いケースとしては、債務超過子会社の再建を支援する目的で親会社が増資の引受けを行う場合や、債務超過会社の再建を支援する目的で同族株主等が増資の引受けを行う場合がある。

　債務超過会社の再建目的であることが明確であり、支援するためにやむをえない事情により引受けに応じるケースでは、利益の移転を図る意図がないことが明らかである場合も考えられるため、時価と払込金額との差額を寄附金として認識することは必ずしも実情にそぐわない。

　債務超過の子会社等に対して行う増資の払込みは、増資後においてなお債務超過の状態が解消しないような増資払込みについては、赤字会社に対する一種の贈与（寄附金）であるという考え方がある。しかし、債務超過の赤字子会社に対する増資払込みについては、例えば親会社が子

会社等の再建を支援する等やむを得ない事情からこれを行うことがあり得るし、会社法上適法な増資払込みを直ちに寄附行為とする考え方は法律論として採り得ないものと考えられる(注54)。その考え方と整合性をとるために、法人税基本通達9－1－12は増資直後の評価損の計上は認めない旨の取扱いを示している。

会社の再建目的でない増資で、やむを得ない事情に基づかない高額払込みについては、寄附金認定される可能性があることは当然である。

法人税基本通達9－1－12（増資払込み後における株式の評価損）

> 株式（出資を含む。以下同じ）を有している法人が当該株式の発行法人の増資に係る新株を引き受けて払込みをした場合には、仮に当該発行法人が増資の直前において債務超過の状態にあり、かつ、その増資後においてなお債務超過の状態が解消していないとしても、その増資後における当該発行法人の株式については法人税法施行令68条1項2号ロ（上場有価証券等以外の有価証券の評価損の計上ができる事実）に掲げる事実はないものとする。
>
> ただし、その増資から相当の期間を経過した後において改めて当該事実が生じたと認められる場合には、この限りでない。

⑤ 課税所得区分の取扱い

新株の引受けに法人が有利な価額で応じて利益を享受した場合には、発行された新株の時価と払込金額との差額は、受贈益として認識される。新株の引受けに個人が有利な価額で応じて利益を享受した場合は、払込期日における時価から払込金額を控除した差額が収入金額とみなされ、原則として所得税の課税対象となる（所法36条2項、所令84条5号）。要するに、新株の発行会社から有利な価額で新株を引き受けることができる権利を与えられた場合は、その経済的利益が収入金額として課税対象になる（所令84条5号）。

(注54) 小原一博編著「法人税基本通達逐条解説」税務研究会出版局、P711。

所得税の課税対象となるときに、課税所得区分がどのようになるかであるが、原則として一時所得となる。ただし、当該発行法人の役員または使用人に対しその地位または職務等に関連して新株を取得する権利が与えられたと認められるときは給与所得とし、これらの者の退職に基因して新株を取得する権利が与えられたと認められるときは退職所得とされる（所基通23～35共－6(3)）。

　ただし、次のように、所得税ではなく贈与税の課税が優先して適用されるケースもある。

⑥　贈与税課税が生じるケース

　増資を有利発行で行う発行会社が同族会社であり、株主からその親族等に対して利益の移転が生じるときは、所得税課税ではなく贈与税課税の問題が生じうる。すなわち、同族会社において既存の株主と有利な価額で引き受けた引受人（親族等）との間で利益移転が生じる場合である。

　同族会社が新株を発行する場合において、次の①または②に該当するようなときには、原則として、新株を引き受けた者が、当該新株に係る引受権（以下「新株引受権」という）をそれぞれ次に掲げる者からの贈与によって取得したものとして取り扱うものとする。ただし、当該新株引受権が給与所得または退職所得として所得税の課税対象となる場合を除くものとする（相基通9－4）。

贈与税課税が生じるケース

贈与税課税される2つのケース	課税関係（誰から誰に対する贈与か）
① 株主割当増資の場合 　株主として新株引受権を与えられた者が当該新株引受権に係る新株の全部または一部の申込みまたは引受けをしなかったことにより当該新株引受権が当該株主の親族等（親族その他法施行令31条に定める特別の関係がある者をいう。以下同じ）に与えられ、当該株主の親族等が新株引受権に係る新株を引き受けた場合	新株の申込みまたは引受けをしなかった者→新株を引き受けた者への贈与
② 第三者割当増資の場合 　新株の全部または一部が当該法人の株主に与えられないで当該株主の親族等に与えられ、当該株主の親族等が当該新株を引き受けた場合	当該株主→新株を引き受けた者への贈与

　同族会社における新株発行は、取締役会決議ではなく株主総会の特別決議による承認が必要なケースが少なくないが、同族会社は株主が少数でしかも特定の同族株主グループで支配されていることから考えると、その特別決議による承認を得ることも容易であるし、またその承認手続がとられなかったからといって新株発行の差止請求などがなされることも極めて少ない。同族会社の新株発行で問題となるのは、株式の時価よりも払込金額が低く、その権利に経済的価値が生じる場合である。この新株発行は法人の行為として行われるものであるが、同族会社の場合にあっては、その新株引受権の利益が給与所得または退職所得として所得税の対象になるものを除き、その旧株主と新株主とが親族等の関係にあるときは、その含み益の移行について、個人間の贈与（利益を受けさせ、利益を受けたいという関係）があったものとして取り扱うという趣旨で

ある^(注55)。

　同族会社における新株の引受けに個人が応じた場合、それが有利な価額である場合に、発行された新株の時価と払込金額との差額は、その経済的実質が他の個人株主から親族等に対する利益移転であるときは、贈与の意図があったものとして認定され、原則として贈与税の課税関係が生じうる。ただし、新株引受権の贈与が、役員または従業員の職務執行の対価としての性格を有する場合は、給与所得または退職所得として所得税の課税対象となる場合もある（相基通9－4）。役員または従業員が有利な価額で引き受けた場合であっても、給与または退職金に代えて利益が与えられた場合が給与所得または退職所得となるのであって、それ以外の場合に贈与税課税となることが考えられる。

　また、贈与税の課税対象でもない、給与所得または退職所得として所得税の課税対象でもない利益に対しては、一時所得として所得税の課税対象であるとされている^(注56)。

⑦　贈与の額の計算方法

　同族会社における親族間の利益移転により、どの者からどの者に対していくらの金額の贈与があったかは、相続税法基本通達9－5（旧国税庁長官昭和34年直資10の61）に定める方法によるのが合理的であると判示されている^(注57)。次のとおりの計算方法である。

　誰からどれだけの数の募集株式引受権の贈与があったものとするかは、次の算式により計算するものとする。この場合において、その者の親族等が2人以上あるときは、当該親族等の1人ごとに計算するものとする（相基通9－5）。

（注55）加藤千博編「相続税法基本通達逐条解説」大蔵財務協会、P174からP175。
（注56）加藤千博編、前掲書、P175。
（注57）大阪高裁・昭和56年8月27日判決・税務訴訟資料No.120、P1424。

$$A \times \frac{C}{B} = その者の親族等から贈与により取得したものとする募集株式引受権数$$

算式中のA、BおよびCは、次のとおりである。

A：
他の株主または従業員と同じ条件により与えられる募集株式引受権の数を超えて与えられた者のその超える部分の募集株式引受権の数
B：
当該法人の株主または従業員が他の株主または従業員と同じ条件により与えられる募集株式引受権のうち、その者の取得した新株の数が、当該与えられる募集株式引受権の数に満たない数の総数
C：
Bの募集株式引受権の総数のうち、Aに掲げる者の親族等（親族等が2人以上あるときは、当該親族等の1人ごと）の占めているものの数

次の設例により、具体的な計算方法を確認するものとする。

設例 2

（有利な価額の新株引受権を）贈与により取得したものとする贈与額の計算（親族のみの場合）

前提条件

株主3名（株主A、株主B、株主C）からなる同族会社とする。株主A、B、Cは、親族関係である。

　　株主Aの所有株式数　　5,000株
　　株主Bの所有株式数　　3,000株
　　株主Cの所有株式数　　2,000株

　株主割当増資により新株発行を行う。新株発行の総数が5,000株（既存の株式1株に対して0.5株の発行）のため、株主Aに2,500株、株主Bに1,500株、株主Cに1,000株の新株引受権を付与した。株主Aは、特に合理

的な理由なく新株の引受けの申込みをしないで失権した（後継者である株主BおよびCに対する贈与の意思があったものとする）。株主Aが付与された新株引受権2,500株のうち1,500株を株主Bに、1,000株を株主Cに与えたとする。一方、株主Bおよび株主Cは、もともと付与された新株引受権および株主Aから取得した新株引受権について、申込みに応じてすべて割当てを受けたとする。どのような課税関係が生じうるか。

　　新株の時価（増資前）　1株当たり4,400円
　　新株の払込金額　　　　1株当たり200円

解答

　株主割当増資の形態をとっているが、有利な価額で引き受けることのできる権利が、株主Aから株主Bおよび株主Cに贈与されている。株主が平等に新株の引受けに応じていないため、株主間の利益移転が生じている。有利な払込金額で取得した株主Bおよび株主Cについては、株主Aからの贈与として、次のように計算した金額について贈与税の課税対象とされる（相基通9－5）。

（1）贈与により取得されたものとされる新株引受権の数の計算

　　株主Bが贈与を受けた株数　　1,500株×2,500株／2,500株＝1,500株
　　株主Cが贈与を受けた株数　　1,000株×2,500株／2,500株＝1,000株

（2）贈与により取得されたものとみなされる利益の額（みなし贈与の額）

　①　1株当たり新株引受権の価額

$$\frac{4,400円（増資前の1株当たり時価）+200円（1株当たり払込金額）×0.5（割当比率）}{1株+0.5株}$$

　　＝3,000円（増資後の1株当たり株式の時価）

　　3,000円（増資後の1株当たり株式の時価）－200円（払込金額）＝2,800円

　②　贈与により取得されたとみなされる利益の額

　　株主Bが贈与を受けた利益の額　　1,500株×2,800円＝4,200,000円
　　株主Cが贈与を受けた利益の額　　1,000株×2,800円＝2,800,000円

設例 3

（有利な価額の新株引受権を）贈与により取得したものとする贈与額の計算（親族以外の者が含まれている場合）

前提条件

甲社では増資を行うことになった。割当株数が各株主に対して平等ではなく、次のように各株主の既存の持株割合と異なる割当てを行う結果となった。

甲社の資本金は1,000万円、発行済株式総数は200,000株とする。増資前の株式の時価は1株当たり1,750円、払込金額は1株当たり100円とする。

また、株主はA、B、C、DおよびHとし、A、B、C、Dは親族等の関係にあるが、Hは取引先でありA、B、C、Dと親族等の関係にないものとする。

株主	増資前の持株数	引き受けた株数
A	100,000株	20,000株
B	40,000	45,000
C	20,000	25,000
D	25,000	8,500
H	15,000	1,500
合計	200,000株	100,000株

贈与税の対象となる金額および一時所得の収入金額となる金額は、どのように計算されるか。

解　答

（1）贈与により取得したものとされる新株引受権の数の計算

① 新株引受権の過不足数

株主	増資前の持株数	割当比率に基づく株数	引き受けた株数	過不足数
A	100,000株	50,000株	20,000株	△30,000株
B	40,000	20,000	45,000	25,000
C	20,000	10,000	25,000	15,000
D	25,000	12,500	8,500	△4,000
H	15,000	7,500	1,500	△6,000
合計	200,000株	100,000株	100,000株	0

既存の持株割合に対して、株主A、D、Hは少なく引き受け、株主B、Cが多く引き受けている。その結果、株主A、D、Hから株主B、Cへの利益移転が生じている。

② 贈与により取得されたものとされる新株引受権の数の計算

（ⅰ）株主Bが贈与により取得した新株引受権の数

（a）株主Aからの贈与により取得した数

$$25,000株 \times \frac{30,000株（A）}{30,000株（A）＋4,000株（D）＋6,000株（H）}$$
$$＝18,750株$$

（b）株主Dからの贈与により取得した数

$$25,000株 \times \frac{4,000株（D）}{30,000株（A）＋4,000株（D）＋6,000株（H）}$$
$$＝2,500株$$

（c）贈与により取得した新株引受権の合計数

18,750株＋2,500株＝21,250株

（ⅱ）株主Cが贈与により取得した新株引受権の数

（a）株主Aからの贈与により取得した数

$$15,000株 \times \frac{30,000株（A）}{30,000株（A）＋4,000株（D）＋6,000株（H）}$$
$$＝11,250株$$

（b）株主Dからの贈与により取得した数

$$15,000株 \times \frac{4,000株（D）}{30,000株（A）+4,000株（D）+6,000株（H）} = 1,500株$$

（c）贈与により取得した新株引受権の合計数

11,250株＋1,500株＝12,750株

(2) 贈与により取得されたとみなされる利益の額（みなし贈与の額）

（i）1株当たりの新株引受権の価額

$$\frac{1,750円（増資前の1株当たり時価）+100円（1株当たり払込金額）\times 0.5（割当比率）}{1株＋0.5株}$$

＝1,200円（増資後の1株当たり株式の時価）

1,200円（増資後の1株当たり株式の時価）－100円（払込金額）
＝1,100円

（ii）贈与により取得されたとみなされる利益の額

（a）株主Bが贈与を受けたとみなされる額

1,100円（新株引受権の価額）×21,250株＝23,375,000円

（b）株主Cが贈与を受けたとみなされる額

1,100円（新株引受権の価額）×12,750株＝14,025,000円

(3) 一時所得の収入金額とされる額

（i）株主Bの収入金額とされる額

$$25,000株 \times \frac{6,000株（H）}{30,000株（A）+4,000株（D）+6,000株（H）} = 3,750株$$

1,100円（新株引受権の価額）×3,750株＝4,125,000円

（ii）株主Cの収入金額とされる額

$$15,000株 \times \frac{6,000株（H）}{30,000株（A）+4,000株（D）+6,000株（H）} = 2,250株$$

1,100円（新株引受権の価額）×2,250株＝2,475,000円

〔**参考裁判例**〕

○ 会社の増資に当たり増資前の持株割合を超えて新株を引受けた場合、その新株引受権による利益相当額は相続税法9条所定のみなし贈与に該当するとされた事例

　　一般に、含み資産を有する会社が増資をすれば、旧株式の価額は増資額との割合に応じて稀釈され、新株式の価額が逆に増加することとなるため(注58)増資に当たり増資前の株式の割合に応じて新株の引受がなされなかったときは、右新株の全部または一部を引受けなかった者の財産が、旧株式の価額の稀釈に伴いそれだけ減少する反面、右割合を超えて新株を引受けた者の財産は、それだけ増加するから、後者は前者からその差額分の利益を取得したことと評価しうる。したがって、右利益を無償で取得すれば、相続税法9条所定の「みなし贈与」に該当すると解すべきである。(大阪高裁　昭56.8.27判決、税務訴訟資料120号386頁)

　　(注)　本件の第一審(神戸地裁　昭55.5.2判決、税務訴訟資料113号258頁、訟務月報26巻8号1424頁)も同旨。

○ 複数の親族から新株引受権の贈与があったとみなされる場合、そのいずれからどれだけの贈与があったかは、国税庁長官通達昭和34年直資10の61(現行：相続税法基本通達9-5)に定める方法によるのが合理的であるとされた事例

　　複数の親族から新株引受権の贈与があったとみなされる場合、そのいずれからどれだけの贈与があったかは、国税庁長官通達昭和34年直資10の61(現行：相続税法基本通達9-5)に定める方法(先のA×C／B)によるのが合理的である(同上裁判例)。

(3) 非上場会社株式の時価算定

　非上場会社株式の時価算定には困難を伴うことが多い。実務上は、法人税や所得税の通達に示された一定の考え方をベースにして算定するの

(注58) 額面株式制度があったときの事例であるため、含み資産を有する会社において時価よりも低い額面金額で新株発行した場合には、旧株式の価額は稀釈されるという意味である。

が基本である。法人税基本通達2-3-9（通常要する価額に比して有利な金額で新株等が発行された場合における有価証券の価額）は、次のようにケースごとに有利発行の場合における有価証券の時価についての取扱いを定めている。

有利発行の場合における有価証券の取得のために通常要する価額（時価）

(1) 新株が上場有価証券等の場合	新株が法人税法施行令119条の13第1号から3号まで（上場有価証券等の時価評価金額）に掲げる有価証券（以下、「上場有価証券等」）である場合、その新株の払込みまたは給付に係る期日（払込み又は給付の期間を定めたものにあっては、その払込みまたは給付をした日。以下、「払込期日」）における当該新株の法人税基本通達4-1-4本文前段（上場有価証券等の価額）に定める価額
(2) 旧株が上場有価証券等で、新株が上場有価証券等でない場合	旧株は上場有価証券等であるが、新株は上場有価証券等でない場合、新株の払込期日における旧株の法人税基本通達4-1-4本文前段に定める価額を基準として当該新株につき合理的に計算される価額
(3) (1)または(2)以外の場合	(1)または(2)以外の場合、その新株または出資の払込期日において当該新株につき法人税基本通達4-1-5および4-1-6（上場有価証券等以外の株式の価額）に準じて合理的に計算される当該払込期日の価額

法人税法施行令119条1項4号（有利発行により取得した有価証券の取得価額）に規定する有価証券の取得の時におけるその有価証券の取得のために通常要する価額は、次に掲げる場合の区分に応じ、それぞれ次による。

払込金額が、払込金額を定める時におけるその有価証券の取得のために通常要する価額（時価）に比べて有利な金額である場合、払込みにより取得をした有価証券の取得価額は、その有価証券の取得のために通常要する価額（時価）となる（法令119条1項4号）。その有価証券の取得の

ために通常要する価額（時価）は、上記の通達により算定される。

その場合に、時価と払込金額との差額は、原則として、受贈益として認識される。

以下、非上場会社株式の時価の算定方法について解説する。

① 原則的な方法

非上場会社株式の時価については、法人税基本通達4－1－5および4－1－6において、上場有価証券等以外の株式について法人税法25条3項（資産評定による評価益の益金算入）の規定を適用する場合において、民事再生法の規定による再生計画認可の決定があった時の当該株式の価額（時価）の算定について、また、所得税基本通達23～35共－9において、有利な価額により新株を取得する権利を与えられた場合の当該権利の時価の算定について、一定の方法が示されている。非上場会社株式の時価の算定方法についての一定の考え方を示したものであると考えられ、先に示した通達のとおり、新株の有利発行における有価証券の取得のために通常要する価額（時価）もこれに従うことになる（法基通2－3－9）。

法人税基本通達4－1－5の内容をフローチャートにまとめると次のようになる。

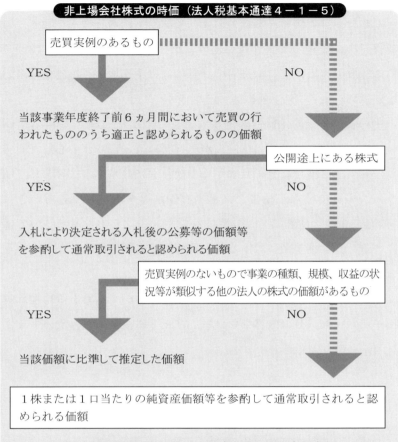

　非上場会社株式の場合、売買実例がないケースがほとんどであり、公開途上にあるケースも極めて限定的であり、また、類似会社比準価額を合理的に算定できないケースが多いため、その場合は、フローチャートの最後の「1株または1口当たりの純資産価額等を参酌して通常取引さ

れると認められる価額」を用いることになる。

　ただし、売買実例のあるものおよび公開途上にある株式を除き、一定の条件付で、課税上弊害がない限り、財産評価基本通達178～189－7に定める「取引相場のない株式」の評価の例により算定した価額を用いることが認められる（法基通4－1－6）。

　一定の条件とは、①財産評価基本通達179の例により算定する場合において、割当てを受ける当該法人が発行会社にとって「中心的な同族株主」に該当する場合、発行会社が「小会社」に該当するものとして取り扱う、②発行会社が土地または上場有価証券を所有しているときは、「1株あたり純資産価額」の計算にあたり、これらの資産については時価による、③評価差額に対する法人税額等相当額を控除しないという重要な内容であるので、留意する必要がある。

　また、個人から法人に対するみなし譲渡について定めた所得税基本通達23～35共－9の(4)の内容をフローチャートにまとめると次のようになる。

第1章 金銭出資の会計・税務

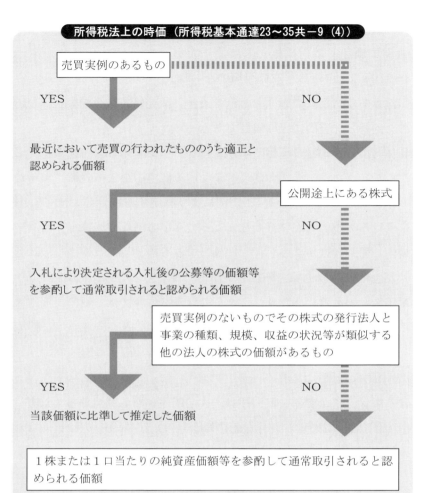

ただし、「1株または1口当たりの純資産価額等を参酌して通常取引されると認められる価額」とは、原則として、一定の条件付で（純資産価額の算定にあたり、発行会社の土地および上場有価証券を時価評価として算定するなど）財産評価基本通達を適用して算定するものとする（所基通59-6）。

所得税基本通達23〜35共-9の(4)ニに定める「1株または1口当たりの純資産価額」は、原則として、一定の条件付で財産評価基本通達178〜189-7に定める「取引相場のない株式」の評価の例により算定した価額である。ここでいう「一定の条件」は次のとおりであり、先に説明した内容と実質的にほぼ同様である。

　具体的には、①財産評価基本通達188の(1)に定める「同族株主」に該当するかどうかは、株式の割当てを受ける直前の議決権の数により判定する、②財産評価基本通達179の例により算定する場合において、割当てを受ける当該個人が発行会社にとって「中心的な同族株主」に該当する場合、発行会社が「小会社」に該当するものとして取り扱う、③発行会社が土地または上場有価証券を所有しているときは、「1株あたり純資産価額」の計算にあたり、これらの資産については時価による、④評価差額に対する法人税額等相当額を控除しない、という4つの条件である（所基通59-6）。

② 例外的な方法

　資本関係、資金関係、取引関係、人的関係がない純然たる第三者（独立した第三者）に対する新株発行の場合（例えばベンチャー・キャピタルがベンチャー企業に対して純粋なキャッピタルゲイン目的で出資する場合など）、払込金額の決定については、発行会社と引受先との間のぎりぎりの交渉のうえ決定され、恣意性が入る余地がない場合もある。そのような場合に、通達に示された算定方法よりも、その会社の個別事情を考慮したより合理的評価が可能である場合には、あえてそのような合理的評価を用いることが適当な場合もある。

　例えば、収益性が極めて高いベンチャー企業で、設立年数が浅い企業の場合、純資産価額方式を用いると実態よりも評価が明らかに低くなることが考えられる。その場合、収益還元方式を取り入れて評価した方が、

実態を反映したより合理的な評価が可能となることが考えられる。この場合、そのような評価に根拠が必要となるし、租税回避を目的とした恣意的な評価でないことを当然の前提とする必要がある。

一般的に株式の評価方法には、純資産価額方式、類似業種比準価額方式、類似会社比準価額方式、配当還元価額方式、収益還元価額方式などがあるが、その会社の特性や個別事情を踏まえて、適切な評価方法を選択する。あるいは、折衷方式により複数の評価方法を併用することが適当な場合も考えられる。

通達に示された算定方法に基づく評価とそのような合理的評価との間に一定の乖離がある場合には、例えば専門家等の第三者による「株式鑑定評価書」を入手することも検討する必要があるものと考えられる。この場合、発行会社から独立した立場にある専門家が適当と考えられ、例えば証券会社（株式の評価を専門に行う部門）、会計士・税理士等で株式の評価に通じた専門家、株式評価を専門に手がけるコンサルティング会社などが該当することになろう。

（4）利益移転の問題が生じないようにするための方策

① 債務超過解消に伴う利益移転の問題

株主割当増資の場合であっても、株主全員が新株の割当てに応じるとは限らない。その場合、時価よりも「有利な価額」で特定の株主が新株の引受けを行うと、既存の株主から引き受けた株主に対して利益の移転が発生し、課税関係が生じうる。また、第三者割当増資の場合については、「有利な価額」による引受けは利益移転の問題を生じさせる。特に、会社の再建目的で増資を行う場合には、特定のスポンサーが第三者割当増資に応じるケースが少なくないため、この利益移転に係る課税の問題をクリアする必要がある。

債務超過を解消する目的で行う増資については、特に注意が必要といえる。なぜならば、増資によって債務超過が解消するケースでは、引受けに応じなかった株主の株式の時価が増資前はゼロであったものが、増資によって価値のある株式になるわけであるから、いわば引受けに応じた新株主の経済的負担によって既存株主に利益が移転することを意味するからである(注59)。関係会社間で利益移転が生じるようなケースでは、特に注意が必要である。

ただし、そのような増資の引受けが会社再建目的であることが明白で、会社再建による株式価値の向上を期待した引受けであり、かつ、利益移転（贈与）の意思がないことが明らかな場合は、原則として課税関係が発生することはないものと考えられる。

② 減資の併用により問題は解決する

債務超過の解消による会社再建を図るうえで、このような株主間の不平等が内在すると、新たな増資資金の出資も得られにくくなる。そこで、減資により既存株主の経営責任を明確化し、そのうえで第三者割当増資による新規資金の調達を図る方法による会社再建を行うケースが少なくない。

極端なケースでは、100％減資を行い、既存の株主の株式の権利を消滅させ、同時に第三者割当増資を行う。あるいは、株式併合により既存の株主の持株数を減らしておき、第三者割当増資を行う。このようにすれば、減資によって発生したその他資本剰余金により、増資後の配当がしやすくなるし、既存の株主の持株数を減少させる（100％減資の場合はゼロにする）ことにより、新株主の持株割合を高めることが可能となる。そのようにすることで、スポンサーからの出資が受けやすくなる。

（注59）債務超過の解消による再建を前提として、第三者割当増資のときの払込金額は発行時の時価を上回る場合が少なくない。その場合、引受けに応じた株主の経済的負担に伴い、既存株主が利益を享受することになる。

また、債務超過の状態であり、株主の有する株式の価値は理論上ゼロであることから、100％減資によりいったん権利を消滅させることにより、株主間の利益移転を生じさせないようにすることができ、税務上の観点からも問題を生じさせない方法であるといえる。

第2章

現物出資の会計・税務

1 適格か非適格か

　税務上、適格現物出資に該当すれば、税務上の簿価での引継ぎが強制される。それに対して非適格の場合は、出資元法人については「現物出資資産の払込時の時価」を譲渡対価とする。現物出資により取得する株式の取得価額は、現物出資財産の価額（時価）と規定されているため（法令119条１項２号）、「現物出資資産の払込時の時価」と取得する株式の時価に差異があれば、寄附金認定の問題が生じうる。通常は取得する株式の時価は、「現物出資資産の払込時の時価」と一致させる。

　また、現物出資者が個人の場合は、受け入れた株式の時価を譲渡収入として取り扱われる。現物出資は、資産を提供して株式を取得する行為であるから、有償かつ双務契約的性質を有する譲渡であると解されているのである。

　適格現物出資に該当しない限り、現物出資者は、現物出資資産の払込時の時価と現物出資資産の帳簿価額の差額について譲渡損益を認識することになる。適格現物出資は、法人間の現物出資で①企業グループ内の現物出資または②共同事業を行うための現物出資で、適格要件を満たした現物出資に限られる。

　非適格現物出資の場合、現物出資を行う出資者側において、株式の取得価額は現物出資資産の価額（時価）であり（法令119条１項２号）、それと現物出資資産の帳簿価額との差額について譲渡損益が発生する。「第３編　応用編」の「第３章　デット・エクイティ・スワップ（債務の資本化）」において金銭債権の現物出資を券面額説に従った場合の取扱いについて説明するが、債権者である現物出資者は、株式をそのときの債権の時価で受け入れることとなるから（法令119条１項２号、法基通２-３-14）、現物出資する金銭債権に含み損があれば、債権の券面額（額面

金額）と株式の取得価額（＝債権の時価）との差額について損失が発生することとなる。その損失の損金性の問題については、「第３編　応用編」の「第３章　デット・エクイティ・スワップ（債務の資本化）」を参照されたい。

2　現物出資財産の評価の問題（金銭債権以外の一般財産について）

　現物出資において現物出資財産を過大評価または過少評価すると、原則として、課税関係が生じるため、注意が必要である。過大受入れの場合と過少受入れの場合に分けて、それぞれ税務上の取扱いを説明する。

(1) 過大受入れの場合

　現物出資資産の評価を過大に行うと、財産の裏づけのない新株発行が行われることとなり、会社の資本充実を害することとなる。また、他の株主や債権者の利益を害するおそれも生じる。したがって、一定の要件に該当する場合を除き、検査役の調査により評価の妥当性が厳格に検証される。したがって、過大受入れは、実際にはほとんどないが、かりに過大受入れと認定されたときは、税務上どのように取り扱われるかが問題となる。

　現物出資を受け入れる法人側については、適格現物出資を除いて、現物出資資産の時価相当額について資本金等の額を増加する（法令８条１項１号）。時価1,000万円の現物出資資産を3,000万円で過大受入れした場合であっても、出資を受け入れる法人側においては、時価相当額1,000万円の資本金等の額の増加を認識する。したがって、出資を受け入れた法人側において3,000万円の資本金等の額を認識していた場合には、1,000万円の増加として修正しなければならない。

```
法人の処理
    土地    3,000    /    資本金等の額    3,000
..............................................................
正しい処理
    土地    1,000    /    資本金等の額    1,000
```

　一方、出資した法人側においては、現物出資の対価として取得した株式の取得価額は、現物出資資産の時価と規定されているため（法令119条1項2号）、次の仕訳が正しい仕訳となる。

```
    株式    1,000    /    土地          ×××
                         土地譲渡益      ×××
```

　また、過大受入れをした場合、他の株主の株式の時価が低下し、旧株主から新株主に対して経済的利益が移転することとなる。株主持分の移転があったと認定され、その事実関係によっては贈与（寄附金）および受贈益として取り扱われる場合もある点に注意が必要である（法法25条の2第3項、37条8項、相法9条）。

　さらに、債権の現物出資のケースにおいて、不良債権を額面金額で資本金に計上した場合には、券面額説の考え方によって、会社法上は過大受入れとしては取り扱われないが、税務上の取扱いには留意が必要である。すなわち、平成18年度税制改正によって、債権の時価相当額と額面金額との差額が債務消滅差益として認識されることが明確化された。この点については、「第3編　応用編」の「第3章　デット・エクイティ・スワップ（債務の資本化）」を参照されたい。

(2) 過少受入れの場合

　現物出資資産の受入れが過少に行われた場合、税務上、受け入れた財産を時価で計上すべきこととなる。現物出資を受け入れた法人においては、受け入れる（借方）の現物出資資産は時価で計上し、資本金等の額の増加（貸方）も同額となる（法令8条1項1号）。

　出資を行った法人の側においては、適格現物出資を除いて、受け入れる株式の取得価額は現物出資資産の時価であり（法令119条1項2号）、現物出資資産の時価と帳簿価額との差額について譲渡損益が認識される。

　また、同族会社の株式の価額が、時価より著しく低い価額で現物出資があったことによって増加したときは、その株主がその株式の価額のうち増加した部分に相当する金額を、現物出資をした者から贈与により取得したものとして取り扱う（相基通9－2(2)）。すなわち、同族会社において、時価より著しく低い価額で現物出資があった場合、出資を行った個人から旧株主に対して経済的利益が移転したものと考えられるため、贈与税の課税関係が生じうる（相法9条）。

相続税法基本通達9－2（株式または出資の価額が増加した場合）

　同族会社（法人税法2条10号に規定する同族会社をいう。以下同じ）の株式または出資の価額が、例えば、次に掲げる場合に該当して増加したときにおいては、その株主または社員が当該株式または出資の価額のうち増加した部分に相当する金額を、それぞれ次に掲げる者から贈与によって取得したものとして取り扱うものとする。この場合における贈与による財産の取得の時期は、財産の提供があった時、債務の免除があった時または財産の譲渡があった時によるものとする。
(1) 会社に対し無償で財産の提供があった場合　当該財産を提供した者
(2) 時価より著しく低い価額で現物出資があった場合　当該現物出資をした者

（3）対価を受けないで会社の債務の免除、引受けまたは弁済があった場合　当該債務の免除、引受けまたは弁済をした者
（4）会社に対し時価より著しく低い価額の対価で財産の譲渡をした場合　当該財産の譲渡をした者

設例 4

前提条件

　当社は、社長とその親族を株主とする同族会社であり、社長が個人所有の土地を現物出資した。そのとき土地を評価したうえで、受入価額を1,000万円とした。ところが、時価は3,000万円であり、過少受入れであると認定された。このとき税務上はどのように処理することとなるか。

解答

　税務上は、現物出資資産の時価について資本金等の額の増加を認識する。

土地　　　3,000　　　／　　　資本金等の額　　　3,000

　このとき、社長は、譲渡収入3,000万円とする法人に対する土地の譲渡について、譲渡所得課税が行われる。また、時価3,000万円の土地の現物出資に対して、時価1,000万円の株式しか取得していない場合には、他の株主（親族）の株式の価値が上昇する結果となるため、社長から他の株主に対して経済的利益の移転が行われたものとして、贈与税の課税関係が生じる。

第3章

無償増資の会計・税務

1 剰余金の資本組入れに係る会計・税務

　会社法施行日以後は、剰余金または準備金の資本組入れを行う場合は、その他資本剰余金または資本準備金の資本組入れはできるが、その他利益剰余金または利益準備金の資本組入れはできないものとされていた。しかし、平成21年3月27日付の会社計算規則改正により、その他利益剰余金または利益準備金の資本組入れができることとされた。

　会社法施行時の会社計算規則では、剰余金から資本金に組み入れる場合はその他資本剰余金に限る旨の規定（旧計算規則48条1項2号）、また、準備金から資本金に組み入れる場合は資本準備金に限る旨の規定（旧計算規則48条1項1号）が置かれていたため、その他利益剰余金または利益準備金から資本金に組み入れることはできなかったわけあるが、それらの限定する旨の規定が削除されたため、できるものと改められた（計算規則25条1項1号、2号）。

　もともと「自己株式及び準備金の額の減少等に関する会計基準」は、資本剰余金と利益剰余金との間の混同、すなわち剰余金間の混同を禁じるものであって、資本金と剰余金との間にまで規制を及ぼす趣旨ではなかったと解されることと、中小企業からの要望に応えたというのが改正理由のようである。

(1) 会計処理

　剰余金を資本金に組み入れた場合の会計処理であるが、その他資本剰余金からの組入れの場合とその他利益剰余金（繰越利益剰余金）からの組入れの場合を区別する必要がある。

① その他資本剰余金からの組入れ

　その他資本剰余金を資本金に組み入れる場合、株主総会の決議をもっ

て組入れを行う。「第1編　法務編」の「第1章　増資の法務」の「Ⅰ　増資の手続」の「6　増資の手続（その4　無償増資）」で解説したように、株主総会の決議において、剰余金の減少額および効力発生日を定める必要があるが（会社法450条1項、2項）、その効力発生日に次の会計処理を行う。この場合、もちろん株主総会の決議の日と同一の日を効力発生日として定めることもできる。

```
その他資本剰余金　　×××　　／　　資本金　　×××
```

効力発生日に剰余金の額が減少し、資本金の額が増加するため、貸借対照表に反映されるのは、その効力発生日以後に到来する決算期に係る貸借対照表である。すなわち、貸借対照表上のその他資本剰余金の額がその金額だけ減少し、同額の資本金が増加した形となる。

② その他利益剰余金からの組入れ

その他利益剰余金（繰越利益剰余金）を資本金に組み入れる場合、その他資本剰余金の場合と同様に、株主総会の決議をもって組入れを行う。「第1編　法務編」の「第1章　増資の法務」の「Ⅰ　増資の手続」の「6　増資の手続（その4　無償増資）」で解説したように、株主総会の決議において、剰余金の減少額および効力発生日を定める必要があるが（会社法450条1項、2項）、その効力発生日に次の会計処理を行う。この場合、もちろん株主総会の決議の日と同一の日を効力発生日として定めることもできる。

```
その他利益剰余金（繰越利益剰余金）　×××　　／　　資本金　　×××
```

(2) 税務処理（法人税）

① 資本金等の額に変動は生じない

　剰余金の資本組入れに係る税務上の取扱いは、次のようになる。剰余金の資本組入れを行った場合は、資本金が増加する一方において同額の資本金等の額が減少するため（法令8条1項13号）、資本金等の額に変動は生じない。資本金等の額が変わらないのは、実際に株主からの金銭等の拠出がないからである。

　剰余金の資本組入れを行った場合、資本金等の額に変動は生じないし、当然に利益積立金額についても変動は生じない。結果として、税務上は、何もなかったものとして取り扱われ、仕訳なしである。

(ⅰ) 資本剰余金からの資本組入れ

　　株主総会決議により、その他資本剰余金300を資本金に組み入れたものとする。

　　《会計上の仕訳》

　　　その他資本剰余金　300　／　資本金　　300

　　《税務上の仕訳》

　　　なし

　別表五（一）の「Ⅱ　資本金等の額の計算に関する明細書」において、次のように記載する。

別表五（一）利益積立金額および資本金等の額の計算に関する明細書

Ⅱ　資本金等の額の計算に関する明細書				
区　　分	期首現在資本金等の額	当期の増減		差引翌期首現在資本金等の額
		減	増	
資本金または出資金	×××		300	×××

資本準備金				
その他資本剰余金	×××	300		×××
差引合計額				

(注) 同じ資本金等の額であるその他資本剰余金から資本金への組入れであり、資本金等の額は変動しない。

(ⅱ) 利益剰余金からの資本組入れ

《会計上の仕訳》

　　その他利益剰余金　　300　／　資本金　　300

　（繰越利益剰余金）

《税務上の仕訳》

　　なし

別表五（一）において、次のように記載する。

別表五（一）　利益積立金額および資本金等の額の計算に関する明細書

	Ⅰ　利益積立金額の計算に関する明細書			
区　分	期首現在利益積立金額	当期の増減		差引翌期首現在利益積立金額 ①－②＋③
		減	増	
	①	②	③	④
利益準備金				
積立金				
資本金等の額			300	300
繰越損益金	×××	300	××	××

（注）会計上繰越利益剰余金のマイナスが認識され、繰越損益金の欄もそれに合わせて300減少するが、税務上は利益積立金額と資本金等の額との間の振替調整（プラス・マイナス300）を入れることにより、利益積立金額に変動が生じていないことが表される。区分欄には、振替相手（この場合、資本金等の額）を記載する。

区　　分	期首現在資本金等の額	当期の増減 減	当期の増減 増	差引翌期首現在資本金等の額
Ⅱ　資本金等の額の計算に関する明細書					

区　　分	期首現在資本金等の額	減	増	差引翌期首現在資本金等の額
資本金または出資金	×××		300	×××
資本準備金				
利益積立金額			△300	△300

（注）利益積立金額との間でプラス・マイナス300の振替調整が入ることにより、資本金等の額に変動が生じないことが表される。

② 税務上の効力発生日について

　剰余金の資本組入れによる増資は、株主総会の決議で定めた効力発生日に効力が生ずるため、剰余金の資本組入れによる資本金の増加の日は、その組入れに関する株主総会の決議で定めた効力発生日となる。ただし、税務上は、資本金等の額も利益積立金額もともに変動しない。

　この点については、剰余金の配当を行った場合の利益積立金額の減額の時期に関する考え方と同様である。剰余金の配当を行った場合、例えば利益剰余金からの配当の場合に利益積立金額が減額される時期は、株主総会で定めた剰余金の配当の効力発生日となる。ただし、平成18年度税制改正では、特定同族会社の留保金課税における留保所得金額の計算に関してのみ、配当の基準日において留保所得金額から支払われたものとして取り扱うものとされている（法法67条4項）。特定同族会社の留保金課税における留保所得金額の計算は例外扱いであって、その他の原則は効力発生日基準である。

(3) 税務処理（地方税）

　平成27年度税制改正により、法人住民税均等割の税率区分の基準となる額の算定上、平成22年4月1日以後に、会社法446条に規定する剰余金（同法447条または448条の規定により資本金の額または資本準備金の額を減少し、剰余金として計上したものを除き、総務省令で定めるものに限る）を同法450条の規定により資本金とし、または同法448条1項2号の規定により利益準備金の額の全部もしくは一部を資本金とした金額を加算するものと規定された。平成27年4月1日以後に開始する事業年度について適用される。

法人住民税均等割の税率区分の基準となる額の算定上加算すべき金額
○平成22年4月1日以後に行われた無償増資の額
（会計上の仕訳）
その他利益剰余金／資本金
または
利益準備金／資本金

　その他利益剰余金（繰越利益剰余金）または利益準備金を資本金に組み入れても法人税法上の資本金等の額は変わらないが、法人住民税均等割の税率区分の基準となる額の算定上は、当該額を加算しなければならない。この改正によって、均等割の負担が増加する法人が生じることになった。

設例 5

ケーススタディ　無償増資

前提条件

当社は、特定建設業の許可の関係で(注60)、資本金の額を2,000万円にする増資を行った。ただし、払い込む金銭等が用意できなかったため、その他利益剰余金から資本金への組入れによる、いわゆる「無償増資」により行った。会計処理、法人税法の処理および地方税法の処理を示しなさい。

会計上の貸借対照表（無償増資の前）（単位：万円）

資産	6,000	負債	1,500
		資本金	1,000
		利益剰余金	3,500

会計上の貸借対照表（無償増資の後）（単位：万円）

資産	6,000	負債	1,500
		資本金	2,000
		利益剰余金	2,500

解答

1. 会計処理

会計上は、利益剰余金の減少と資本金の増加を認識する。無償増資の効力発生日以後に到来する決算期における貸借対照表は、上記のとおり、資本金は増加後の金額で、利益剰余金は減少後の金額で表示される。

　その他利益剰余金　　1,000　／　資本金　　1,000

（注60）特定建設業の許可基準のうちの財産的基礎要件として、資本金2,000万円以上かつ自己資本4,000万円以上という要件が置かれている。なお、特定建設業とは発注者から直接請け負った1件の工事について、下請け代金の額（下請け契約が2つ以上あるときはその総額）が3,000万円以上（建築一式工事の場合は4,500万円以上）となる建設工事を施工するときに必要となる許可をいう。

2. 法人税の処理

利益剰余金の資本金への組入れを行った場合でも、株主からの払込みは何もないため、法人税法上は何もなかったものとして取り扱われる。資本金等の額も利益積立金額も変動しない。

仕訳なし

法人税申告書の別表の記載は、次のようになる。

別表五（一）　利益積立金額および資本金等の額の計算に関する明細書

区　　分	Ⅰ　利益積立金額の計算に関する明細書			
	期首現在利益積立金額	当期の増減		差引翌期首現在利益積立金額 ①−②+③
		減	増	
	①	②	③	④
利益準備金				
資本金等の額			1,000	1,000
繰越損益金	3,500	1,000	✕✕	✕✕✕

（注）会計上は、繰越利益剰余金の減少を認識するので、繰越損益金の減少欄に1,000を記載するが、税務上は利益積立金額と資本金等の額との間の振替調整（プラス・マイナス1,000）を入れることにより、利益積立金額に変動がないことを表す。

区　　分	Ⅱ　資本金等の額の計算に関する明細書			
	期首現在資本金等の額	当期の増減		差引翌期首現在資本金等の額
		減	増	
資本金または出資金	1,000		1,000	2,000
資本準備金				
利益積立金額			△1,000	△1,000

（注）利益積立金額との間でプラス・マイナス1,000の振替調整が入ることによって、資本金等の額に変動が生じないことが表される。

3. 地方税の処理

平成27年度税制改正により、平成22年4月1日以後に行われた無償増資の額について、法人住民税均等割の税率区分の基準となる額の算定上、加算しなければならないとされた。この結果、法人税法上の資本金等の額は変わらないが、法人住民税均等割の税率区分の基準となる額の算定上は加算する必要がある。

無償増資前の資本金等の額が、会計上の資本金と同じ1,000万円であったと仮定すると、法人住民税均等割の税率区分の基準となる額は2,000万円（1,000万円＋1,000万円）となる。均等割の負担が上がることになる。

なお、本加算規定についての詳しい内容は、「第5章　剰余金の配当を伴わない減資（無償減資）の会計・税務」の「3　平成27年度税制改正による地方税法の均等割に係る改正」の「（1）無償増減資等に係る加減算規定の創設」の箇所を参照されたい。

2　準備金の資本組入れに係る会計・税務

（1）会計処理

準備金の額を減少して、その全部または一部を資本金に組み入れることができる。準備金の減少額の一部を資本金に組み入れた場合は、残額は剰余金に組み入れられる。準備金の全部または一部を資本金に組み入れる場合は、その旨と資本金に組み入れる額および効力発生日を定めて決議しなければならない（会社法448条1項）。すなわち、準備金の減少に係る株主総会の決議において、①減少する準備金の額、②準備金の全部または一部を資本金とする旨と資本金とする額、③効力発生日の3つを定めて決議することによって、可能である。

また、準備金の額を減少して、その全部または一部を資本金とする場合は、平成21年3月27日付の会社計算規則の改正により、資本準備金か

らのみでなく、利益準備金からの組入れも可能となった（計算規則25条1項1号）。

① 資本準備金からの組入れ

資本準備金を資本金に組み入れた場合、株主総会の決議で定めた効力発生日に次の会計処理を行う。

```
資本準備金　×××　／　資本金　×××
```

株主総会の決議で定めた効力発生日において効力が発生するが、それは期中の一定の日であり、その後最初に到来する決算期の貸借対照表および株主資本等変動計算書に反映される。

② 利益準備金からの組入れ

利益準備金を資本金に組み入れた場合、株主総会の決議で定めた効力発生日に次の会計処理を行う。

```
利益準備金　×××　／　資本金　×××
```

株主総会の決議で定めた効力発生日において効力が発生するが、それは期中の一定の日であり、その後最初に到来する決算期の貸借対照表および株主資本等変動計算書に反映される。

（2）税務処理

① 資本金等の額に変動は生じない

準備金の資本組入れを行った場合は、資本金が増加する一方において同額の資本金等の額が減少するため（法令8条1項13号）、資本金等の額に変動は生じない。資本金等の額が変わらないのは、実際に株主からの金銭等の拠出がないからである。

準備金の資本組入れを行った場合、資本金等の額に変動は生じないし、利益積立金額についても当然に変動は生じない。結果として、税務上は、何もなかったものとして取り扱われ、仕訳なしである。

(ⅰ) 資本準備金からの資本組入れ

株主総会決議により、資本準備金300を資本金に組み入れたものとする。

《会計上の仕訳》

資本準備金　300　／　資本金　　300

《税務上の仕訳》

なし

別表五（一）の「Ⅱ　資本金等の額の計算に関する明細書」において、次のように記載する。

別表五（一）利益積立金額および資本金等の額の計算に関する明細書

区分	期首現在資本金等の額	当期の増減		差引翌期首現在資本金等の額
		減	増	
Ⅱ　資本金等の額の計算に関する明細書				
資本金または出資金	×××		300	×××
資本準備金	×××	300		×××
差引合計額				

(注) 同じ資本金等の額である資本準備金から資本金への組入れであり、資本金等の額は変動しない。

(ⅱ) 利益準備金からの資本組入れ

《会計上の仕訳》

利益準備金300　／　資本金　　300

《税務上の仕訳》

なし

別表五（一）において、次のように記載する。

別表五（一）　利益積立金額および資本金等の額の計算に関する明細書

I　利益積立金額の計算に関する明細書			
区　　分	期首現在利益積立金額	当期の増減		差引翌期首現在利益積立金額 ①－②＋③
	①	減　②	増　③	④
利益準備金	×××	300		
積立金				
資本金等の額			300	

（注）会計上利益準備金のマイナスが認識され、利益準備金の欄もそれに合わせて300減少するが、税務上は利益積立金額と資本金等の額との間の振替調整（プラス・マイナス300）を入れることにより、利益積立金額に変動が生じていないことが表される。区分欄には、振替相手（この場合、資本金等の額）を記載する。

II　資本金等の額の計算に関する明細書				
区　　分	期首現在資本金等の額	当期の増減		差引翌期首現在資本金等の額
		減	増	
資本金または出資金	×××		300	×××
資本準備金				
利益積立金額			△300	△300

（注）利益積立金額との間でプラス・マイナス300の振替調整が入ることにより、資本金等の額に変動が生じないことが表される。

② 税務上の効力発生日について

　準備金の資本組入れによる増資は、株主総会の決議で定めた効力発生

日に効力が生ずるため、資本金の増加の日は、その組入れに関する株主総会の決議で定めた効力発生日となる。ただし、税務上は、資本金等の額も利益積立金額もともに変動しない。この点は、剰余金の資本組入れと同様である。

　平成27年度税制改正により、法人住民税均等割の税率区分の基準となる額の算定上、平成22年4月1日以後に、会社法446条に規定する剰余金（同法447条または448条の規定により資本金の額または資本準備金の額を減少し、剰余金として計上したものを除き、総務省令で定めるものに限る）を同法450条の規定により資本金とし、または同法448条1項2号の規定により利益準備金の額の全部もしくは一部を資本金とした金額を加算するものと規定された。平成27年4月1日以後に開始する事業年度について適用される。

　利益準備金を資本金に組み入れても法人税法上の資本金等の額は変わらないが、法人住民税均等割の税率区分の基準となる額の算定上は、当該額を加算しなければならない。この改正によって、均等割の負担が増加する法人が生じることになった。詳しくは、「第5章　剰余金の配当を伴わない減資（無償減資）の会計・税務」の「3　平成27年度税制改正による地方税法の均等割に係る改正」の「（1）無償増減資等に係る加減算規定の創設」の箇所を参照されたい。

第4章

新株予約権および新株予約権付社債の会計・税務

1 新株予約権の会計処理

(1) 発行会社の会計処理

　新株予約権の行使があった場合には、資本金等増加限度額（株主となる者が会社に対して払込みまたは給付をした財産の額をいう）は、行使時における新株予約権の帳簿価額と払込みを受けた金銭の金額（現物財産の場合は、財産の行使時の価額）の合計額である（計算規則17条1項1号から3号）。ただし、新株予約権の行使に応じて行う株式の交付に係る費用の額のうち、会社が資本金等増加限度額から減ずるべき額と定めた額があれば、マイナスする（同項4号）(注61)。

　発行された新株予約権は、権利行使または消却されるまで、純資産の部に表示され、権利行使された場合は、新株予約権の帳簿価額と権利行使に際して払込みを受けた金銭の金額の合計額を資本金（または資本金および資本準備金）に計上する。

　新株予約権および新株予約権付社債に係る会計処理の取扱いについては、企業会計基準委員会から、企業会計基準適用指針第17号「払込資本を増加させる可能性のある部分を含む複合金融商品に関する会計処理」が公表されている。

　第1に、新株予約権が権利行使されたときに、新株を発行する場合の会計処理は、当該新株予約権の発行に伴う払込金額（会社法238条1項3

（注61）この点は、会社の設立時の資本金（または資本金および資本準備金）の計上額を定めるにあたって、金銭の払込金額（または現物出資の場合の給付の価額）から設立費用をマイナスすると定めることができ、そのように定めた場合は、マイナスした額が資本金の計上額となる取扱い（会社計算規則43条1項）と平仄を合わせている。ただし、企業会計基準委員会「繰延資産の会計処理に関する当面の取扱い」では、そのような設立費用や株式交付費は資本控除できない（原則として費用処理するが、繰延資産として計上し一定の償却を行う処理も認められる）とされているため、実務上は控除できない。

号）と新株予約権の行使に伴う払込金額（会社法236条1項第2号）を、資本金または資本金および資本準備金に振り替える。

第2に、新株予約権が行使され、自己株式を処分する場合の自己株式処分差額の会計処理は、自己株式を募集株式の発行等の手続により処分する場合に準じて取り扱う（企業会計基準第1号「自己株式及び準備金の額の減少等に関する会計基準」（最終改正平成27年3月26日）（以下「自己株式等会計基準」という。）9項、10項、12項）。そのときの自己株式処分差額を計算する際の自己株式の処分の対価は、当該新株予約権の発行に伴う払込金額と新株予約権の行使に伴う払込金額との合計額とする。新株予約権が行使されずに権利行使期間が満了し、当該新株予約権が失効したときは、当該失効に対応する額を失効が確定した会計期間の利益（原則として特別利益）として処理する。

第3に、会社法では、自己新株予約権が明文化されたが、それに対応した会計処理の取扱いは、次のように示されている。すなわち、自己新株予約権の取得時は、取得した自己新株予約権の時価（取得した自己新株予約権の時価よりも支払対価の時価の方が、より高い信頼性をもって測定可能な場合には、支払対価の時価）に取得時の付随費用を加算して取得価額を算定する。また、保有時は、取得原価による帳簿価額を、純資産の部の新株予約権から原則として直接控除する。なお、原則として、取得時には損益を計上せず、消却時または処分時に損益を計上する。

（2）取得者側の会計処理

新株予約権は有価証券（金融商品取引法第2条1項9号）であり、新株予約権の取得は有価証券の取得として処理する。取得した新株予約権については、金融商品会計基準が適用される。したがって、新株予約権は、取得時に時価で測定し、保有目的の区分に応じて、売買目的有価証券ま

たはその他有価証券として会計処理する。

　時価の算定については、新株予約権が株式に対するコール・オプションとしての性格を有するため、デリバティブ取引に対する評価方法に準じて行うことが適当と考えられる。

　また、新株予約権を権利行使し、発行会社の株式を取得したときは、当該新株予約権の保有目的区分に応じて、売買目的有価証券の場合には権利行使時の時価で、その他有価証券の場合には帳簿価額で株式に振り替える。有価証券である新株予約権から同じ有価証券である株式への振替となる。

2 新株予約権付社債（転換社債型）の会計処理

（1）発行会社の会計処理

　会社法の規定に基づき発行された転換社債型新株予約権付社債[注62]は、従来の転換社債と経済的実質が同一であると考えられるため、一括法により会計処理することが認められる。一括法を採用した場合には、転換社債型新株予約権付社債の発行に伴う払込金額を、社債の対価部分と新株予約権の対価部分に区分せず、普通社債の発行に準じて処理する。

　発行時に一括法を採用している転換社債型新株予約権付社債に係る新株予約権が行使され、新株を発行する場合は、当該転換社債型新株予約権付社債の帳簿価額を、資本金（または資本金および資本準備金）に振り替える処理を行う。なお、新株予約権が行使されたときには、損益は生じない。

（注62）募集事項において、社債と新株予約権がそれぞれ単独で存在し得ないこと、および新株予約権が付された社債を新株予約権の権利行使時における出資の目的とすること（会社法236条1項2号および3号）をあらかじめ明確にしている新株予約権付社債であって、会社法の規定に基づき発行されたものをいう。

また、一括法によらないで、区分法を採用することもできる。その場合は、転換社債型新株予約権付社債における社債の対価部分と新株予約権の対価部分に区分したうえで、社債の対価部分は、普通社債の発行に準じて処理し、新株予約権の対価部分は、新株予約権の発行者側の会計処理に準じて処理する。発行時に区分法を採用している場合の権利行使時の会計処理は、次のように行う。すなわち、転換社債型新株予約権付社債における社債の対価部分（帳簿価額）と新株予約権の対価部分（帳簿価額）の合計額を、資本金（または資本金および資本準備金）に振り替える。新株予約権が行使されたときに損益が生じない点は、一括法の場合と同様である。

なお、会社法に基づき発行された外貨建転換社債型新株予約権付社債の発行者側の会計処理は、次のように行う。

外貨建転換社債型新株予約権付社債の発行者側の会計処理

取引時点	会計処理
発行時	発行時の円貨への換算は、発行時の為替相場による。
決算時	決算時の円貨への換算は、決算時の為替相場による。また、決算時の換算によって生じた換算差額は、当期の為替差損益として処理する。
新株予約権行使時	新株予約権行使時に資本金（または資本金および資本準備金）に振り替える額の円貨への換算は、当該権利行使時の為替相場による。また、権利行使時の換算によって生じた換算差額は、当該権利行使時の属する会計期間の為替差損益として処理する。

（2）取得者側の会計処理

取得者側の会計処理については、一括法を適用する。すなわち、転換社債型新株予約権付社債の取得価額は、社債の対価部分と新株予約権の対価部分に区分しないで、普通社債の取得に準じて処理し、権利を行使

したときは株式に振り替える。

　従来の転換社債については、転換権が行使されると社債は消滅し、社債の償還権と転換権が同時に各々存在し得ないことから、それぞれの部分を区分して処理する必要性は乏しいとされていたが（金融商品会計意見書Ⅲ七１）、この考え方が従来の転換社債と経済的実質が同一である会社法における転換社債型新株予約権付社債に承継されている。

設例6

転換社債型新株予約権付社債の会計処理（一括法によった場合）

前提条件

　甲社は、転換社債型新株予約権付社債をＸ１年４月１日に発行した。社債の額面金額4,000に対して払込金額が3,500の割引発行であるとする。また、償還期限はＸ11年３月31日である。この新株予約権付社債についてＸ２年３月31日に権利行使が行われ、社債は全額償還され、償還額は新株予約権行使時の払込金額に充当された。

　一括法の会計処理を前提として、新株予約権付社債の発行時の会計処理と、社債金額の全額を資本金に組み入れるものとした場合の権利行使時の会計処理を示しなさい。

解答

1. 発行時

　　一括法であるから、社債の対価部分と新株予約権の対価部分に区分せず、普通社債の発行に準じて処理する。社債の発行時において、社債は払込金額により計上する。

　　現預金　　　　　　　　3,500　　／　　社債　　　3,500

　　（注）金融商品会計基準では、社債発行差金は廃止されており、社債を払込金額により計上する。

2. 権利行使時

　　社債の券面額4,000と計上価額3,500との差額500について、10年で均等に社債利息の計上を行う。１年経過したＸ２年３月31日に、そのと

きの社債の帳簿価額により資本金への計上を行う。

社債利息	50	/	社債	50	
社債	3,550	/	資本金	3,550	

3 新株予約権付社債（転換社債型以外）の会計処理

（1）発行会社の会計処理

　転換社債型新株予約権付社債以外の新株予約権付社債については、区分法の適用が強制される。すなわち、その発行に伴う払込金額は、社債の対価部分と新株予約権の対価部分に区分しなければならない。社債の対価部分は、普通社債の発行に準じて処理し、新株予約権の対価部分は、新株予約権の発行者側の会計処理に準じて処理する。

　また、新株予約権が行使されたときの会計処理については、転換社債型新株予約権付社債の発行時に区分法を採用している場合に準じて処理する。すなわち、社債の対価部分（帳簿価額）と新株予約権の対価部分（帳簿価額）の合計額を、資本金（または資本金および資本準備金）に振り替える処理を行う。

（2）取得者側の会計処理

　取得者側の会計処理についても、発行会社側と同様に、区分法が適用される。すなわち、転換社債型新株予約権付社債以外の新株予約権付社債の取得価額は、社債の対価部分と新株予約権の対価部分に区分しなければならない。社債の対価部分は、普通社債の取得に準じて処理し、新株予約権の対価部分は、新株予約権の取得者側の会計処理に準じて処理する。

4 新株予約権の税務

(1) 発行会社の税務

　新株予約権の発行時には、払込金額により純資産の部に計上し、権利行使が行われたときに、権利行使の際に払い込むべき金額と併せて資本金（または資本金および資本準備金）に振り替えられる。すなわち、新株予約権の発行は、新株の発行に準ずる行為であると考えられ、新株予約権の払込金額について新株予約権を認識する。また、権利行使された場合は、権利行使の際に払い込むべき金額（払込金銭の額）と新株予約権の直前の帳簿価額の合計額について、資本金等の額を増加する（法令8条1項1号）。したがって、それは資本等取引にほかならず、そこでは損益は発生せず、税務上も課税所得には影響がない。

　新株予約権の権利行使時に新株発行を行わないで、自己株式を交付するケースについても、それが資本等取引であることは明らかである。すなわち、新株予約権の権利行使に際して自己株式を交付するときは、払込金銭の額（権利行使価額）と新株予約権の直前の帳簿価額の合計額について、資本金等の額を増加する（法令8条1項2号）。

　新株予約権が権利確定後において消滅した場合には、会計上は新株予約権戻入益が計上されるが、税務上は新株予約権の付与時に損金の額に算入されていないため、この利益の額は益金の額に算入されない（法法54条の2第3項）。ただし、この取扱いは、法人税法54条の2第2項に規定する給与等課税事由が生じない場合に適用され、これ以外の事由により消滅した場合のその消滅による利益の額は、益金の額に算入されることになる。結果的に、税制適格ストック・オプションのように給与等課税事由が生じない場合だけでなく、税制非適格ストック・オプションで

権利行使されないで失効した場合（このとき給与等課税事由が生じない）の戻入益も益金不算入となる。

新株予約権の発行会社に係る税務

発行会社における取引	税務上の取扱い
新株予約権の発行	新株予約権の発行は、新株発行に準ずる行為ととらえられ、資本等取引に該当する
新株予約権の権利行使時に新株を発行	資本金等の額の増加を生じる取引であり、資本等取引に該当する（法令8条1項1号）
新株予約権の権利行使時に、新株の発行に代えて自己株式を交付	資本金等の額の増加を生じる取引であり、資本等取引に該当する（法令8条1項2号）

（2）権利行使者（個人）側の税務

① 新株予約権の時価発行の場合

　新株予約権が時価（公正な価額）により発行された場合、それを取得した時点で課税の問題は生じない。新株予約権証券は、金融商品取引法2条1項9号に規定する有価証券であり、時価発行されたものを公正な価額で取得することについて課税関係は生じない。

　また、このようにして取得した新株予約権を権利行使した場合であるが、権利行使により取得した株式の取得価額は、新株予約権の取得価額と権利行使価額の合計額となり（所基通48－6の2、3）、この時点でも課税されることはない。後で説明する有利発行の場合は、原則として権利行使時において経済的利益を認識する（したがって、株式の取得価額は権利行使時の株式の時価とされる）が、時価発行の場合は認識しないという意味である。

　権利行使して取得した株式を譲渡した場合、有価証券の譲渡である以上、株式の譲渡所得課税の対象となる。譲渡対価から株式の取得価額を

差し引いた金額が、申告分離課税により課税される。

② 新株予約権の有利発行の場合

役員や従業員にストック・オプションを付与する場合は、通常は新株予約権を無償または著しく有利な価格で付与する。本来であれば、その経済的利益が新株予約権の取得時に所得税法上の収入金額として課税対象になる。しかし、譲渡制限その他特別の条件が付されたストック・オプションについては、付与時点における課税をせずに、権利行使時に課税するものと規定されている（所令84条2項4号）。また、後で詳しく説明する税制適格要件を満たした税制適格ストック・オプションについては、権利行使時の課税も繰り延べられ、権利行使により取得した株式の譲渡時に株式の譲渡所得として課税する（措法29条の2）。インセンティブ報酬として付与されるストック・オプションは、通常は譲渡制限が付されるため、付与時の課税はされない。

権利の譲渡についての制限その他特別の条件が付されているものを与えられた場合における収入金額であるが、募集事項の決定の決議（会社法238条2項等）に基づき発行された新株予約権で、新株予約権を引き受ける者に特に有利な条件もしくは金額であることとされるものについては、権利の行使により取得した株式のその行使の日における価額（時価）から当該新株予約権の行使に係る当該新株予約権の取得価額にその行使に際し払い込むべき額を加算した金額を控除した額を収入金額とする（所令84条2項4号）。権利行使時に、権利行使により取得した株式の含み益に対して課税するという意味である。

新株予約権の有利発行については、「権利の譲渡についての制限その他特別の条件が付されているものを与えられた場合」は権利行使時の課税であり、それ以外の権利の譲渡や行使についての制限が付されていない場合には、新株予約権を付与された時点で経済的利益が確定したとと

らえ、その場合は権利の付与時の課税とされる。その点が規定上明確化されている。通常は、権利行使や譲渡に制限が付されて発行される場合が多く、その場合は権利行使時課税の取扱いが適用される。

新株予約権は形成権（権利者の一方的な意思表示で法律関係の変動を生じさせる権利）であり、その権利行使や譲渡に制限が付されているものについては、付与時点において収入の実現がないという考え方が成り立つ。その場合は、権利行使を行い、その時点で取得した株式の時価と、新株予約権の取得価額および権利行使価額の合計額との差額が、権利行使時点で得られた利益として認識でき、この時点で権利行使者にとっての経済的利益が実現したものととらえられる。

権利行使時課税が適用される場合、権利行使により取得した株式の取得価額は、権利行使時の株式の時価となる（所令109条1項2号）。したがって、この株式を譲渡したときの譲渡所得は、譲渡時の株式の時価と株式の取得価額（権利行使時の時価）との差額となる。

権利行使者の税務（個人）

	新株予約権取得時	権利行使時	権利行使後株式の譲渡時
時価発行	課税なし	課税なし	株式の譲渡対価－（新株予約権の取得価額＋権利行使価額）に対し申告分離課税
有利発行	課税なし（ただし、権利の譲渡についての制限その他の特別の条件が付されていない場合は、この時点で課税）	権利行使時の株式の時価－（新株予約権の取得価額＋権利行使価額）に対し課税（税制適格の場合は、株式譲渡時まで課税繰延べ）	株式の譲渡対価－権利行使時の株式の時価に対し申告分離課税※

※権利行使時の時価を取得価額とみなす（所令109条1項2号）。

なお、税制適格要件を満たした税制適格ストック・オプションについ

ては、権利行使時の課税は繰り延べられ、権利行使により取得した株式の譲渡時に株式の譲渡所得として課税される（措法29条の２）。税制適格ストック・オプションについては、後で「5　ストック・オプションの会計・税務」の箇所で詳説する。

（３）権利行使者（法人）の税務

「権利の譲渡についての制限その他特別の条件が付されているものを与えられた場合」において、有利発行により取得した新株予約権の権利行使時に課税が行われる点をすでに説明した。権利行使者が法人の場合は、そのような特別な規定は置かれていない。したがって、財産の取得に関する一般原則に従うこととなる。法人税法22条２項の規定では、無償による資産の譲受けその他の取引で資本等取引以外のものに係る収益の額を益金の額に算入すべき旨が規定されている。法人の場合は、「権利の譲渡についての制限その他特別の条件が付されているもの」であるかどうかを問わず、有利発行の場合は付与時の課税となる。すなわち、払込金銭の額（および給付をした金銭以外の資産の価額の合計額）が払い込むべき金銭の額（または給付すべき金銭以外の資産の価額）を定める時におけるその有価証券の取得のために通常要する価額（時価）に比して有利な金額である場合の新株予約権の取得価額は、その取得のために通常要する価額（時価）であるから（法令119条１項４号）、時価と取得価額との差額は受贈益として認識される。

付与時の課税であるため、権利行使時には有価証券としての投資が継続していると考えられるため、課税はされない。権利行使価額が合理的に設定されている限りにおいて、新株予約権の直前の帳簿価額と権利行使価額の合計額が株式の取得価額になる（法令119条１項２号）。すなわち、同じ有価証券である新株予約権が株式に変換されるだけであり、課

税の問題は生じない。

また、新株予約権は、金融商品取引法上の有価証券であり、時価で取得した場合に課税の問題が発生することはない。すなわち、時価発行された新株予約権を時価で取得した場合は、取得価額は払込金額に付随費用を加算した額となり、付与時の課税の問題は発生しない（法令119条1項2号）。

一方、時価発行であったとしても、法人が低廉取得したものと認定されると、時価と取得価額との差額について受贈益として認識される（法法22条2項）。この場合、新株予約権の取得価額は、新株予約権の取得時の取得のために通常要する価額（時価）となる（法令119条1項4号）。

権利行使により取得した株式を譲渡した場合は、有価証券の譲渡として課税対象となる。譲渡対価の額と株式の取得価額の差額が譲渡損益として認識される（法法61条の2第1項）。

なお、新株予約権を保有している状態で期末を迎えた場合の税務上の評価であるが、新株予約権は有価証券である以上、有価証券の評価の取扱いに従う。したがって、売買目的有価証券に該当する場合は、評価損益は益金または損金の額に算入され、それ以外の場合は帳簿価額で評価する（法法61条の3第1項1号、2号）。

権利行使者の税務（法人）

	新株予約権取得時	権利行使時	権利行使後株式の譲渡時
時価発行	課税なし	課税なし	株式の譲渡対価－（新株予約権の取得価額＋権利行使価額）に対し課税

有利発行	新株予約権の時価－新株予約権の取得価額に対し課税	課税なし	株式の譲渡対価－（新株予約権の時価＋権利行使価額）に対し課税※

※ 新株予約権の取得価額は、取得時の新株予約権の時価とされる。

設例 7

有利発行により取得した法人の税務

前提条件

新株予約権を特に有利な価額で発行し、これを甲社が全部取得した。新株予約権の払込金額は300であるが、ブラック・ショールズモデルで算定した時価は1,000である。取得した甲社における処理はどのようになるか。

解答

取得した甲社においては、新株予約権の発行時の時価1,000が新株予約権の取得価額となる。したがって、発行時の時価と払込金額の差額は受贈益として益金の額に算入する。

新株予約権（有価証券）	1,000	現預金	300
		受贈益	700

5 ストック・オプションの会計・税務

（1）ストック・オプションの会計

企業会計基準委員会から、企業会計基準第8号「ストック・オプション等に関する会計基準」および企業会計基準適用指針第11号「ストック・オプション等に関する会計基準の適用指針」が公表されている。会社法施行日以後に付与されるストック・オプションについて適用されている。

ストック・オプションを付与した従業員等（付与対象者）から取得す

る（労働等の役務）サービスは、その取得に応じて費用として計上することが求められ、それに対応する金額を、権利行使または失効が確定するまでの期間、貸借対照表の純資産の部に「新株予約権」として計上する必要がある。この場合の各会計期間における費用計上額であるが、ストック・オプションの公正な評価額のうち、対象勤務期間を基礎とする方法その他の合理的な方法に基づき当期に発生したと認められる額、すなわち発生ベースで計上する。結果として、費用計上額の合計額は、ストック・オプションの公正な評価額と一致する。

　公正な評価額については、付与日現在の価額を算定するが、行使価格等の条件変更が行われた場合を除いて、その後の見直しは行わない。

　ストック・オプションには、通常譲渡禁止条項が付されており、市場価格を観察することはできない。公正な評価額の算定方法としては、株式オプションの価格算定モデルを用いるが、ブラック・ショールズ式や二項モデル等が利用される。会社独自で算定することは困難なため、外部の専門機関に算定を依頼することが考えられる。

　権利行使が行われ、権利行使者に対して新株の発行が行われた場合は、新株予約権の計上額のうち権利行使に対応する部分を払込資本に振り替える。また、権利行使者に対して自己株式の交付が行われた場合は、新株予約権の帳簿価額と権利行使に伴う払込金額の合計額から、自己株式の帳簿価額を控除した金額が、自己株式処分差益または自己株式処分差損となる。

　一方、権利行使が行われないで、失効が確定した場合は、新株予約権の計上額のうち、失効に対応する金額を利益として計上する。

　なお、未公開会社については、公正な評価額の算定が困難であることから、ストック・オプションの本源的価値の見積りに基づいて会計処理を行うことが認められる。具体的には、ストック・オプションの本源的

価値とは、付与日現在における権利行使されたと仮定したときの株式の評価額と権利行使価格の差額である。

（２）ストック・オプションの税務

① 発行会社の税務

「ストック・オプション等に関する会計基準」が設定され、会計上は、発生ベースで費用処理する。それに対して、税務上は、後で詳述する税制適格ストック・オプションの適用を受ける場合を除いて、会計上の費用の額は、原則として新株予約権が権利行使された日の属する事業年度の損金の額に算入する。「税制適格ストック・オプションの適用を受ける場合を除いて」とは、非適格ストック・オプションの場合であり、非適格ストック・オプションの場合に、権利行使時に一括損金算入する点に留意する必要がある[注63]。

② 権利行使者側の税務

ストック・オプションの権利行使者側の課税関係であるが、原則として、所得税法施行令84条2項4号が適用される。ストック・オプションは譲渡禁止条項が付されており、また、権利行使についても制限が置かれていることから、「権利の譲渡についての制限その他特別の条件が付されているものを与えられた場合」に該当する。したがって、権利行使時に、権利行使により取得した株式の含み益（取得した株式の時価から、新株予約権の取得価額と権利行使のときの払込金額の合計額を控除した額）に対して課税がされる。

しかし、権利行使時に課税がなされると、取得した新株を譲渡してい

（注63）この点は、非適格ストック・オプションについては、権利の譲渡についての制限その他特別の条件が付されているものを与えられた場合に、権利行使時に権利行使者に課税がされるため、発行法人においてもその時を基準に損金算入することで平仄を合わせているものと考えられる。

ない段階の課税であるからいわゆる含み益に対する課税となり、現金の収入がないにもかかわらず課税されてしまう。また、総合課税により高率の税率が適用される可能性が生じる点から、インセンティブ・プランとしての魅力がなくなってしまう。

そこで、税務上は、一定の要件を満たした税制適格のストック・オプションについては権利行使時課税をしないで、権利行使により取得した株式の譲渡時まで課税を繰り延べる特例を置いている（措法29条の2）。税制適格要件について、263ページ以降を参照されたい。

(ⅰ) ストック・オプションの課税の仕組み

ストック・オプションは取締役・従業員等に対する新株予約権の無償発行であり、原則として、新株予約権の権利行使時に課税関係が発生する。しかし、税制適格要件を満たしたストック・オプションであれば、権利行使時の課税は行わないで、権利行使により取得した株式を譲渡するまで課税の繰延べが認められる。もちろん、税制適格ストック・オプションは、所得税法上の優遇措置であり、付与対象者が法人である場合に適用されることはない。

平成8年度の税制改正において、新規事業法上のストック・オプションに対して課税上の特例措置が置かれていたが、その特例が、平成10年度税制改正によって旧商法上のストック・オプションにまで拡大されることとなった。さらに、会社法の施行後は、一定の要件を満たした場合、会社法238条2項における新株予約権の付与決議により（金銭の払込みまたは金銭以外の資産の給付をさせないで発行された）新株予約権を付与された取締役、執行役または使用人である個人が、新株予約権を行使することにより株式を取得した場合の経済的利益については所得税の課税をしない旨を内容とする規定に改められている（措法29条の2）。

税制適格要件を満たしたストック・オプションの課税の取扱いは、次のようにまとめることができる。

税制適格ストック・オプションの課税の取扱い

① 税制適格ストック・オプションについては、権利行使により取得した株式を譲渡する時点まで課税は行わない。
② 株式を譲渡したときの課税の取扱いは、ストック・オプションの権利行使価格を株式の取得価額とし、株式の譲渡対価から株式の取得価額を控除した差額に対して株式の譲渡所得課税が課される。
③ 課税の方法は、申告分離課税により行う。

ストック・オプションの課税関係を図表により表すと次のようになる。

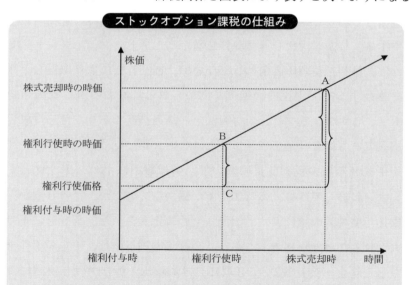

なお、同族会社の場合、同族株主が保有し続けることによって、ストック・オプションに譲渡や行使などの制限を付さないスキームも成り立ちうる。その場合は、所得税法施行令84条2項4号の適用はなく、付与時の課税となる。通常の新株予約権と何ら変わりはなく、権利行使時に課税されることはなく、権利行使により取得した株式の譲渡時において、株式の譲渡価額と株式の取得原価（新株予約権の取得価額と権利行使の払込金額との合計額）との差額が、株式の譲渡所得として課税される。権利行使時課税されないで、株式の譲渡時に課税されるという点では、税制適格ストック・オプションの取扱いと少し類似した取扱いとなる（ただし、付与時の課税がされるという点が、通常と異なる）。

(ⅱ) 税制適格要件

税制適格ストック・オプションは、適格対象者が税制適格要件をすべて満たした場合に、権利行使時の所得課税が課されないストック・オプションである（措法29条の2、措令19条の3）。適格対象者とは、会社および子会社（会社によって議決権ある発行済株式または出資の総数もしくは総額の50％を超える数もしくは金額の議決権ある株式もしくは出資を直接もしくは間接に保有する関係その他政令で定める関係にある法人）の取締役、執行役または使用人である個人であることとされているから、親会社の取締役等だけでなく、子会社の取締役等も対象となる。平成18年度税制改正によって、指名委員会等設置会社の執行役が適格対象者に加えられている。50％を超えるかどうかは、直接保有の株式の保有割合と間接保有の株式の保有割合を合計した数値により行う。

ただし、取締役等が付与決議のあった日において、大口株主および大口株主の特別関係者である場合を除く。大口株主とは、①付与決議のあった日において、上場会社または店頭登録会社の場合は、会社の

発行済株式総数の10分の１超を保有する株主、②付与決議のあった日において、上場会社または店頭登録会社以外の会社の場合は、会社の発行済株式総数の３分の１超を保有する株主である（措令19条の３第３項）。また、大口株主の特別関係者とは、①大口株主の親族、②大口株主の事実上の婚姻関係にある者およびその者の直系血族、③②の直系血族と事実上の婚姻関係にある者、④大口株主からの金銭その他の財産で生計を維持している者およびその者の直系血族、⑤大口株主の直系血族からの金銭その他の財産で生計を維持している者である（同条４項）。

具体的な適格要件は次のとおりである（措法29条の２、措令19条の３）。

適格要件

① 会社法238条２項の募集事項の決定に係る決議[注64]に基づいて発行された新株予約権であって、発行価額が無償のもの（金銭の払込みまたは金銭以外の資産の給付をさせないで発行されたもの）。

② 新株予約権の行使は、付与決議の日後２年を経過した日から当該付与決議の日後10年を経過する日までの間に行わなければならないこと。

③ 権利行使価額の総額が、年間1,200万円を超えないこと（年間1,200万円を超過した部分について課税の特例はない）。

④ 契約により定められた１株当たり権利行使価格が、契約締結時の時価以上であること。

⑤ 会社と付与対象者の契約条件に、譲渡禁止の条件が付されていること。

⑥ 新株予約権の行使に係る株式の交付（新株発行または（自己株式の）移転等）が、新株予約権に係る会社法238条１項、もしくは「会社法の施行に伴う関係法律の整備等に関する法律64条の規定による旧商法280条の21第１項等に基づく決議どおりに行われること。

⑦ 新株予約権の行使により交付される株式は、会社と金融商品業者または金融機関との間であらかじめ締結される新株予約権の行使により交付

(注64) 会社法239条１項の決議による委任に基づく募集事項の決定および同法240条１項の規定による取締役会の決議を含む。

をされる当該株式会社の株式の振替口座簿（社債等の振替に関する法律に規定する振替口座簿をいう。以下同じ）への記載もしくは記録、保管の委託または管理および処分に係る信託（以下、「管理等信託」という）に関する取決め（当該振替口座簿への記載もしくは記録もしくは保管の委託に係る口座または当該管理等信託に係る契約が権利者の別に開設され、または締結されるものであること、当該口座または契約においては新株予約権の行使により交付をされる当該株式会社の株式以外の株式を受け入れないことその他の政令で定める要件が定められるものに限る）に従い、政令で定めるところにより、当該取得後直ちに、当該株式会社を通じて、当該金融商品取引業者等の振替口座簿に記載もしくは記録を受け、または当該金融商品取引業者等の営業所もしくは事務所に保管の委託もしくは管理等信託がされること。

その他の要件（書面・調書の提出義務）

① 新株予約権者が権利行使をする際に、付与決議日において大口株主または大口株主の特別関係者でないことの宣誓書を会社に提出すること（会社にこの書面の保存義務あり）。
② 新株予約権者が、行使日の属する年における他の新株予約権の行使の有無を記載した書面を会社に提出すること（会社にこの書面の保存義務あり）。
③ 新株予約権の付与に関する調書を、付与日の属する年の翌年1月31日までに税務署長に提出すること。
④ 保管の委託または管理および処分に係る信託に関する取決めに従い、保管の委託または管理および処分に係る信託を受けている証券業者等は、株式の受入れまたは交付その他の異動状況に関する調書を、毎年1月31日までに税務署長に提出しなければならない。
※ 国税庁、国税局または税務署の職員は、調書の提出に関する調査について必要があるときは、提出義務がある者に対して質問し、その者の新株予約権等の付与もしくは株式等の受入れもしくは交付その他の異動状況に関する帳簿書類その他の物件を検査し、または当該物件（その写しを含む）の提示もしくは提出を求めることができる（同条8項）。

(ⅲ) 課税所得区分

　税制非適格のストック・オプションを権利行使した場合、権利行使時の含み益（権利行使時の株式の時価と権利行使価格との差額）が課税対象となる（所令84条2項4号）。それは、この時点で権利行使者にとって経済的利益が実現したものとみるからである。

　それでは、この経済的利益が所得税法上のどの課税所得区分に属するのかが問題となる。この点について、平成14年6月24日付で「所得税基本通達の制定について」の一部改正について（法令解釈通達）によって次のように示されている（所基通23～35共－6（2））。

　付与対象者が発行会社の取締役等の場合は、原則として、給与所得に区分されることになる。退職慰労金見合いでストック・オプションが付与されることもあると考えられるが、その場合は退職所得となりうる。ただし、退職後、権利行使までの期間が長期間となった場合は、退職という事実との基因性が薄れるため、雑所得となることも考えられるであろう。

　なお、税制適格ストック・オプションの場合には、株式の譲渡段階で株式の譲渡所得課税がされるだけであるから、そもそも課税所得区分が問題となることはない。

　また、付与対象者が発行会社の子会社の取締役等のケースであるが、判断のポイントとなるのは、親会社と子会社取締役等との間に「雇用関係に類する関係」が認められるかどうかである。子会社の取締役等は、親会社の何らかのコントロールを受けている場合もあるから、直接の雇用関係はなくても、雇用関係に類する一定の関係があると解することができる。したがって、そのような関係を前提とすれば、権利行使によって生じた経済的利益は、給与所得に該当する。

　外国親会社の子会社である日本法人の取締役が、外国親会社の株式

を取得する権利としてのストック・オプションを付与され、その権利行使によって得た経済的利益がどの課税所得区分に属するのかが議論となった。課税サイドは、外国親会社と日本法人である子会社取締役との間に雇用関係に類する関係があると主張していた。これについて最高裁は、平成17年1月25日、権利行使益は給与所得に当たるとの判断を示し、課税処分を適法とした2審東京高裁判決を支持した。一定の決着をみたといえる。

6　新株予約権付社債の税務

　新株予約権付社債の発行会社側の税務上の取扱いであるが、新株予約権付社債の発行および権利行使は社債取引と資本等取引の組合せであり、課税関係は生じない。

　また、新株予約権付社債の取得者側の税務上の取扱いであるが、法人取得者の発行時の処理については、法人税法施行令119条1項2号が適用される。すなわち金銭の払込みにより取得した新株予約権付社債の取得価額は、その払込みをした金銭の額となる。会計処理と特に変わる点はない。

　次に、法人取得者が権利行使を行い、新株を取得した場合の処理であるが、新株予約権の直前の帳簿価額と権利行使の際に払い込むべき金額の合計額が新株の取得価額となり、特に課税関係は生じない（法令119条1項2号）。

　一方、個人取得者の発行時の処理については、所得税法施行令109条1項1号が適用される。すなわち金銭の払込みにより取得した新株予約権付社債の取得価額は、法人取得者の場合と同様に、その払込みをした金銭の額（新株予約権の行使により取得した有価証券の場合は、新株予約権の取得価額を含むものとし、その金銭の払込みによる取得のために要した費用がある場合には、その費用の額を加算した金額）となる。

第5章

剰余金の配当を伴わない減資（無償減資）の会計・税務

1 剰余金の配当を伴わない減資（無償減資）の会計処理

（1）発行会社の会計処理

　会社法では、資本金は単なる計数であり、減資は資本金の計数を減少させる行為である。

　旧商法における減資においては、株式消却を併せて決議することもできたが、会社法上それはできない。また、旧商法における有償減資は、会社法においては減資と剰余金の配当の組合せとして整理されている。さらに、減資によって発生したその他資本剰余金により欠損てん補（利益剰余金のマイナスに充当）する場合は、減資と剰余金の処分の組合せとして整理されている。要するに、会社法上、減資と株式、減資と払戻し、減資と欠損てん補は無関係となったわけである。したがって、会社法上は、無償減資しかないわけであり、剰余金の配当を伴わない減資と表現することができる。

　本項では、剰余金の配当を伴わない減資（＝無償減資）について解説する。

　会計上、資本金を減少した場合、その他資本剰余金の増加を認識する。資本金からその他資本剰余金に振り替わるため、株主資本等変動計算書においても、変動事由として「資本金の減少」と記載し、また、当期変動額として資本金の欄に減少額およびその他資本剰余金の欄に増加額を記載する。また、減資の効力発生日以後に到来する決算期における貸借対照表においては、資本金は減少後の金額で、その他資本剰余金は増加後の金額で表示される。

　資本金の減少額の全額をその他資本剰余金に計上する場合は、次の会計処理を減資の効力発生日に行う（資本金の減少額を800、当期純利益を

第5章　剰余金の配当を伴わない減資（無償減資）の会計・税務

50とする）。

| 資本金 | 800 | / | その他資本剰余金 | 800 |

株主資本等変動計算書の記載例（全額をその他資本剰余金に計上する場合）

	株主資本								純資産合計
	資本金	資本剰余金		利益剰余金			自己株式	株主資本合計	
		資本準備金	その他資本剰余金	利益準備金	その他利益剰余金				
					圧縮積立金	繰越利益剰余金			
当期首残高	×××	×××	ー	×××	×××	×××	△×××	×××	×××
当期変動額									
資本金の減少	△800		800						
当期純利益						50		50	50
当期変動額合計	△800		800			50		50	50
当期末残高	×××	×××	800	×××	×××	×××	△×××	×××	×××

　一方、資本金の減少額を欠損てん補に充当する場合は、資本金の減少によって発生したその他資本剰余金を剰余金の処分（会社法452条）の手続により欠損てん補に充てる（利益剰余金のマイナスに充当する）ことになる。株主資本等変動計算書の変動事由として「資本金の減少」と記載し、当期変動額として資本金の額の減少とその他資本剰余金の増加を記載する。また、変動事由として「剰余金の処分（欠損てん補）」と記載し、当期変動額としてその他資本剰余金の減少と繰越利益剰余金の増加を記載する。減資の効力発生日以後に到来する決算期における貸借対照表においては、資本金は減少後の金額で、繰越利益剰余金は増加後の金額で表示される。ただし、資本金の減少額よりも欠損てん補額が少ない場合は、その他資本剰余金の残高が残ることになる。

　資本金の減少によって生じたその他資本剰余金の全額を欠損てん補に

充当する場合は、次の会計処理を効力発生日に行う（資本金の減少額を800、当期純利益を50とする）。

```
資本金              800    /    その他資本剰余金    800
その他資本剰余金    800    /    繰越利益剰余金      800
```

株主資本等変動計算書の記載例（全額を欠損てん補に充当する場合）

	株主資本								純資産合計
	資本金	資本剰余金		利益剰余金			自己株式	株主資本合計	
		資本準備金	その他資本剰余金	利益準備金	その他利益剰余金				
					圧縮積立金	繰越利益剰余金			
当期首残高	×× ×			××	××	△800	△××	×××	×××
当期変動額									
資本金の減少	△800		800						
剰余金の処分（欠損てん補）			△800			800			
当期純利益						50		50	50
当期変動額合計	△800					850		50	50
当期末残高	×××			××	××	50	△××	×××	×××

　なお、減資により欠損てん補する場合、確定した（定時株主総会で承認済の）貸借対照表上の繰越利益剰余金のマイナスの額を上限として欠損てん補することが認められる。すなわち、当期の決算が確定していないにもかかわらず、当期の欠損を見込んで繰越利益剰余金に振り替えることは認められない。資本金の減少額が確定した貸借対照表上の繰越利益剰余金のマイナスの額を超える場合は、超える部分の額はその他資本剰余金に計上しておいて、その後確定した貸借対照表上の繰越利益剰余金のマイナスの額を上限としてその他資本剰余金から欠損てん補に充てることはできる。

第5章 剰余金の配当を伴わない減資（無償減資）の会計・税務

　資本金の減少額が欠損てん補額を超える場合は、次のように欠損てん補額を超える額をその他資本剰余金に計上する（資本金の減少額を800とし、その他資本剰余金による欠損てん補に500を充て、その他資本剰余金に300を計上するものとする。また、当期純利益を50とする）。

| 資本金 | 800 | / | その他資本剰余金 | 800 |
| その他資本剰余金 | 500 | / | 繰越利益剰余金 | 500 |

株主資本等変動計算書の記載例（資本金の減少額の一部を欠損てん補に充当する場合）

	株主資本								純資産合計
	資本金	資本剰余金		利益剰余金			自己株式	株主資本合計	
		資本準備金	その他資本剰余金	利益準備金	その他利益剰余金				
					圧縮積立金	繰越利益剰余金			
当期首残高	××			××	××	△500	△××	×××	×××
当期変動額									
資本金の減少	△800		800						
剰余金の処分（欠損てん補）			△500			500			
当期純利益						50		50	50
当期変動額合計	△800		300			550		50	50
当期末残高	×××		300	××	××	50	△××	×××	×××

（2）株主側の会計処理

　資本金の減少が行われた場合、株主の持分に変動はなく、純資産のなかでの振替に過ぎないため、特に会計処理は必要ない。株主の有する株式の帳簿価額に変動は生じない。なお、資本金の減少に伴い、剰余金の配当がされた場合（旧商法における有償減資）の会計処理については、後で詳述する。

2 剰余金の配当を伴わない減資（無償減資）の税務

（1）発行会社の税務

　会社法では、減資と株式の消却が切り離され、減資に際して株式数を減少させるためには、株式併合の決議を併せて採るか、自己株式の取得の決議を併せて採るか、いずれかの対応となる。

　減資は、単なる資本金という計数の減少であり、税務上、資本金等の額に変動は生じない。資本金が減少し、減少額と同額の資本金等の額が増加すると規定されている（法令8条1項12号）。資本金等の額に変動は生じないという意味になる。資本金等の額および利益積立金額ともに変動はなく、税務上の仕訳はなしである。課税関係も生じない。無償減資の場合、株主資本の中での振替に過ぎず、株主に対する金銭等の払戻しがないからである。

　なお、減資に伴い、剰余金の配当を行う場合（従来の有償減資）の税務については、後で詳述する。

　また、減資に伴い、株主の有する株式を発行会社が自己株式として取得する場合は、有償で取得するときは、みなし配当課税の対象となりうる。自己株式の取得は資本金等の額の払戻しとされているため、取得の対価（交付金銭等）を資本金等の額と利益積立金額にプロラタで区分する。区分の方法であるが、自己株式の取得直前の資本金等の額[注65]を当該直前の発行済株式または出資（自己が有する自己株式を除く）の総数（出資にあっては、総額）で除し、これに当該自己株式の取得に係る株式の数（出資にあっては、金額）を乗じて計算した金額について資本金等の

（注65）当該直前の資本金等の額がゼロ以下である場合には、ゼロとする（法令8条1項18号かっこ書き）。

額を減算し(法令8条1項18号)、取得の対価(交付金銭等の額)がその金額を超えるときは、その超過額について利益積立金額を減算する(法令9条1項13号)。

設例 8

欠損てん補の会計と税務

前提条件

欠損をてん補するため、甲社の資本金を1,000から200に減少し、資本金の減少によって生じたその他資本剰余金800のうち500を欠損てん補に充てる内容を甲社の株主総会で決議した。甲社の会計処理および税務の取扱いはどのように行えばよいか。

解　答

1. 会計処理

| 資本金 | 800 | / | その他資本剰余金 | 800 |
| その他資本剰余金 | 500 | / | 繰越利益剰余金 | 500 |

2. 税務処理

資本金が減少しても、税務上は、資本金等の額および利益積立金額に変動は生じない(税務上は、仕訳なし)。

申告調整は、次のように行う。

別表五（一） 利益積立金額および資本金等の額の計算に関する明細書

Ⅰ 利益積立金額の計算に関する明細書

区　分	期首現在利益積立金額	当期の増減 減	当期の増減 増	差引翌期首現在利益積立金額 ①－②＋③
	①	②	③	④
利益準備金				
積立金				
資本金等の額			△500	△500
繰越損益金	△500	△500	××	××
納税充当金				

（注）会計上繰越利益剰余金のマイナスがてん補され、繰越損益金の欄もそれに合わせて500増加（マイナスが減少）するが、税務上は利益積立金額と資本金等の額との間の振替調整（プラス・マイナス500）を入れることにより、欠損のてん補がなかった（利益積立金額に変動がない）ものとして取り扱われる。

Ⅱ 資本金等の額の計算に関する明細書

区　分	期首現在資本金等の額	当期の増減 減	当期の増減 増	差引翌期首現在資本金等の額
資本金または出資金	×××	800		×××
資本準備金				
その他資本剰余金			300	300
利益積立金額			500	500

（注）利益積立金額との間でプラス・マイナス500の振替調整が入ることによって、資本金等の額にも変動が生じないことが表される。

（2） 株主の税務

　剰余金の配当を伴わない単なる資本金の計数の変動に過ぎない減資の場合、株主側において課税関係は生じない。株主の有する株式の税務上の帳簿価額についても、会計と同様、変わらない。

　なお、発行会社が債務超過会社である場合に、減資に伴い、自己株式の無償による取得を行うときは、株主側からみたときに株式の発行会社に対する無償による譲渡となるため、原則として、帳簿価額全額が譲渡損失になるものと考えられる（法法61条の2第1項）。

　ただし、純資産額がプラスの会社であって、株式に時価があると考えられる会社が、無償により自己株式を取得する場合は、譲渡した株主からそれ以外の株主に対して持分が移転する経済的実態となるため、課税関係が生じうる。同族会社における親族間の利益移転であるときは、贈与の意図があったものとして贈与税課税の対象になりうるので、留意が必要である。

3　平成27年度税制改正による地方税法の均等割に係る改正

（1） 無償増減資等に係る加減算規定の創設

　平成27年度税制改正により、法人住民税均等割の税率区分の基準となる額に関する重要な改正が行われた。改正前は、法人住民税均等割の税率区分の基準となる「資本金等の額」は、法人税法2条16号に規定する資本金等の額と規定されていた（旧地法23条1項4号の5）。

　改正後の地方税法の規定では、法人住民税均等割の税率区分の基準となる額は、法人税法2条16号に規定する資本金等の額に対して、次の①を加算し、②および③を減算するものとされた（地法23条1項4号の5）。

規定振りは、平成22年度税制改正後の外形標準課税の資本割の課税標準となる額に係る規定（地法72条の21第1項）と同じである。

平成27年4月1日以後に開始する事業年度について適用される。なお、会社法446条から452条の規定が記述されているように、株式会社についてのみ適用され、合同会社等の持分会社や協同組合等には適用されない。

資本金等の額に加減算すべき金額とその内容

加算または減算すべき金額	内　　容
①　平成22年4月1日以後に、会社法446条に規定する剰余金（同法447条または448条の規定により資本金の額または資本準備金の額を減少し、剰余金として計上したものを除き、総務省令で定めるものに限る）を同法450条の規定により資本金とし、または同法448条1項2号の規定により利益準備金の額の全部もしくは一部を資本金とした金額（加算）	平成22年4月1日以後に行われた無償増資の額 （会計上の仕訳） その他利益剰余金／資本金 または 利益準備金／資本金
②　平成13年4月1日から平成18年4月30日までの間に、資本または出資の減少（金銭その他の資産を交付したものを除く）による資本の欠損のてん補に充てた金額（減算）	平成13年4月1日から平成18年4月30日までの間（旧商法適用期間）に行われた無償減資による欠損てん補額 （会計上の仕訳） 資本金／繰越損失
③　平成18年5月1日以後に、会社法446条に規定する剰余金（同法447条または448条の規定により資本金の額または資本準備金の額を減少し、剰余金として計上したもので総務省令で定めるものに限る）を同法452条の規定により総務省令で定める損失のてん補に充てた金額（減算）	平成18年5月1日以後（会社法適用期間）に行われた資本金または資本準備金の減少によって発生したその他資本剰余金による欠損てん補額 （会計上の仕訳） 資本金（または資本準備金）／ 　　　　　　その他資本剰余金 その他資本剰余金／その他利益剰余金 　　　　　　　　（繰越利益剰余金）

上記の①は、利益剰余金（利益準備金を含む）から資本金への組入れをした場合に、その額を加算するという意味であり、いわゆる無償増資

のケースである。

②は、旧商法の適用期間における減資による欠損てん補を行っている場合は、その額を減算するという意味である。

③は、会社法施行日以後に、資本金の減少または資本準備金の減少により発生したその他資本剰余金を欠損てん補に充てた（利益剰余金のマイナスに充当した）場合には、その額を減算するという意味である[注66]。

(2) 均等割の税率区分の基準である資本金等の額が、資本金に資本準備金を加えた額を下回る場合

平成27年度税制改正では、法人住民税均等割に関してもう1つ重要な改正が行われている。すなわち、均等割の税率区分の基準である資本金等の額が、資本金に資本準備金を加えた額（または出資金の額）を下回る場合、法人住民税均等割の税率区分の基準となる額は、資本金に資本準備金を加えた額（または出資金の額）とされる（地法52条4項）。

| 法人住民税均等割の税率区分の基準である資本金等の額 | < | 資本金の額 | + | 資本準備金の額 |

➡ 法人住民税均等割の税率区分の基準は、資本金の額＋資本準備金の額（または出資金の額）とされる。

本規定は、（保険業法に規定する相互会社を除く）すべての法人に適用される。前項の無償増減資等に係る加減算規定は株式会社についてのみ適用されるのと、適用対象範囲が異なっている点に留意する必要がある。また、外形標準課税適用法人については、資本割の課税標準の額についても、同様の規定が新設された。平成27年4月1日以後に開始する事業年度について適用される。

自己株式の取得をしている法人の場合、法人税法上の資本金等の額が

(注66) この点について、その他資本剰余金として計上されてから、1年以内に欠損てん補に充てた額に限って、減算が認められる点に留意が必要である（地規1条の9の2第3項）。

減少するが、そのとき（貸借対照表上の）資本金および資本準備金の額は変わらない。典型的にこの規定が適用されるケースになる。均等割の額が増える可能性があるので、この点についてもチェックしておく必要がある。

(3) ケーススタディ

以下、具体的ケースにおける地方税法の改正の影響を解説する。

設例 9

ケーススタディ1　資本金の減少（欠損てん補に充てない場合）

前提条件

下記の（税務上の）貸借対照表であったものとして、資本金の減少を200万円行い、全額をその他資本剰余金に計上した。会計処理、法人税法の処理および地方税法の処理を示しなさい。

税務上の貸借対照表　　（単位：万円）

資産	2,000	負債	1,200
		資本金等の額	500
		利益積立金額	300

解　答

1．会計処理

資本金の減少およびその他資本剰余金の増加を認識する。

資本金　　　　　200　／　その他資本剰余金　　　200

2．法人税の処理

資本金を減少し、その他資本剰余金に計上しただけでは、株主に対する払戻しが何もないので、法人税法上は何もなかったものとして取り扱われる。資本金等の額も利益積立金額も変動はない。

第5章 剰余金の配当を伴わない減資（無償減資）の会計・税務

仕訳なし
法人税申告書の別表の記載は、次のようになる。

別表五（一）　利益積立金額および資本金等の額の計算に関する明細書

区　　分	Ⅰ　利益積立金額の計算に関する明細書			
	期首現在利益積立金額	当期の増減		差引翌期首現在利益積立金額 ①－②＋③
		減	増	
	①	②	③	④
利益準備金				
繰越損益金	300		××	×××

（注）繰越損益金の増加欄の記載は、当期純利益による増加を表している（以下同様）。

区　　分	Ⅱ　資本金等の額の計算に関する明細書			
	期首現在資本金等の額	当期の増減		差引翌期首現在資本金等の額
		減	増	
資本金または出資金	500	200		300
資本準備金				
その他資本剰余金			200	200

3．地方税の処理

　資本金を減少したが、その減少によって発生したその他資本剰余金を欠損てん補に充てていないので、法人住民税均等割の税率区分の基準となる額の算定上、減算はない。均等割への影響はない。

　ただし、法人住民税均等割の税率区分の基準である資本金等の額が、資本金に資本準備金を加えた額を下回っていた場合は、資本金が減少することにより、法人住民税均等割の税率区分の基準となる額が減少することになる。これによって、均等割が下がる可能性はある。

ケーススタディ２　資本金の減少（欠損てん補に充てた場合）

前提条件

下記の（税務上の）貸借対照表であったものとして、資本金の減少を900万円行い、それによって発生したその他資本剰余金の全額を欠損てん補に充てた（利益剰余金のマイナスに充当した）。会計処理、法人税法の処理および地方税法の処理を示しなさい。

税務上の貸借対照表　　（単位：万円）

資産	1,500	負債	2,000
		資本金等の額	1,200
		利益積立金額	△1,700

解　答

1．会計処理

資本金の減少およびそれによって発生したその他資本剰余金による欠損てん補を認識する。

| 資本金 | 900 | ／ | その他資本剰余金 | 900 |
| その他資本剰余金 | 900 | ／ | その他利益剰余金
（繰越利益剰余金） | 900 |

2．法人税の処理

資本金の減少およびそれによって発生したその他資本剰余金による欠損てん補を行っただけでは、株主に対する払戻しが何もないので、法人税法上は何もなかったものとして取り扱われる。資本金等の額も利益積立金額も変動はない。

仕訳なし

法人税申告書の別表の記載は、次のようになる。

第5章 剰余金の配当を伴わない減資（無償減資）の会計・税務

別表五（一） 利益積立金額および資本金等の額の計算に関する明細書

I 利益積立金額の計算に関する明細書				
区　分	期首現在利益積立金額	当期の増減		差引翌期首現在利益積立金額 ①－②＋③
		減	増	
	①	②	③	④
利益準備金				
資本金等の額			△900	△900
繰越損益金	△1,700	△900	ＸＸ	ＸＸＸ

（注）会計上は、資本金の減少により生じたその他資本剰余金900が繰越利益剰余金のマイナスに充当されるが、税務上は利益積立金額と資本金等の額との間の振替調整（プラス・マイナス900）を入れることにより、欠損のてん補がなかったものとして取り扱われる。すなわち、利益積立金額に変動はない。

II 資本金等の額の計算に関する明細書				
区　分	期首現在資本金等の額	当期の増減		差引翌期首現在資本金等の額
		減	増	
資本金または出資金	1,200	900		300
資本準備金				
利益積立金額			900	900

（注）利益積立金額との間で900の振替調整が入ることによって、資本金等の額に変動が生じないことが表される。

3．地方税の処理

資本金の減少によって発生したその他資本剰余金による欠損てん補を行った場合、法人住民税均等割の税率区分の基準となる額の算定上、法人税法上の資本金等の額から当該欠損てん補額を減算する。

　法人住民税均等割の税率区分の基準となる額＝1,200－900＝300万円

　均等割の負担は下がることになる。

第6章

剰余金の配当を伴う減資（有償減資）の会計・税務

1 剰余金の配当を伴う減資（有償減資）に係る会計処理

（1）発行会社の会計処理

　会社法においては、減資に伴い、株主に対して金銭等の交付を行う場合は、減資の決議と剰余金の配当の決議を両方採り、減資の効力発生日以後に、剰余金の配当として金銭等の交付を行う必要がある。

　また、減資前にすでに剰余金を有している会社が、減資前に有していた剰余金から（剰余金の分配可能額の範囲内で）配当を行う場合は、減資の効力発生日よりも前に配当として金銭等の交付を行うことは可能である。その場合は、減資を行う必要も特になく、減資を行わないで単に剰余金の配当のみを行うことも考えられる。

　資本金を30,000減少し、同額の剰余金の配当を行う場合は、次のように処理する（当期純利益は100とする）。なお、税務上は後で説明するように、みなし配当が生じ得るが、みなし配当に係る所得税等の源泉徴収の会計処理は省略している。

```
資本金　　　　30,000　　／　　その他資本剰余金　30,000
その他資本剰余金　30,000　　／　　現預金　　30,000
```

　この場合の株主資本等変動計算書の記載は、次のようになる。

株主資本等変動計算書の記載例（資本金の減少に伴い、剰余金の配当として払戻しをした場合）

	株主資本							自己株式	株主資本合計	純資産合計
	資本金	資本剰余金		利益剰余金						
		資本準備金	その他資本剰余金	利益準備金	その他利益剰余金					
					圧縮積立金	繰越利益剰余金				
当期首残高	×× ×	×× ×	－	×× ×	×× ×	×× ×	△×××	×× ×	×× ×	
当期変動額										
資本金の減少	△30,000		30,000							
剰余金の配当			△30,000					△30,000	△30,000	
当期純利益						100			100	100
当期変動額合計	△30,000					100		△29,900	△29,900	
当期末残高	×× ×	×× ×	－	×× ×	×× ×	×× ×	△×××	×× ×	×× ×	

　また、資本金の減少額が払戻額（剰余金の配当の額）を超えることも問題ない。その場合、発行会社においては、資本金の減少額から払戻額（剰余金の配当額）を差し引いた残額をその他資本剰余金に計上する。例えば、資本金の減少額を40,000、払戻額（剰余金の配当額）を30,000と決議した場合は、次のように処理する。

資本金　　40,000　　／　　その他資本剰余金　40,000
その他資本剰余金　30,000　　／　　現預金　　30,000

　結果として、その他資本剰余金が10,000増加する。
　この場合の株主資本等変動計算書の記載は、次のようになる（当期純利益を100とする）。

株主資本等変動計算書の記載例（資本金の減少に伴い、剰余金の配当として払戻しをした場合）

	株主資本								純資産合計
	資本金	資本剰余金		利益剰余金			自己株式	株主資本合計	
		資本準備金	その他資本剰余金	利益準備金	その他利益剰余金				
					圧縮積立金	繰越利益剰余金			
当期首残高	×××	×××	-	×××	×××	×××	△×××	×××	×××
当期変動額									
資本金の減少	△40,000		40,000						
剰余金の配当			△30,000					△30,000	△30,000
当期純利益						100		100	100
当期変動額合計	△40,000		10,000			100		△29,900	△29,900
当期末残高	×××	×××	10,000	×××	×××	×××	△×××	×××	×××

　このように、資本金の減少額が払戻額を超える超過額は、その他資本剰余金に計上されるが、払戻額が資本金の減少額と同額という例も少なくない。その場合は、その他資本剰余金は発生しない。

（２）株主の会計処理

　減資に伴い、剰余金の配当を受けた株主の会計処理であるが、資本金の減少により発生したその他資本剰余金の配当を受けることとなるときは、その他資本剰余金は株主からの払込資本であり、株主からみたときは「投資の払戻し」として、原則として有価証券の帳簿価額の減額処理を行う。

　減資に際して金銭の払戻し（その他資本剰余金からの配当）を受けた場合の株主側の会計処理であるが、投資の払戻しとしての性質がある点に着目し、次のように払戻しを受けた額について帳簿価額を減額する処理を行う。

| 現預金 | 30,000 | / | 投資有価証券 | 30,000 |

　この点について、企業会計基準委員会から公表されている改正企業会計基準適用指針第3号「その他資本剰余金の処分による配当を受けた株主の会計処理」では、その他資本剰余金から配当を受けた場合の株主側の会計処理としては、配当の対象となる有価証券が売買目的有価証券である場合などを除いて、原則として、有価証券の帳簿価額の減額処理を行うものとしている。配当の対象となる有価証券が売買目的有価証券である場合は、配当受領額を収益（売買目的有価証券運用損益）として計上する。

　また、売買目的有価証券の場合以外でも、次の例のように配当受領額を収益として計上することが明らかに合理的である場合は、受取配当金に計上できるものとしている。

売買目的有価証券の場合以外に、受取配当金に計上できるケース

① 配当の対象となる時価のある有価証券を時価まで減損処理した期における配当
② 投資先企業を結合当事企業とした企業再編が行われた場合において、結合後企業からの配当に相当する留保利益が当該企業再編直前に投資先企業において存在し、当該留保利益を原資とするものと認められる配当（ただし、配当を受領した株主が、当該企業再編に関して投資先企業の株式の交換損益を認識していない場合に限る）
③ 配当の対象となる有価証券が優先株式であって、払込額による償還が約定されており、一定の時期に償還されることが確実に見込まれる場合の当該優先株式に係る配当

2 剰余金の配当を伴う減資（有償減資）に係る税務

（1）発行会社の税務

　法人税法24条1項3号は、「資本の払戻し（剰余金の配当（資本剰余金の額の減少に伴うものに限る）のうち、分割型分割によるもの以外のものをいう）または解散による残余財産の分配」と規定されている。

　会社法上は、資本金の減少に伴う払戻しは、資本金からいったんその他資本剰余金に組み入れ、そこから剰余金の配当として株主に分配したものとして整理されているが、税務も会社法の考え方に対応している。

　その他資本剰余金からの配当による払戻しのうち、（会社全体の）資本金等の額のうち払戻しに対応する部分の金額（「減資資本金額」という）を超えて払戻しをした額が、利益積立金額からの払戻しとして「みなし配当」課税の対象となる。その他資本剰余金の配当による払戻額のうち、資本金等の額に対応する金額（「減資資本金額」）をどのように算定するかであるが、会社の払戻し直前の（会社全体の）資本金等の額に対して、前期末の簿価純資産額に占める資本の払戻しにより減少した資本剰余金の額の割合を乗じた金額について、資本金等の額を減少し（法令8条1項16号）、払戻額がその金額を超えている場合に、その超過額について利益積立金額の減少を行う（法令9条1項11号）。

$$\substack{\text{資本金等の額の減少額} \\ \text{（減資資本金額）（A）}} = \substack{\text{払戻し直前の} \\ \text{資本金等の額}} \times \frac{\text{資本の払戻しにより減少した資本剰余金の額}}{\substack{\text{前事業年度終了時の簿価純資産額} \\ \text{（小数点3位未満切上げ）}}}$$

払戻額－（A）＝利益積立金額の減少額（みなし配当）

　　※　分数に小数点以下3位未満の端数があるときは、切上げ
　　※　払戻し直前の資本金等の額がゼロ以下である場合には算式中の分数の割合をゼロとし、払戻し直前の資本金等の額がゼロを超え、かつ、分母の簿

第6章　剰余金の配当を伴う減資（有償減資）の会計・税務

価純資産額がゼロ以下である場合は、算式の分数の割合を1とする。

なお、前事業年度終了の時から、払戻直前までの間に、資本金等の額または利益積立金額が増加または減少するときは、前期末の簿価純資産額に対して資本金等の額または利益積立金額（法令9条1項1号または6号に掲げる金額、すなわち期末の増減項目と投資簿価修正額を除く）の変動額を加減算しなければならない点に留意する必要がある（法令8条1項16号イ後段かっこ書き）(注67)。

設例 10

剰余金の配当を伴う減資（有償減資）に係る会計と税務（配当する会社側）

前提条件

当社は、ある会社の100％子会社である。当社は、資本金を30,000減少しその他資本剰余金に計上し、親会社である株主に対して減資によって発生したその他資本剰余金を配当原資とする配当により同額の払戻しを行った。減資資本金額を計算したところ、27,722であった。この場合の当社の会計上および税務上の仕訳を示しなさい。

なお、源泉税は捨象する。

解答

1. 会計上の仕訳

| 資本金 | 30,000 | / | その他資本剰余金 | 30,000 |
| その他資本剰余金 | 30,000 | / | 現預金 | 30,000 |

(注67) 前事業年度終了の時の簿価純資産額の計算において、前事業年度終了の時から払戻し直前までの資本金等の額または利益積立金額の変動額を加減算して調整するという意味である。資本金等の額の変動は把握しやすいと思われるが、利益積立金額の変動をどのようにとらえるのであろうか。これについては、利益積立金額の変動から「法人税法施行令9条1項1号または6号に掲げる金額を除く」と規定されているため、期末の増減項目と投資簿価修正額を除く。所得による変動は加味する必要はなく企業組織再編、剰余金の配当、自己株式の取得などによる影響のみ加味すればよい。

2. 税務上の仕訳

資本金等の額	27,722	現預金	30,000
利益積立金額	2,278		

（注）減少利益積立金額＝払戻額－減資資本金額＝30,000－27,722＝2,278

　この場合の申告調整は、次のように行う。第１に、利益積立金額2,278の減少を表すために、別表五（一）の利益積立金額の計算に関する明細書にマイナス2,278の調整を入れる。第２に、資本金の減少30,000に対して、税務上は資本金等の額の減少を27,722認識するため、プラス2,278の調整を入れる必要がある。（結果として、利益積立金額と資本金等の額との間で、プラス・マイナス2,278の振替調整を行うという意味になる。）

別表五（一）　利益積立金額および資本金等の額の計算に関する明細書

Ⅰ　利益積立金額の計算に関する明細書				
区　　分	期首現在利益積立金額	当期の増減		差引翌期首現在利益積立金額 ①－②＋③
		減	増	
	①	②	③	④
利益準備金				
積立金				
資本金等の額			△2,278	△2,278

Ⅱ　資本金等の額の計算に関する明細書				
区　　分	期首現在資本金等の額	当期の増減		差引翌期首現在資本金等の額
		減	増	
資本金または出資金	×ＸＸ	30,000		×ＸＸ
資本準備金				
利益積立金額			2,278	2,278

なお、資本剰余金と利益剰余金の双方を同時に減少して剰余金の配当を行った場合は、全体が「資本の払戻し」となる。それは、法人税法24条1項3号において「資本の払戻し（剰余金の配当（資本剰余金の額の減少に伴うものに限る）のうち、分割型分割によるもの以外のものをいう）」と規定されており、「資本剰余金の額の減少に伴う部分の額」と規定されていないからである。

ただし、減資資本金額に乗じる払戻割合の分子が「交付金銭等の額」ではなく「資本の払戻しにより減少した資本剰余金の額」と規定されているため、資本剰余金の減少額の範囲でまず資本金等の額が減少し、交付金銭等の額のうちその減少資本金等の額を超える部分の金額が利益積立金額の減少額となる。したがって、資本剰余金原資部分については資本金等の額と利益積立金額との比例的減少（プロラタによる減少）に、利益剰余金原資部分については利益積立金額の減少になるわけであるから合理的といえる。

（2）株主の税務

減資に伴い、剰余金の配当を受けた株主側の税務であるが、払戻額（交付金銭等の額）が会社の資本金等の額に払戻割合（前期末の簿価純資産額に払戻しによる資本剰余金の減少額の占める割合）を乗じた額を超える部分がみなし配当課税の対象となる。

交付金銭等（払戻額）には、実質的な利益の分配と株式の譲渡対価と認められる部分があるという考え方に基づいている。交付金銭等（払戻額）が減資資本金額を超える場合に、みなし配当が発生する。一方、交付金銭等（払戻額）からみなし配当である受取配当金を控除した減資資本金額は、出資の返還部分ととらえられ、株主にとっては株式の譲渡対価となるため、減資資本金額と株式の譲渡原価との差額が株式の譲渡損

益となる。なお、株式の譲渡原価は、払戻直前の当該所有株式の帳簿価額に払戻割合（前期末の簿価純資産額に払戻しによる資本剰余金の減少額の占める割合）を乗じた額となる（法法61条の2第17項、法令119条の9第1項）。

発行法人は、払戻し等を行った場合には、株主に対し、当該払戻し等に係る払戻割合を通知しなければならない点に留意する必要がある（法令119条の9第2項）。この払戻割合は、株主が株式の譲渡原価を計算する上で必要なものである。

なお、株主側の処理は、支払通知書に基づいて行うことができる。

株主側の処理

みなし配当	→	支払通知書から把握
株式の譲渡対価	→	払戻額から源泉徴収の対象である受取配当金（みなし配当）の額を差し引いて把握
株式の譲渡原価	→	株式の帳簿価額に対して（通知を受けた）払戻割合を乗じて計算

譲渡対価の額と譲渡原価との関係により、次のように譲渡益が発生するケースと譲渡損が発生するケースに分かれる。

譲渡益が生じるケース

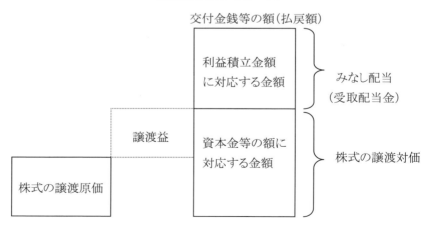

(税務上の仕訳)
　　現預金　　　XXX　／　有価証券(注68)　XXX
　　　　　　　　　　　　　受取配当金　　XXX
　　　　　　　　　　　　　株式譲渡益　　XXX

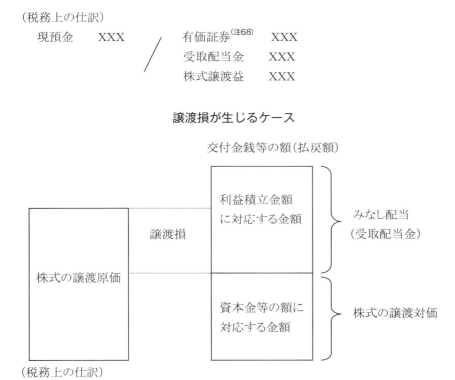

譲渡損が生じるケース

(税務上の仕訳)
　　現預金　　　　　XXX　／　有価証券　　XXX
　　株式譲渡損　　　XXX　　　受取配当金　XXX

　法人株主の場合、株式の譲渡損は損金の額に算入される。また、みなし配当は受取配当金となるため、受取配当等の益金不算入規定の適用を受けることができる。それに対して個人株主の場合、株式の譲渡損は株式の譲渡所得のマイナスとなる。また、みなし配当は配当所得になる。したがって、個人株主の場合には、その税負担について十分慎重に考慮したうえで実行する必要がある。

(注68)「有価証券」勘定の貸方は、株式の譲渡原価相当額を株式の帳簿価額から減額するという意味である(以下同様)。

設例 11

剰余金の配当を伴う減資（有償減資）の会計と税務（株主側）

前提条件

当社の子会社A社（当社との間に完全支配関係はない）は、事業規模の大幅縮小に伴い、減資を行うこととなった。余剰資金もあるため、剰余金の配当を伴う減資により金銭の払戻しを行う方法をとる。A社においては、減資の決議と剰余金の配当の決議を両方行い、減資によって発生したその他資本剰余金を配当原資として用いるものとする。

A社B／S　　　　　　　　（単位：千円）

現預金	40,000	借入金	30,000
固定資産	80,000	資本金	80,000
		資本準備金	3,000
		その他利益剰余金	7,000
合　計	120,000	合　計	120,000

この場合の当社の会計と税務の処理はどのようになるか。

- 払い戻す金銭の額　　　　　　　　　　　　　　30,000
- 減少する資本金の額　　　　　　　　　　　　　40,000
- 簿価純資産額　　　　　　　　　　　　　　　　90,000
- 減資直前の資本金等の額　　　　　　　　　　　83,000
- 当社の子会社株式に係る税務上の簿価　　　　　80,000

なお、源泉税の処理は捨象する。

解答

1. 会計処理

その他資本剰余金の配当は、投資の払戻しとしての性質があることから、次のように払戻しを受けた額について帳簿価額を減額する処理を行う。

現預金　　30,000　　／　　子会社株式　　30,000

第6章 剰余金の配当を伴う減資（有償減資）の会計・税務

2. 税務

現預金	30,000	子会社株式	26,720 ※1
		子会社株式譲渡益	1,002 ※2
		受取配当金	2,278

※1 子会社株式帳簿価額80,000×払戻割合（30,000／90,000＝0.334）
　　＝26,720

※2 減資資本金額は、減資直前の資本金等の額83,000に対して前期末簿価純資産価額（90,000）に占める資本の払戻しにより減少した資本剰余金の額（30,000）の割合（＝0.334）を乗じた額であるから、27,722となる。したがって、譲渡損益は次のように計算できる。

　譲渡損益＝譲渡対価の額（減資資本金額27,722）
　　　　　　－譲渡原価(26,720)＝　1,002
　　　　　　　　　　　　　　　　　（譲渡益）

※3 受取配当金（みなし配当）の額は、払戻額30,000－減資資本金額27,722　＝　2,278

　　受取配当金については、受取配当等の益金不算入規定の適用が可能である。

> なお、株主側においては、上記の計算過程を踏まないで、配当した会社から通知を受けた内容により、処理することができる。すなわち、みなし配当については、源泉徴収の対象であることから、支払通知書により受取配当金の数値をとらえることができる。
> また、配当額全体から受取配当金の額を控除した残額が、株式の譲渡対価となる。一方、株式の帳簿価額に対して、通知を受けた払戻割合を乗じることにより譲渡原価を計算することができるため、譲渡対価と譲渡原価との差額を株式の譲渡損益として認識することができる。

株主側の税務処理

みなし配当	→	源泉徴収通知書から把握
株式の譲渡対価	→	払戻額から源泉徴収の対象である受取配当金（みなし配当）の額を差し引いて把握
株式の譲渡原価	→	株式の帳簿価額に対して（通知を受けた）払戻割合を乗じて計算

3. 申告調整

　会計処理と税務処理との差異を申告書上で調整する必要がある。税務上、株式の譲渡益および受取配当金を認識するので、別表四でそれぞれについて加算調整を入れる。また、別表五（一）の利益積立金額の計算に関する明細書上で、子会社株式につき利益積立金額のプラス3,280の調整を入れることで、会計上の子会社株式簿価と税務上の子会社株式簿価の差異が調整される。

別表四　所得の金額の計算に関する明細書

区　分	総　額	処　分	
		留保	社外流出
	①	②	③
当期利益または当期欠損の額			配当
			その他
加算　株式譲渡益計上もれ	1,002	1,002	
みなし配当計上もれ	2,278	2,278	
減算　受取配当等の益金不算入	×××※		×××

※　受取配当等の益金不算入額は、当該子会社株式が関連法人株式等に該当するものとし、受取配当等の額から負債利子の額を控除した額となる（法法23条1項2号）。

別表五（一）　利益積立金額および資本金等の額の計算に関する明細書

区　分	期首現在利益積立金額	当期の増減		差引翌期首現在利益積立金額
		減	増	①－②＋③
	①	②	③	④
利益準備金				
積立金				
子会社株式			3,280	3,280

なお、完全支配関係がある法人間で資本剰余金の配当が行われた場合の処理については、「第3編　応用編」の「第1章　完全支配関係がある法人間の資本取引」を参照されたい。

第7章

準備金の減少に係る会計・税務

1 準備金の減少に係る会計処理

準備金の減少手続を行った場合の会計処理であるが、準備金の減少の効力発生日において準備金から剰余金に振り替わる。すなわち、資本準備金からその他資本剰余金に、利益準備金からその他利益剰余金である繰越利益剰余金に振り替わる。資本準備金から利益剰余金に、また、利益準備金から資本剰余金に振り替えることはできない（計算規則27条1項2号、29条1項1号）。ただし、利益剰余金がマイナスであるときに、資本準備金の減少により生じたその他資本剰余金を欠損てん補に充当することは、資本と利益の混同には該当しないため、認められる。

準備金から剰余金への振替は、減少の効力発生日以後に到来する決算期に係る株主資本等変動計算書において表される。

設例 12

準備金から剰余金への振替に係る会計処理と表示

前提条件

資本準備金1,000のうち300をその他資本剰余金に振り替え、利益準備金800のうち全額800をその他利益剰余金に振り替えた。そのときの仕訳を示しなさい。その後決算を迎えたが、株主資本等変動計算書にどのように表されるか。なお、当期純利益は100とする。

解答

1. 会計処理

　（効力発生日）

　　資本準備金　　　300　／　その他資本剰余金　　300
　　利益準備金　　　800　／　繰越利益剰余金　　　800

2. 株主資本等変動計算書の表示

株主資本等変動計算書の記載例（準備金を剰余金に振り替えた場合）

	株主資本							自己株式	株主資本合計	純資産合計
	資本金	資本剰余金		利益剰余金						
		資本準備金	その他資本剰余金	利益準備金	その他利益剰余金					
					圧縮積立金	繰越利益剰余金				
当期首残高	×××	1,000	−	800	×××	×××		△×××	×××	×××
当期変動額										
資本準備金の減少		△300	300							
利益準備金の減少				△800		800				
当期純利益						100			100	100
当期変動額合計		△300	300	△800		900			100	100
当期末残高	×××	700	300	−	×××	×××		△×××	×××	×××

2　準備金の減少に係る税務

（１）準備金の減少により剰余金が発生するケース（欠損てん補以外のケース）

　準備金を減少し、剰余金に計上する場合は、税務上、資本金等の額に変動は生じないし、利益積立金額にも変動は生じない。会計上も、資本準備金を減少した結果発生する剰余金はその他資本剰余金に計上し、利益準備金を減少した結果発生する剰余金はその他利益剰余金（繰越利益剰余金）に計上するため、会計と税務の取扱いは実質的に一致する。特に申告調整の問題は生じない。

（2）準備金の減少による欠損てん補のケース

欠損てん補のための準備金減少については留意が必要である。利益準備金を減少して欠損てん補に充てた場合は、会計上は利益剰余金のなかでの振替、税務上は利益積立金額のなかでの振替になるため、特に申告調整の問題は生じない。

一方、資本準備金の減少によって生じたその他資本剰余金を欠損てん補に充てた場合は、会計上は次の仕訳のように資本剰余金から利益剰余金への振替となるのに対して、税務上は、交付金銭等がないため、資本金等の額も利益積立金額もともに変動しない。会計処理と税務処理との差異を申告調整によって解消する必要がある。

次に、資本準備金を600取り崩して発生したその他資本剰余金の全額を欠損てん補に充てた場合の会計上の仕訳と税務上の仕訳を示す。

資本準備金の減少による欠損てん補に係る会計と税務

```
会計上の仕訳
    資本準備金        600  /  その他資本剰余金   600
    その他資本剰余金   600  /  繰越利益剰余金    600
税務上の仕訳
    仕訳なし
```

この場合の申告調整は、次のように行う。

別表五（一）　利益積立金額および資本金等の額の計算に関する明細書

I　利益積立金額の計算に関する明細書

区　分	期首現在利益積立金額	当期の増減 減	当期の増減 増	差引翌期首現在利益積立金額 ①－②＋③
	①	②	③	④
利益準備金				
積立金				
資本金等の額			△600	△600
繰越損益金	△600	△600	××	××
納税充当金				

（注）会計上は、繰越利益剰余金のマイナスがてん補され、繰越損益金の欄もそれに合わせて600増加（マイナスが減少）するが、税務上は利益積立金額と資本金等の額との間の振替調整（プラス・マイナス600）を入れることにより、欠損のてん補がなかったものとして取り扱われる。利益積立金額に変動はない。

II　資本金等の額の計算に関する明細書

区　分	期首現在資本金等の額	当期の増減 減	当期の増減 増	差引翌期首現在資本金等の額
資本金または出資金	×××			×××
資本準備金	×××	600		×××
利益積立金額			600	600

（注）利益積立金額との間でプラス・マイナス600の振替調整が入ることによって、資本金等の額にも変動が生じないことが表される。

（3）平成27年度税制改正による地方税法の改正

平成27年度税制改正による地方税法の改正により、（平成18年5月1日以後に行われた）資本準備金の減少によって発生したその他資本剰余金による欠損てん補額（利益剰余金のマイナスに充当した額）は、法人住民税均等割の税率区分の基準となる額の算定上、減算するとされたため（地法23条1項4号の5）、均等割の負担が下がる可能性が生じる。地方税申告書の作成過程において、チェックをすべきである。

設例 13

ケーススタディ　資本準備金の減少

前提条件

過去に減資により発生したその他資本剰余金を原資とした剰余金の配当や自己株式の取得を行ってきた関係で、法人税法上の資本金等の額は1,000万円、貸借対照表上の資本金は800万円しかない。ところが、貸借対照表上の資本準備金はそのまま残っており、3,000万円ある。

平成27年度税制改正により、法人住民税均等割の税率区分の基準である資本金等の額が、資本金に資本準備金を加えた額を下回る場合、法人住民税均等割の税率区分の基準となる額を資本金に資本準備金を加えた額とする改正が行われたので、法人住民税均等割の税率区分の基準となる額は、平成27年4月1日以後に開始する事業年度から3,800万円（資本金800万円＋資本準備金3,000万円）に跳ね上がってしまう。

今回、資本準備金3,000万円を全額取り崩して、その他資本剰余金に計上した。会計処理、法人税法の処理および地方税法の処理を示しなさい。

解答

1. 会計処理

　　資本準備金　　　　3,000　　／　　その他資本剰余金　　3,000

2. 法人税の処理

資本準備金を取り崩してその他資本剰余金に計上しただけであり、株主に対する払戻しがないため、法人税法上は何もなかったものとして取り扱われる。資本金等の額も利益積立金額も変動はない。

仕訳なし

3. 地方税の処理

資本準備金を減少する前は、次の関係になっており、平成27年度税制改正後の法人住民税均等割の税率区分の基準となる額は、右辺の3,800万円になってしまう。

資本準備金減少前

法人住民税均等割の税率区分の基準である資本金等の額 1,000万円	<	資本金の額 800万円	+	資本準備金の額 3,000万円

➡ 法人住民税均等割の税率区分の基準となる額は、資本金の額＋資本準備金の額である3,800万円とされる。

資本準備金減少後

法人住民税均等割の税率区分の基準である資本金等の額 1,000万円	>	資本金の額 800万円	+	資本準備金の額 ゼロ

➡ 法人住民税均等割の税率区分の基準となる額は、1,000万円とされる。

資本準備金を減少しその他資本剰余金に計上したが、その他資本剰余金は右辺に含まれないため、資本準備金の減少後の右辺は800万円となり、左辺が右辺を超えることになる。この場合は、法人住民税均等割の税率区分の基準となる額は、左辺の1,000万円となる。税制改正の影響で負担が上がることはなく、従前のままとなる。

3　準備金の減少による剰余金を原資とする配当を受けた株主の処理

　準備金の額を減少し、剰余金に計上したうえで配当原資として用いることができる。準備金の減少の効力発生日以後に直ちに剰余金の配当を行うケースもあり得るし、剰余金に計上した後に時間を空けたうえで剰余金の配当を行うケースもあり得る。会計および税務上は、どちらのケースについても同様の取扱いとなる。

　利益準備金を減少して繰越利益剰余金に振り替えて、繰越利益剰余金からの配当を受けた株主側の処理であるが、利益積立金額からの分配である以上、受取配当金となる（法法23条1項1号）。個人株主の場合、全額が配当所得に係る収入金額となる。

　一方、資本準備金を減少してその他資本剰余金に振り替えて、その他資本剰余金を原資とする配当を受けた株主側の処理であるが、税務上、資本金等の額のうち払戻割合に対応する金額（減資資本金額）について、資本金等の額を減少し、それを超えて払い戻した金額について、利益積立金額を減少する。すなわち、一部についてみなし配当が生じ得る（法法24条1項3号）。株主側からみたときは、資本金等の額から払戻しを受けた額が株式の譲渡対価となり、みなし配当の部分が受取配当金（個人株主の場合は、配当所得に係る収入金額）となる。

　会計上は、その他資本剰余金が株主の払込資本であることから、投資の払戻しとしてとらえる。配当の対象となった有価証券が売買目的有価証券やその他有価証券で減損処理の対象となったものなどの例外ケースでない限り、原則として有価証券の帳簿価額の減額で処理する[注69]。会計上、有価証券の帳簿価額の減額処理をする一方において、税務上、

　（注69）改正企業会計基準適用指針第3号「その他資本剰余金の処分による配当を受けた株主の会計処理」。

みなし配当および株式の譲渡損益が認識されるため、それぞれについて申告書別表4において加減算が必要となる。

4 純資産の部の計数の変動

(1) 純資産の部の計数の変動の柔軟化

　会社法では、資本金・準備金の減少、剰余金から資本金・準備金への振替、任意積立金の積立て・取崩など、純資産の部の項目の計数を変動させる手続をひとまとめに純資産の部の計数の変動という。純資産の部の計数の変動は、剰余金の配当と同様に決算の確定手続とは切り離され、期中いつでも株主総会の決議によって行うことができる。

　資本金の減少額の全部または一部を準備金に計上できる点（会社法447条1項2号）、準備金の額を減少して資本金に計上する場合の決定機関が取締役会ではなく株主総会である点（同法448条1項2号）、剰余金から準備金に振替ができる点（同法451条）、定時株主総会において欠損のてん補に充当する（資本金の減少額が定時株主総会における欠損の額を超えない）資本金の減少の決議は株主総会の特別決議ではなく普通決議でよいものとされている点（同法309条2項9号）など、旧商法の取扱いに比べていくつかの変更点がある。

　また、旧商法289条2項において定められていた準備金の減少手続における4分の1規制も撤廃された点が変更されている。株式会社の成立後に減少することができる資本金または準備金の額については、何らの制限も設けられないため、いずれについても0円までの範囲で減少することが可能である。

（2）資本と利益の混同の禁止の明確化

「自己株式及び準備金の額の減少等に関する会計基準」においては、資本と利益の混同の禁止が明確にされている。それを受けて、会社計算規則において、次のように規定されている。

会社法447条の規定により資本金を減少して準備金に計上する場合は資本金を減少して資本準備金に計上する必要がある（計算規則26条1項1号）。資本金を減少して剰余金に計上する場合はその他資本剰余金に計上する（同規則27条1項1号）。

また、会社法448条の規定により資本準備金を減少する場合は、資本金に組み入れる額を除いて、その他資本剰余金に計上する必要がある（同規則27条1項2号）。利益準備金を減少する場合は、資本金に組み入れる額を除いて、その他利益剰余金に計上する必要がある（同規則29条1項1号）。

さらに、会社法451条の規定により剰余金を減少して準備金を増加させる場合は、その他資本剰余金を減少し資本準備金を増加させるか（同規則26条1項2号）、または、その他利益剰余金を減少して利益準備金を増加させる必要がある（同規則28条1項）。

一般に公正妥当と認められる企業会計の基準が定める資本と利益の混同の禁止の取扱いとの整合性を図ったものである。

（3）利益剰余金の資本組入れ

平成21年3月27日付の会社計算規則改正により、利益剰余金の資本組入れができることとされた。会社法施行時の会社計算規則では、剰余金から資本金に組み入れる場合はその他資本剰余金に限る旨の規定（旧会社計算規則48条1項2号）、また、準備金から資本金に組み入れる場合は

第7章　準備金の減少に係る会計・税務

資本準備金に限る旨の規定（旧会社計算規則48条1項1号）が置かれていたため、利益剰余金から資本金に組み入れることはできなかったわけあるが、それらの限定する旨の規定が削除されたため、できるものとされた。

もともと自己株式等会計基準は、資本剰余金と利益剰余金との間の混同、すなわち剰余金間の混同を禁じるものであって、資本金と剰余金との間にまで規制を及ぼす趣旨ではなかったことと、中小企業からの要望に応えたというのが改正理由のようである。

(4) 欠損てん補の場合

その他資本剰余金の減少により欠損てん補を行うことは認められる。欠損てん補とは、その他利益剰余金のマイナスにその他資本剰余金を充当する行為であり、従来どおり認められる。また、資本金または資本準備金の減少により欠損てん補を行う場合は、資本金または資本準備金はいったんその他資本剰余金に組み入れられ、そこからその他利益剰余金のマイナスに充てるという整理になる。

欠損てん補のために資本性の財源を取り崩して充当することは認められているが、それは次の理由による。すなわち、利益剰余金がマイナスであるということは、資本に欠損が生じている（払込資本に生じている毀損を事実として認識する）ということであり、払込資本と留保利益の区分の問題には当たらず、資本と利益の混同禁止には該当しないと解されているためである。ただし、資本剰余金からてん補するのは、年度決算確定時の利益剰余金のマイナスの範囲内である必要があり、期中に発生した利益剰余金のマイナスに対して資本性の財源を充当することはできない（「自己株式及び準備金の減少等に関する会計基準」61項参照）。

資本と利益の混同禁止

① 資本金から準備金に振り替える場合は、資本金は資本準備金にのみ振り替えることが可能であり、利益準備金への振替は認められない（計算規則26条1項1号）。

② 資本金から剰余金に振り替える場合は、その他資本剰余金に振り替える必要があり、欠損てん補に充てる場合を除いて、その他利益剰余金（繰越利益剰余金）への振替はできない（計算規則27条1項1号、29条1項3号）。

③ 準備金から剰余金に振り替える場合は、資本準備金からその他資本剰余金に、利益準備金からその他利益剰余金（繰越利益剰余金）に振り替えることができる。欠損てん補に充てる場合を除いて、資本準備金からその他利益剰余金（繰越利益剰余金）に振り替えることはできない（計算規則27条1項2号、29条1項1号、3号）。

④ 剰余金から準備金に振り替える場合は、その他資本剰余金から資本準備金に、その他利益剰余金から利益準備金に振り替えることができる（計算規則26条1項2号、28条1項）。

第8章

自己株式の会計・税務

1 自己株式の取得に係る会計・税務

(1) 自己株式の取得に係る会計処理

　取得した自己株式は、取得原価をもって純資産の部の株主資本から控除する（自己株式等会計基準7項）。期末に保有する自己株式は、純資産の部の株主資本の末尾に自己株式として一括して控除する形式で表示する（同基準8項）。自己株式の取得は、株主に対する資本の払戻しと考えられることから、企業会計基準第5号「貸借対照表の純資産の部の表示に関する会計基準」に基づき、純資産の部のうち株主資本の部において、控除形式で表示する。

　会社法においては、株主総会の決議により通常の方法で取得する以外にも、取得条項付株式の取得、譲渡制限株式の譲渡を承認しなかった場合の会社による買取り、取得請求権付株式の取得、全部取得条項付種類株式の取得、譲渡制限株式を取得した相続人その他の一般承継人に対する売渡請求による取得、単元未満株式の買取請求に基づく取得、他の事業の全部を譲り受ける場合の取得、合併による消滅会社からの取得、吸収分割をする会社からの取得など、さまざまな取得場面が想定されるが、取得の方法によって会計処理を区別する理由はないと考えられるため、すべて同様の会計処理を行う（自己株式等会計基準33項）。

(2) 自己株式の取得に係る税務処理

　平成18年度税制改正後は、自己株式の取得は資本の払戻しとして整理されている。資本金等の額の払戻しとそれを超えて払い戻した部分があるときはその超過額が利益積立金額からの払戻し（みなし配当）となる。

　すなわち、取得直前の（会社全体の）資本金等の額を直前の発行済株

式総数（自己の株式を除く）の数で除し、これに取得する自己株式の数を乗じて計算した金額（取得資本金額という）について資本金等の額を減算し、取得価額（交付金銭等の額）がその額（取得資本金額）を超えるときにその超過額を利益積立金額の減算（みなし配当）とする（法令8条1項18号、9条13号）。有価証券の取得ではなく、資本の払戻しとして整理されているため、購入手数料などの取得費用について損金算入が認められる。

設例 14

自己株式の取得に係る会計処理と税務処理

前提条件

自己株式を取得した。取得の対価を500とし、そのうち資本金等の額に対応する金額（取得資本金額）が400であるとする。自己株式の取得に係る会計処理、税務処理および申告調整を示しなさい。

解　答

1. 会計処理
 自己株式　　　　　500　　／　　現預金　　500
2. 税務処理
 資本金等の額　　　400　　／　　現預金　　500
 利益積立金額　　　100　　／

> 申告調整

別表4　所得の金額の計算に関する明細書

区　　分	総　　額	処　分	
		留　保	社外流出
	①	②	③
当期利益または当期欠損の額	×××	×××	配当　　100
			その他

別表五（一）　利益積立金額および資本金等の額の計算に関する明細書

Ⅰ　利益積立金額の計算に関する明細書

区　　分	期首現在利益積立金額	当期の増減		差引翌期首現在利益積立金額 ①−②+③
		減	増	
	①	②	③	④
利益準備金	×××			×××
積立金				
資本金等の額			△100	△100

Ⅱ　資本金等の額の計算に関する明細書

区　　分	期首現在資本金等の額	当期の増減		差引翌期首現在資本金等の額
		減	増	
資本金または出資金	×××			×××
資本準備金	×××			×××
自己株式		500		△500
利益積立金額			100	100

（参考） みなし配当が発生しないケース

上場会社等が市場取引により取得する場合は、みなし配当を認識しない特例が置かれており（法法24条1項4号括弧書き、法令23条3項）、払戻額全額について資本金等の額を減算するものと規定されている（法令8条1項19号）。

1. 会計処理
   自己株式　　　500　／　現預金　　500

2. 税務処理
   資本金等の額　500　／　現預金　　500

別表五（一）　利益積立金額および資本金等の額の計算に関する明細書

Ⅰ　利益積立金額の計算に関する明細書			
区　分	期首現在利益積立金額	当期の増減		差引翌期首現在利益積立金額 ①－②+③
		減	増	
	①	②	③	④
利益準備金	×××			×××
積立金				

Ⅱ　資本金等の額の計算に関する明細書			
区　分	期首現在資本金等の額	当期の増減		差引翌期首現在資本金等の額
		減	増	
資本金または出資金	×××			×××
資本準備金	×××			×××
自己株式		500		△500

（補足注）
　みなし配当が発生しないケースにおいては、別表4の記載は特に必要ない。資本金等の額が自己株式の取得価額と同額減少する旨の別表記載で足りる。

　なお、相続人からの自己株式の取得の場合で、みなし配当について課税しない特例（措法9条の7）が適用される場合、株式を譲渡した相続人の側はみなし配当について非課税となる（＝株式の譲渡所得のみとなる）が、自己株式を取得した発行法人側においては取得資本金額を超えて払い戻した額については利益積立金額の減少を原則どおり認識する点に留意する必要がある。それは、上場会社等の市場取引による取得のように取得価額全額について資本金等の額を減算する規定が置かれていないことから、原則どおりの処理になるからである。

（3）平成27年度税制改正による地方税法の改正

　平成27年度税制改正により、法人住民税均等割の税率区分の基準である資本金等の額が、資本金に資本準備金を加えた額を下回る場合、法人住民税均等割の税率区分の基準となる額を資本金に資本準備金を加えた額（または出資金の額）とする改正が行われた（地法52条4項）。適用時期は、平成27年4月1日以後に開始する事業年度について適用される。

　法人住民税均等割の税率区分の基準である資本金等の額 ＜ 資本金の額 ＋ 資本準備金の額

　➡　法人住民税均等割の税率区分の基準となる額を、資本金の額＋資本準備金の額（または出資金の額）とする。

　自己株式を取得したときに、この改正の影響を受ける場合が生じる。すなわち、自己株式を取得すると、先に説明したように、法人税法上の資本金等の額は減少する。したがって、上記の不等式の左辺が減少する。

しかし、自己株式を取得するときに、資本金や資本準備金を減少することは通常ないので、右辺は変わらない。その結果、左辺が右辺を下回る。法人住民税均等割の税率区分の基準となる額は、右辺の資本金の額に資本準備金の額を加えた額となるので、法人住民税均等割の税率区分の基準となる額は従前のまま変わらないということになる。改正前は均等割が下がるケースがあったが、改正後は直ちに下がることはないということになる。

設例 15

ケーススタディ　自己株式の取得

前提条件

自己株式の取得価額（交付金銭の額）が3,000,000円であったものとする。自己株式を取得した法人の取得直前の資本金等の額は12,000,000円であり、発行済株式総数240株のうち取得した自己株式の数が50株であったものとする。また、会計上の資本金は6,000,000円、資本準備金は6,000,000円であったとする。

なお、みなし配当に係る源泉所得税等の徴収については捨象する。

解　答

(1)　会計処理

会計処理は、自己株式等会計基準に基づいて、取得原価をもって株主資本から控除する。

　　自己株式　　　　3,000,000　　／　　現預金　　3,000,000

(2)　税務処理（法人税）

法人税法上は、資本金等の額の減算額をまず計算し、払戻額がその額を上回るときはその超過額を利益積立金額の減算額として処理する。

① 資本金等の額の減算額

まず資本金等の額の減算額を計算する。

資本金等の額の減算額（A）
$= \dfrac{\text{取得直前の資本金等の額}}{\text{直前の発行済株式総数（自己株式数を除く）}} \times \text{取得する自己株式数}$

＝12,000,000円／240株×50株

＝2,500,000円

② 利益積立金額の減算額

次に、利益積立金額の減算額を計算する。

交付金銭の額（払戻額）－資本金等の額の減算額（①で計算）

＝3,000,000円－2,500,000円

＝500,000円

③ 税務上の仕訳

資本金等の額	2,500,000	/	現預金	3,000,000
利益積立金額	500,000			

(3) 地方税の取扱い

　法人住民税均等割の税率区分の基準である資本金等の額が、資本金に資本準備金を加えた額を下回る場合、法人住民税均等割の税率区分の基準となる額は資本金に資本準備金を加えた額とされる（地法52条4項）。

　本件の場合、法人住民税均等割の税率区分の基準である資本金等の額は、自己株式の取得の結果9,500,000円（12,000,000円－2,500,000円）となるが、資本金と資本準備金の合計額は12,000,000円で変わらない。

　9,500,000円　＜　12,000,000円

　このように左辺が右辺を下回るので、法人住民税均等割の税率区分の基準となる額は、12,000,000円となる。

　平成27年度地方税法の改正前は、9,500,000円となり、均等割が下がったところが、改正後の取扱いでは均等割は変わらないということになる。

2 自己株式の処分に係る会計・税務

(1) 自己株式の処分に係る会計処理

　自己株式処分差益は、その他資本剰余金に計上する（自己株式等会計基準9項）。また、自己株式処分差損は、その他資本剰余金から減額する（同基準10項）。自己株式処分差損をその他資本剰余金から減額した結果、その他資本剰余金の残高が負の値となった場合には、会計期間末において、その他資本剰余金をゼロとし、当該負の値をその他利益剰余金（繰越利益剰余金）から減額する（同基準12項）。その他資本剰余金は株主からの払込資本であるため、会計期間末において、その他資本剰余金の残高が負の値になることがないようにという趣旨である。

(2) 自己株式の処分に係る税務処理

　自己株式の取得は資本の払戻しとされているため、自己株式を処分した場合は、新株発行と同様に、処分価額（払い込まれた金額）全額が資本金等の額の増加となる（法令8条1項1号）。

設例 16

自己株式の処分に係る会計処理と税務処理

前提条件

　設例14において取得した自己株式（取得価額500）を600で処分した場合の会計処理、税務処理および申告調整を示しなさい。

解答

1. 会計処理

現預金	600	自己株式	500
		自己株式処分差益	100
		（その他資本剰余金）	

2. 税務処理

現預金	600	資本金等の額	600

申告調整

別表五（一） 利益積立金額および資本金等の額の計算に関する明細書

I 利益積立金額の計算に関する明細書				
区　分	期首現在利益積立金額	当期の増減		差引翌期首現在利益積立金額 ①－②＋③
		減	増	
	①	②	③	④
利益準備金				
積立金				
資本金等の額	△100			△100

II 資本金等の額の計算に関する明細書				
区　分	期首現在資本金等の額	当期の増減		差引翌期首現在資本金等の額
		減	増	
資本金または出資金	××			××
資本準備金	××			××
その他資本剰余金	××		100	××
自己株式	△500		500	0
利益積立金額	100			100

（注）利益積立金額には変動がなく、資本金等の額はトータルで600増加することが表されている。

3 自己株式の消却に係る会計・税務

(1) 自己株式の消却に係る会計処理

　自己株式を消却した場合には、消却手続が完了したときに、消却の対象となった自己株式の帳簿価額をその他資本剰余金から減額する（自己株式等会計基準11項）。自己株式の消却によるその他資本剰余金の減額の結果、その他資本剰余金の残高が負の値となった場合には、会計期間末において、その他資本剰余金をゼロとし、当該負の値をその他利益剰余金（繰越利益剰余金）から減額する（同基準12項）。

　自己株式の消却に係る決議は、取締役会設置会社の場合は、取締役会の決定により消却する自己株式の数（種類株式発行会社の場合は、自己株式の種類および種類ごとの数）を定めて行う（会社法178条1項、2項）。消却手続の完了とは、株券の廃棄（株券発行会社の場合のみ）および株主名簿の抹消が完了した時である。

　なお、自己株式の処分および消却時の帳簿価額は、会社の定めた計算方法に従って、株式の種類ごとに算定する（自己株式等会計基準13項）。また、自己株式の取得、処分および消却に関する付随費用は、損益計算書の営業外費用に計上する（同基準14項）。

(2) 自己株式の消却に係る税務処理

　自己株式の取得は、資本の払戻しとして整理されているため、自己株式を消却した段階では、特に税務上の仕訳は発生しない。取得した段階において資本の払戻しがされたととらえているわけであり、自己株式の帳簿価額はない。

　取得した自己株式を消却する段階においては、税務上は資本金等の額

および利益積立金額の双方について金額の変動は生じない。

設例 17

自己株式の消却に係る会計処理と税務処理

前提条件

設例14で取得した自己株式（取得価額500）を消却したときの会計処理と税務処理および申告調整を示しなさい。

解答

1. 会計処理

   その他資本剰余金　　500　／　　自己株式　　500

2. 税務処理

   仕訳なし

申告調整

別表五（一）　利益積立金額および資本金等の額の計算に関する明細書

区　　分	期首現在利益積立金額	当期の増減		差引翌期首現在利益積立金額 ①－②＋③
		減	増	
	①	②	③	④
利益準備金				
積立金				
資本金等の額	△100			△100

Ⅱ　資本金等の額の計算に関する明細書				
区　　分	期首現在資本金等の額	当期の増減		差引翌期首現在資本金等の額
		減	増	
資本金または出資金	×××			×××
資本準備金	×××			×××

第8章 自己株式の会計・税務

その他資本剰余金	×××	500		×××
自己株式	△500		500	0
利益積立金額	100			100

(注) 利益積立金額、資本金等の額ともに変動が生じないことが表されている。

4 連結財務諸表における子会社および関連会社が保有する親会社株式等の取扱い

　連結子会社が保有する親会社株式は、親会社が保有している自己株式と合わせ、純資産の部の株主資本に対する控除項目として表示する。株主資本から控除する金額は親会社株式の持分相当額とし、非支配株主持分から控除する金額は非支配株主持分相当額とする（自己株式等会計基準15項）。

　連結子会社における親会社株式の売却損益（内部取引によるものを除いた親会社持分相当額）の会計処理は、親会社における自己株式処分差額の会計処理（自己株式等会計基準9項、10項参照）と同様とする。非支配株主持分から控除する金額は非支配株主持分相当額とする（自己株式等会計基準16項）。

　持分法の適用対象となっている子会社および関連会社が親会社株式等（子会社においては親会社株式、関連会社においては当該会社に対して持分法を適用する投資会社の株式）を保有する場合は、親会社等（子会社においては親会社、関連会社においては当該会社に対して持分法を適用する投資会社）の持分相当額を自己株式として純資産の部の株主資本から控除し、当該会社に対する投資勘定を同額減額する（自己株式等会計基準17項）。

　持分法の適用対象となっている子会社および関連会社における親会社株式等の売却損益（内部取引によるものを除いた親会社等の持分相当額）は、親会社における自己株式処分差額の会計処理（自己株式等会計基準

9項、10項参照）と同様とし、また、当該会社に対する投資勘定を同額加減する（自己株式等会計基準18項）。

5　100％グループ内の内国法人の株式を発行法人に譲渡する場合の取扱い

下図のように、発行法人に対して（発行法人の発行した）株式を譲渡する（取得法人側にとっては自己株式を取得する）場合、下記の「①譲渡損が発生するケース」では、交付金銭等の額からみなし配当の額を控除した金額が株式の譲渡対価となるため、譲渡損が認識される一方で、みなし配当については益金不算入規定が適用されることで、節税を図るケースがあった。

①　譲渡損が発生するケース

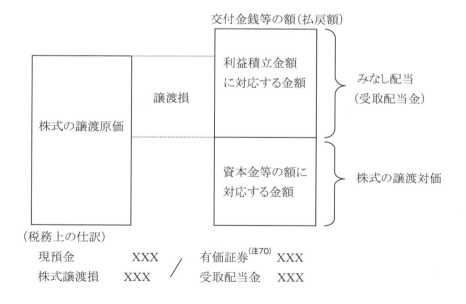

(注70)「有価証券」勘定の貸方は、株式の譲渡原価相当額を株式の帳簿価額から減額するという意味である（以下同様）。

② 譲渡益が発生するケース

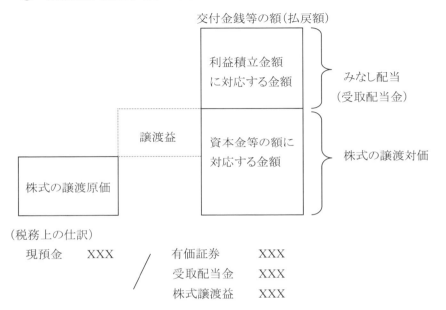

(税務上の仕訳)
現預金　　XXX　／　有価証券　　XXX
　　　　　　　　　　受取配当金　XXX
　　　　　　　　　　株式譲渡益　XXX

　平成22年度税制改正により、100％グループ内の内国法人の株式を発行法人に対して譲渡する等の場合には、その譲渡損益を計上しないものとされた（法法61条の2第16項）。本改正は、平成22年10月1日以後の自己株式の取得から適用されている。

　この場合、会計上は、譲渡損益を計上するが、申告調整により益金または損金のいずれにも算入しないようにする。

6　みなし配当の益金不算入制限

　法人の株主に対して、その法人の自己株式の取得に伴い、金銭または金銭以外の資産が交付された場合、その交付金銭等の額のうちその法人の資本金等の額に対応する金額（取得資本金額）を超える部分の金額は配当とみなされる（法法24条1項4号、法令23条1項4号）。法人株主である場合は、このみなし配当について益金不算入規定の適用を受ける

（法法23条1項）。

　平成22年度税制改正により、発行法人が自己株式として取得することを予定している株式を取得し、予定通り取得された場合には、これにより生ずるみなし配当について益金不算入制度を適用しないものとされた（法法23条3項、法令20条の2）。本改正は、平成22年10月1日以後に法人が自己株式の取得が予定されている株式を取得した場合に、その後の発行法人に対する譲渡について適用される。

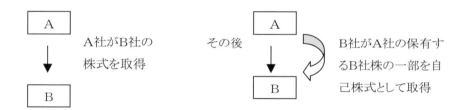

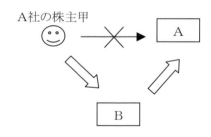

株主甲が発行法人であるA社に所有している株式を直接譲渡するとみなし配当に係る課税が生ずる。そこで、いったんB社に譲渡し、その後B社がA社に譲渡する。

　上記のようなケースでは、発行法人に株式を譲渡する法人において譲渡損が計上される一方で、みなし配当は益金不算入となり、節税が可能となる。本改正は、節税スキーム封じの色彩が強いものといえる。

　「自己株式として取得されることを予定して取得」したかどうかは、事実認定に委ねられることになる。事実認定に係る判断基準を法令で立法することは極めて困難であるため、それについては実務上の解釈や運用に委ねられるものと考えられる。

この点については、例えばA法人の株式をB法人が買い集めた後にC法人がB法人を（適格）合併し、その後にC法人が所有しているA法人株式をA法人に取得されるような場合、被合併法人であるB法人が当該株式を取得した時点ですでに自己株式の取得が予定されていた場合には、益金不算入規定は不適用となる点が政令で明らかにされている（法令20条1号）。本規定は、当該取得株式が適格合併、適格分割または適格現物出資により被合併法人、分割法人または現物出資法人から移転を受けたものである場合に適用される。

　また、上場会社等が自己の株式の公開買付けを行う場合における公開買付期間中に、法人が当該株式を取得したときの当該株式については、「自己株式の取得が予定されている株式」に該当する（法基通3-1-8）。

　さらに、上場会社等が合併等の組織再編を行う場合に、その合併等に反対の株主には、その有する株式の買取請求権が認められているが（会社法785条1項、797条1項、806条1項等）、合併等を行う旨を公告した後、株式買取請求を行うことができる期間（例えば吸収合併の場合には、吸収合併の効力発生日の前日までの期間）に法人が取得した買取請求の対象となる当該上場会社等の株式も、「自己株式の取得が予定されている株式」に該当すると考えられる[注71]。

　なお、本改正は、100％のグループ内以外が適用範囲である点に留意する必要がある。それは、法人税法23条3項に「法人税法61条の2第16項の規定の適用があるものを除く」とかっこ書きが付されているからである。したがって、100％グループ内の法人が自己株式を取得した場合は、譲渡損益不計上となる一方、みなし配当については従来どおり益金不算入規定の適用を受けることになる。

（注71）小原一博編著「法人税基本通達逐条解説」税務研究会出版局、P376。

7 自己株式の低廉取得の取扱い

　自己株式を、時価を下回る価額により取得（低廉取得）した場合の取扱いが問題となる。平成18年度税制改正前は、自己株式の取得は資産（有価証券）の取得を前提とした規定になっていたため、資産の低廉取得にそのまま該当することになるため、時価と取得価額との差額が発行法人において受贈益として認識されることは当然であった。

　一方、平成18年度税制改正後は、資本等取引として整理されたため、自己株式を取得したときは、資本金等の額の減算すべき額（取得資本金額）をまず計算し、取得資本金額が交付金銭の額（取得価額）を上回る計算結果が出た場合に、超過額を減算した額と規定されている（法令8条1項18号）。低廉取得である場合は、交付金銭の額（取得価額）が時価よりも低い価額になっているため、取得資本金額の計算結果が交付金銭の額（取得価額）を上回る可能性が高いことになる。その場合の取得資本金額はその超過額を減算した額となるので、取得資本金額と交付金銭の額（取得価額）は次のように等しくなる。

　　資本金等の額　　　×××　／　現預金　　　×××
　　　　↑　　　　　　　　　　　　　↑
　　取得資本金額　　　　　　　　交付金銭の額

　自己株式の低廉取得は、有利発行による新株発行（増資）とちょうど正反対の取引にあたる。有利発行による新株発行の場合は払い込まれた金銭の額について資本金等の額の増加を認識するのみであり（法令8条1項1号）、時価と払込金額との差額について寄附金を認識することは通常はない。それと整合的に規定されている自己株式の取得の場合は、

先に説明したように、低廉取得であっても実際に払い戻した金銭の額について資本金等の額を減算するとされており、受贈益を認識する直接の規定はない。

ただし、株主と発行法人との間で適正な時価を認識する中であえて時価と異なる価額で取得することについて経済的合理性を欠いたものについては、時価と取得価額との差額部分について損益取引として資本等取引とは区別して寄附金または受贈益を認識して取り扱うという考え方は成り立つと考えられ、そのような経済的合理性を欠いた取引について受贈益が認定されることはあり得ると思われる[注72]。

なお、経済的利益の供与を意図する取引において、それが株式を譲渡する株主から発行法人に対する利益供与なのか、株式を譲渡する株主から他の株主に対する利益供与なのかは、その取引の実態、取引当事者の意図等に基づいて判断されるべきであるように考えられる。いずれにしても、発行法人において受贈益が認識されるのは例外的であると考えられる。

(注72) 時価と異なる価額で自己株式の取得が行われた場合の発行法人において、資本等取引として原則として寄附金または受贈益の問題は生じないが、適正な時価を認識しつつ、贈与または経済的な利益を供与する意図をもってなされた場合は適正な価額での取引と差額寄附金または受贈益の損益取引が行われたものと認定されるおそれがあるとの見解として、諸星健司「資本等取引をめぐる法人税実務(三訂版)」税務研究会(P117からP118)がある。

第 9 章

剰余金の配当に係る会計・税務

1 剰余金の配当に係る会計・税務

(1) 剰余金の配当に係る会計処理

① 配当した会社における会計処理

　剰余金の配当に係る会計処理であるが、その配当する剰余金の原資に対応して適切に行う必要がある。その他資本剰余金からの配当なのか、その他利益剰余金（繰越利益剰余金）からの配当であるのかによって、会計処理が異なる。配当の決議に際してその剰余金の原資を定める必要があるが、取締役会等の会社の意思決定機関が定めることになる。配当の効力発生日において該当する剰余金の減額処理を行う。

　株主資本等変動計算書には、当事業年度の会計期間中の純資産の部の各項目の変動状況が表されるが、その他資本剰余金からの配当であればその他資本剰余金の減少、および配当に際して準備金の積立てを行ったのであればそれに対応する資本準備金の増加が表される。また、その他利益剰余金（繰越利益剰余金）からの配当であればその他利益剰余金（繰越利益剰余金）の減少、および配当に際して準備金の積立てを行ったのであればそれに対応する利益準備金の増加が表される。

　剰余金の配当に伴い、準備金の積立てを行った場合、剰余金の減少額は、配当による減少額と準備金への積立てによる減少額の合計額となる点に留意する必要がある。

② 株主側の会計処理

　配当を受け取った株主側の会計処理であるが、その他利益剰余金（繰越利益剰余金）から配当を受け取った場合は、受取配当金として収益に計上する。

第9章 剰余金の配当に係る会計・税務

| 現預金 | ××× | / | 受取配当金 | ××× |
| 仮払税金 | ××× | | | |

（注） 利益剰余金からの配当の場合、配当の全額が所得税等の源泉徴収の対象となるため、源泉徴収された税額を仮払税金（または法人税等）として処理する。

また、その他資本剰余金から配当を受け取った場合は、投資の払戻しとしてとらえて、原則として有価証券の帳簿価額の減額処理を行う。

| 現預金 | ××× | / | 投資有価証券 | ××× |
| 仮払税金 | ××× | | | |

（注） 次項で説明するように、資本剰余金からの配当については、税務上、みなし配当が発生するケースが生じうるため、その場合は、みなし配当について源泉徴収された税額を仮払税金（または法人税等）として処理する。

なお、剰余金を配当する会社は、取締役会等の会社の意思決定機関で定められた配当の原資（その他資本剰余金またはその他利益剰余金）を速やかに公表することが望ましいとされている点に留意する必要がある[注73]。会社法では、剰余金の配当は期中いつでも決議できるものとして整理されているため、配当する会社は配当金の原資を速やかに公表しないと、配当を受け取った株主側で適切な会計処理ができないためである。期中に行われる配当の場合は、取締役会の決議によって行われるケースも多いと考えられるため、配当の通知書または配当を行うに際し

（注73）企業会計基準適用指針第3号「その他資本剰余金の処分による配当を受けた株主の会計処理」16項。

ての証券取引所の開示資料等によって配当金の原資を明らかにする対応が考えられる。

（2）剰余金の配当に係る税務

① 資本剰余金からの配当と利益剰余金からの配当

　平成18年度税制改正前の税法上は、当期未処分利益（会社法では、その他利益剰余金）からの配当とその他資本剰余金からの配当を区別せず、どちらも配当として取り扱っていた（旧法法2条18号ヌ）。旧法人税基本通達3－1－7の5において、「法人が受ける利益の配当が、商法289条2項（法定準備金の取崩し制限）の規定による資本準備金の取崩しにより生じたその他資本剰余金を原資として行われたものであっても、法人税法23条（受取配当等の益金不算入）の規定の適用があることに留意する。」としており、利益剰余金からの配当と同様に取り扱う点が示されていた。

　平成18年度税制改正では、法人税法24条1項の規定のなかに、「資本の払戻し（剰余金の配当（資本剰余金の額の減少に伴うものに限る）のうち、分割型分割によるもの以外のものをいう）または解散による残余財産の分配」が設けられ、資本剰余金の額の減少に伴う剰余金の配当については、払戻額のうち資本金等の額に対応する部分については資本金等の額を減算し、払戻額がそれを超えるときはその超過額について利益積立金額からの払戻しとしてみなし配当課税を適用するものとして整理されている。

　減少する資本金等の額は、株主側では株式の譲渡対価となるため、譲渡原価との差額が譲渡損益として認識される。譲渡原価は、当該株式の払戻しの直前における帳簿価額に対して払戻割合を乗じて算定される（法法61条の2第17項、法令119条の9第1項）。払戻割合は、配当した会社から株主に対する通知事項とされているため（法令119条の9第2項）、

株主は通知を受けた払戻割合に基づいて株式の譲渡原価を計算することができる。

資本剰余金の額の減少に伴う剰余金の配当の場合（配当した法人における計算）

> 資本金等の額の減算額（A）＝資本金等の額×$\dfrac{資本の払戻しにより減少する資本剰余金の額}{前期末の簿価純資産額}$
> （小数点３位未満切上げ）
>
> 払戻額（交付金銭等）－（A）＝利益積立金額の減少額（みなし配当）
>
> （注） 税務上、資本剰余金からの配当は、資本金等の額からの払戻しと利益積立金額からの払戻しに区分計算する（法法24条１項３号、法令８条１項16号、９条１項11号）
>
> ※ 分数に小数点以下３位未満の端数があるときは、切上げ
> ※ 払戻し直前の資本金等の額がゼロ以下である場合には算式中の分数の割合をゼロとし、払戻し直前の資本金等の額がゼロを超え、かつ、分母の簿価純資産額がゼロ以下である場合は、算式の分数の割合を１とする。

　要するに、法人税法は、会社法に合わせた整理を行っている。会社法では、有償減資という制度がなくなり、減資の決議と剰余金の配当の決議を両方行い、減資の効力発生日以後に剰余金の配当として株主に対して払い戻す制度として整理されているが、そのような行為をした場合も、減資により発生した資本剰余金を配当原資とするのであれば、資本金等の額の減算とそれを超えて払い戻した場合に、その超過額が利益積立金額の減算（みなし配当）として取り扱われることとなる。みなし配当については、受取配当等の益金不算入の規定が適用される。

　なお、利益剰余金から配当した場合は、利益積立金額からの払戻しであり、株主側ではいったん受取配当金として計上し、受取配当等の益金不算入規定の適用を受ける（法法23条１項）。

② 配当の計上時期

　法人が受ける剰余金の配当は、配当の効力発生日の属する事業年度の

収益とする（法基通2-1-27(1)イ）。法人が、配当落ち日に未収配当金の見積計上をしている場合であっても、当該未収配当金の額は、未確定の収益として当該配当落ち日の属する事業年度の益金の額に算入しない点に留意する必要がある（同通達の注）。

　持分会社（合名・合資・合同会社）のように、配当の決議において効力発生日を必ずしも決議しなくてよい会社の場合は、社員総会等の決議の日（定款で定めた日があるときはその日）の属する事業年度の収益とする（同通達2-1-27(1)ロ）。

　また、資本の払戻しによるみなし配当についても、資本の払戻しに係る剰余金の配当の効力発生日の属する事業年度の収益とする（同通達(5)ハ）。

　ただし、継続適用を条件として、法人が他の法人から受ける剰余金の配当等の額でその支払のために通常要する期間内に支払を受けるものにつき、実際に支払を受けた日の属する事業年度の収益としているとき、それが認められる（法基通2-1-28）。

③　受取配当等の益金不算入
（ⅰ）受取配当等の益金不算入の対象となる配当等

　　受取配当金は、会計上は営業外収益に計上すべきものであり、収益計上がなされる。ところが、法人税法上は、原則として益金に算入しない。配当は課税済みの利益積立金額から行われるものであって、配当を受け取った法人の側でさらに課税されると、二重課税が発生することになる。二重課税を排除するために、配当を受け取った法人の側において、課税所得から除外するのである。益金不算入の対象となる配当等は、次のとおりである（法法23条1項）。

第9章　剰余金の配当に係る会計・税務

受取配当等の益金不算入の対象となる配当等

（a）剰余金の配当（株式または出資に係るものに限るものとし、資本剰余金の額の減少に伴うものおよび分割型分割によるものを除く）もしくは利益の配当（分割型分割によるものを除く）または剰余金の分配（出資に係るものに限る）の額

（b）投資信託及び投資法人に関する法律137条（金銭の分配）の金銭の分配（出資総額等の減少に伴う金銭の分配として財務省令で定めるもの（法人税法24条1項3号（配当等の額とみなす金額）において「出資等減少分配」という）を除く）の額

（c）資産の流動化に関する法律115条1項（中間配当）に規定する金銭の分配の額

　平成27年度税制改正により、公社債投資信託以外の証券投資信託（いわゆる株式投信）の収益の分配の額については、その全額を益金の額に算入するとされた。純粋な投資商品である点に着目され、改められたものである。ただし、特定株式投資信託（ETF等）[注74]の収益の分配の額については、その受益権を株式等と同様に取り扱い、「非支配目的株式等」として、その収益の分配の額の20％相当額を益金不算入とする。

（ⅱ）完全子法人株式等、関連法人株式等、その他の株式等および非支配目的株式等

　平成27年度税制改正により、受取配当等の益金不算入制度に係る重要な改正が行われた。適用時期は、平成27年4月1日以後に開始する事業年度の所得に対する法人税について適用され、法人の同日前に開

（注74）その信託財産を株式のみに対する投資として運用することを目的とする証券投資信託のうち、その受益権が金融商品取引所に上場されていること等の要件に該当するものをいう（措法3条の2）。特定株式投資信託に該当する投資信託として、上場投資信託（ETF）が代表的である。収益の分配の額だけでなく、その受益権の譲渡についても、株式等と同様に取り扱われる。

始した事業年度の所得に対する法人税については、従前どおりである（改正法附則21条）。

「株式等の区分」およびその配当等の「益金不算入割合」について、改正前と改正後の内容を比較すると次の表のとおりである（法法23条1項、81条の4第1項）。

益金不算入となる「株式等の区分」および「益金不算入割合」

改正前		改正後	
区　分	益金不算入割合	区　分	益金不算入割合
完全子法人株式等（株式等保有割合100％）	100分の100	完全子法人株式等（株式等保有割合100％）	100分の100
関係法人株式等（株式等保有割合25％以上）		関連法人株式等（株式等保有割合3分の1超）	
上記以外の株式等	100分の50	その他の株式等	100分の50
		非支配目的株式等（株式等保有割合5％以下）	100分の20

各株式等の区分の判定は、次のように行う。

株式等の区分ごとの判定方法

区　分	判定方法
完全子法人株式等	当該配当等に係る計算期間(注75)の初日からその計算期間の末日までの間、完全支配関係が継続していること（従来と実質同じ）。
関連法人株式等	当該配当等に係る計算期間の初日からその計算期間の末日までの間、3分の1超の保有割合が継続していること。ただし、直前の配当等の額の支払に係る基準日の翌日が今回の配当等の額の支払に係る基準日から起算して6ヵ月前の日以前の日である場合には、その6

（注75）計算期間とは、その配当等の支払を受ける直前にその配当等の額を支払う他の内国法人により支払われた配当等の額の支払に係る基準日の翌日からその支払を受ける配当等の額（今回の配当等の額）の支払に係る基準日までの期間である（法令22条の3第2項）。

	ヵ月前の日の翌日を起算日とする。 ということは、計算期間が６ヵ月間を下回ることはほとんどないため、通常は当該配当等に係る基準日以前６ヵ月間、３分の１超の保有割合が継続していることが要件となる。
その他の株式等	当該配当等に係る基準日において５％超の保有割合であること（完全子法人株式等および関連法人株式等のいずれにも該当しないこと）。
非支配目的株式等	当該配当等に係る基準日において５％以下の保有割合であること。

　完全子法人株式等の定義は、従来と実質同じであるため、他の３つの区分について解説する。

（ａ）関連法人株式等

　改正前の関係法人株式等は、その配当等の効力発生日以前６ヵ月間、25％以上の株式保有等割合が継続していることとされていたが、「効力発生日」を起算日とするのではなく、「基準日」を起算日とする取扱いに改められた点に留意が必要である（法令22条の３第２項）。

　なお、関連法人株式等の判定における起算日については、次の調整規定が置かれている点にも注意が必要である（法令22条の３第２項１号から３号）。

・直前の配当等の額の支払に係る基準日の翌日が今回の配当等の額の支払に係る基準日から起算して６ヵ月前の日以前の日である場合または今回の配当等の額がその６ヵ月前の日以前に設立された他の内国法人からその設立の日以後最初に支払われる配当等の額である場合には、その６ヵ月前の日の翌日を起算日とする。

・今回の配当等の額がその支払に係る基準日以前６ヵ月以内に設立された他の内国法人からその設立の日以後最初に支払われる配当等の額である場合には、その設立の日を起算日とする。

・今回の配当等の額がその元本である株式等を発行した他の内国法人からその支払に係る基準日以前6ヵ月以内に取得した株式等につきその取得の日以後最初に支払われる配当等の額である場合には、その取得の日を起算日とする。

（b）その他の株式等

当該配当等に係る基準日において5％超の保有割合であり、かつ、完全子法人株式等および関連法人株式等のいずれにも該当しないものが「その他の株式等」となる[注76]。

なお、基準日における保有割合が5％超か5％以下であるかの判定においては、次に説明する短期保有株式等は除外して判定する必要がある。

（c）非支配目的株式等

当該配当等に係る基準日において5％以下の保有割合である株式等は、「非支配目的株式等」に該当する。

「その他の株式等」に該当するか、「非支配目的株式等」に該当するかは、その配当等に係る基準日における保有割合が5％超か5％以下であるかによって判定される。しかし、株式等を基準日直前に新たに取得し、基準日直後に譲渡することにより基準日における保有割合を一時的に引き上げる等の潜脱的行為による税負担の軽減が図られる可能性がある。そこで、短期保有株式等がある場合は、その短期保有株式等を有しないものとして基準日において5％超か5％以下であるかを判定する取扱いが置かれている（法令22条の3

（注76）その支払を受ける配当等の額が、自己株式の取得によるみなし配当の額など、資本の払戻し以外の事由による配当等の額とみなされる金額である場合には、その支払に係る効力発生日の前日において発行済株式等の5％以下に相当する数または金額の株式等を有する場合におけるその株式等である（法令22条の3の2第1項）。この取扱いに対応して、みなし配当に係る発行法人の通知義務の項目として、みなし配当の生じた日の前日における発行済株式等の総数が追加されている（法令23条4項1号）。

の2第2項)。

　なお、短期保有株式等とは、その支払を受ける配当等の額の元本である株式等をその配当等の額の支払に係る基準日以前1ヵ月以内に取得し、かつ、その株式等またはその株式等と銘柄を同じくする株式等をその基準日後2ヵ月以内に譲渡した場合におけるその譲渡した株式等のうち、次の算式により計算した数または金額に相当するものをいう（法令22条の3 の2第2項、19条）。

$$\text{支払に係る基準日後2ヵ月以内に譲渡をした元本株式等の数} \times \frac{\text{支払に係る基準日において有する元本株式等の数} \times \frac{\text{支払に係る基準日以前1ヵ月以内に取得をした元本株式等の数}}{\text{支払に係る基準日から起算して1ヵ月前の日において有する元本株式等の数} + \text{支払に係る基準日以前1ヵ月以内に取得をした元本株式等の数}}}{\text{支払に係る基準日において有する元本株式等の数} + \text{支払に係る基準日後2ヵ月以内に取得をした元本株式等の数}}$$

　なお、この短期保有株式等に係る配当については、従来どおり全額益金の額に算入される（法法23条2項）。

(ⅲ) **負債利子に係る取扱い**

　平成27年度税制改正により、受取配当等の益金不算入額を計算するときの負債利子の取扱いも併せて改正され、次のように取り扱われることとされた。この改正の適用時期も、平成27年4月1日以後に開始する事業年度の所得に対する法人税について適用され、法人の同日前に開始した事業年度の所得に対する法人税については、従前どおりである（改正法附則21条）。

改正後の区分および負債利子控除の要否

改正後の区分	負債利子の控除の要否
完全子法人株式等（株式等保有割合100％）	負債利子控除不要（従来どおり）
関連法人株式等（株式等保有割合3分の1超）	負債利子控除必要
その他の株式等（株式等保有割合5％超）	負債利子控除不要
非支配目的株式等（株式等保有割合5％以下）	負債利子控除不要

改正後は、関連法人株式等についてのみ、負債利子の控除が必要である。負債利子の額の計算方法であるが、原則法と簡便法のいずれかから選択できる。

なお、平成27年度税制改正により、簡便法の基準年度が平成27年4月1日から平成29年3月31日までの間に開始する事業年度に改められた。

（a）原則法

原則法による場合、控除負債利子の額は、次の算式により計算される。

$$当期に支払う負債の利子の額 \times \frac{当期末および前期末の期末関連法人株式等の帳簿価額の合計額}{当期末および前期末の総資産の帳簿価額の合計額}$$

負債利子には、次に掲げるものも含まれる点に留意する必要がある（法基通3-2-1）。

① 受取手形の手形金額と当該受取手形の割引による受領金額との差額を手形売却損として処理している場合の当該差額（支払割引料として処理している場合も含まれる）
② 買掛金を手形によって支払った場合において、相手方に対して当該手形の割引料を負担したときにおけるその負担した割引料相当額
③ 従業員預り金、営業保証金、敷金その他これらに準ずる預り金の利子
④ 金融機関の預金利息および給付補てん備金繰入額

⑤ 相互会社の支払う基金利息
⑥ 相互掛金契約により給付を受けた金額が掛け込むべき金額の合計額に満たない場合のそのその差額に相当する金額
⑦ 信用事業を営む協同組合等が支出する事業分量配当のうちその協同組合等が受け入れる預貯金（定期積金を含む）の額に応じて分配するもの

・期末関連法人株式等

　上記の分数（「負債利子控除割合」という）の分子における期末関連法人株式等とは、法人が有する株式等でその法人の各事業年度終了の日の6ヵ月前の日の翌日を計算期間の初日とし、その事業年度終了の日を計算期間の末日とした場合に関連法人株式等となる株式等をいう（法令22条2項）。ただし、期末完全子法人株式等は除く。

　要するに、法人が有する株式等のうち、事業年度終了の日の6ヵ月前の日の翌日から事業年度終了の日まで3分の1超の保有割合である株式等であり、完全子法人株式等を除くものをいう。実際の計算期間ではなく、その配当等の額の支払を受ける法人の当期または前期の期末日以前6ヵ月の期間を通じて、その配当等の額を支払う他の内国法人の発行済株式等の総数または総額の3分の1を超える数または金額の株式等を有している場合におけるその株式等をいう。

　平成27年度税制改正により、株式等の区分および益金不算入割合に係る改正が行われた。例えば、平成28年12月期においては、平成28年12月期（当期）および平成27年12月期（前期）の期末関連法人株式等の帳簿価額をとらえる必要があるが、平成27年3月期（前期）についても改正後の規定に基づいて期末関連法人株式等の帳簿価額を新たに算定しなければならない点に留意する必要がある。平成27年12月期においては、期末関連法人株式等という区分はなかったため、前期の時の数字をそのまま流用することはできないということ

になる。

・総資産の帳簿価額

　分母の総資産の帳簿価額は、確定した決算に基づく貸借対照表の帳簿価額であり、税務上の帳簿価額ではない。ただし、法人の経理処理によって金額に違いが生じることは好ましくないため、一定の加算または減算の調整が必要になる場合がある点にも留意する必要がある（法令22条1項1号、法基通3－2－5から3－2－7）。例えば、圧縮積立金や特別償却準備金を控除したり、支払承諾見返勘定または保証債務見返勘定のように単なる対照勘定として貸借対照表の資産および負債の部に両建経理されている金額がある場合には、当該資産の部に経理されている金額は、総資産の帳簿価額から控除するなど、通達によりいくつかの調整項目が示されている。

　なお、平成27年度税制改正により、負債利子控除割合の計算における総資産の帳簿価額から減算（または加算）をする金額から、その他有価証券評価差額金が除外された（旧法令22条1項1号ニ・ヘ）。総資産の帳簿価額の計算上、調整を入れる必要はなくなった。

　この改正は、関連法人株式等に係る配当等の額の益金不算入額の計算についてのみ、負債利子を控除することとなったことに対応するものである。

（b）簡便法

　簡便法を選択する場合は、次の算式により控除負債利子の額を計算することになる。

$$\text{当期に支払う負債利子の額} \times \frac{\text{基準年度において原則法により期末関連法人株式等に係る負債利子額として計算した額の合計額}}{\text{基準年度において支払った負債の利子の額の合計額}}$$

平成27年度税制改正により、簡便法の基準年度が、平成27年4月1日から平成29年3月31日までの間に開始する事業年度とされた。

また、その法人が平成27年4月1日後に行われる適格合併に係る合併法人である場合には、その法人およびその適格合併に係る被合併法人のすべてが平成27年4月1日に存在していたもの（新設合併である場合にあっては、被合併法人のすべてが平成27年4月1日に存在していたもの）についてのみ簡便法が適用できる。

2 現物配当に係る会計処理

企業会計基準委員会から公表されている改正企業会計基準適用指針第2号「自己株式及び準備金の額の減少等に関する会計基準の適用指針」によれば、現物配当を行う会社の会計処理は、次のように原則として、配当財産の時価と適正な帳簿価額との差額について損益を認識する。

(1) 現物配当に係る会計処理

① 損益を認識するケース

配当財産が金銭以外の財産である場合、配当の効力発生日における配当財産の時価と適正な帳簿価額との差額は、配当の効力発生日の属する期の損益として、配当財産の種類等に応じた表示区分に計上し、配当財産の時価をもって、その他資本剰余金またはその他利益剰余金（繰越利益剰余金）を減額する。

すなわち、配当財産の時価と適正な帳簿価額との差額は、損益計算書上の損益として認識する。同時に、配当財産の時価相当額について、その他資本剰余金またはその他利益剰余金（繰越利益剰余金）の減額を行う。

現物配当は、投資の清算であるという見方に立つことが適当であると

考えられ、損益を認識すべきであると考えられる。配当財産をいったん換金し、その金銭を配当したのと経済的実態は同じであり、その場合と会計処理が同じ結果になる。会社の清算に際して、金銭以外の財産をもって残余財産の分配をした場合も、投資の回収の結果を示すよう分配前に清算損益を認識することが適切であることから、その考え方とも整合する。

なお、減額するその他資本剰余金またはその他利益剰余金（繰越利益剰余金）については、取締役会等の会社の意思決定機関で定められた結果に従うこととする。その他資本剰余金またはその他利益剰余金のいずれから配当するかについての優先順位はなく、取締役会等の会社の意思決定機関で決定するため、その決定に従って会計処理を行うことになる。

投資有価証券により現物配当した場合を例として、設例により表すと次の設例のようになる。

設例 18

有価証券による現物配当

前提条件

投資有価証券（帳簿価額500）を株主に現物配当した。配当の効力発生日は、X年6月30日とする。配当した投資有価証券の時価が700であるものとして、会計処理を示しなさい。なお、配当原資は、会社の意思決定機関において、その他利益剰余金のうちの繰越利益剰余金と定めたものとする。

解答

X年6月30日

繰越利益剰余金	700	投資有価証券	500
		分配損益	200

② 損益を認識しないケース

以下の表の(1)から(4)に該当する場合には、配当の効力発生日における配当財産の適正な帳簿価額をもって、その他資本剰余金またはその他利益剰余金（繰越利益剰余金）を減額する。

損益を認識しないケース

(1) 分割型の会社分割（按分型）
(2) 保有する子会社株式のすべてを株式数に応じて比例的に配当（按分型の配当）する場合
(3) 企業集団内の企業へ配当する場合
(4) 市場価格がないことなどにより公正な評価額を合理的に算定することが困難と認められる場合

(1)については、分割承継会社株式のすべてを株式数に応じて比例的に配当する場合（分割型の会社分割（按分型））は、従来、人的分割といわれていたように、分割会社自体が単に分かれただけであるという見方が一般的であり、また、(2)の保有する子会社株式のすべてを株式数に応じて比例的に配当する場合についても、同様の考え方が成り立つため、損益を認識しないものとされている。

(3)の企業集団内の企業へ配当する場合であるが、企業結合における共通支配下の取引では、共通支配下の取引により企業集団内を移転する資産および負債については、原則として、移転前に付された適正な帳簿価額により計上するものとされており、その取扱いと同様に、損益を認識しないものとされている。親子会社グループ内での配当、すなわち親子会社間または子会社間での配当は、共通支配下の取引として、配当財産を適正な帳簿価額で移転する処理を行うことになる。

また、(4)の「市場価格がないことなどにより公正な評価額を合理的に

算定することが困難と認められる場合」は、損益を認識しないことが適切と考えられるものとされている。公正な評価額を合理的に算定することが困難な財産を配当財産とすることは、現実にはかなり限定されるものと考えられる。

（2）現物配当に係る税務

金銭以外の財産で剰余金の配当を行う、いわゆる現物配当を行う場合の税務上の取扱いであるが、配当課税の対象になる。また、配当を行った法人において、その財産の帳簿価額と時価との差額について譲渡損益を認識する必要がある。

利益剰余金からの配当を現物資産で行う場合は、金銭以外の資産の適正な時価相当額の利益積立金額を減算し、現物資産の帳簿価額と時価相当額との差額について、譲渡損益が認識される（法令9条1項8号）。資本剰余金からの配当を現物資産で行う場合には、資本金等の額の減算と利益積立金額の減算を認識する（法令8条1項16号、9条1項11号）。資本金等の額に対応する金額（減資資本金額）は、金銭以外の資産の価額（次項で説明する適格現物分配に係る資産の場合は、その交付の直前の帳簿価額）の合計額を超える場合には、その超える部分の金額を減算した金額とする。一方、利益積立金額の減算額は、金銭以外の資産の価額が減資資本金額を超える場合におけるその超える部分の金額である。現物資産の帳簿価額と時価相当額との差額について、譲渡損益が認識される点に関しては、利益剰余金からの配当と同様である。

会計上、損益を認識する場合は、現物配当財産の会計上の帳簿価額と税務上の帳簿価額に差異がない限り、原則として申告調整は不要である。また、会計上、先に説明した損益を認識しないケースであっても、税務上は、次項で解説する適格現物分配に該当する場合を除いて、譲渡損益

を認識することになる点に留意する必要がある。

(3)「現物分配」の創設

「現物分配」とは、法人が剰余金の配当またはみなし配当事由により株主等に対して金銭以外の資産を交付することをいう（法法2条12の6）。平成22年度税制改正により、現物分配を企業組織再編税制のなかに位置づけた。

①現物分配の直前において完全支配関係がある内国法人間の関係であること、かつ、②現物分配を受ける株主が、完全支配関係がある内国法人のみであること、以上の2つの要件を満たした現物分配は、適格現物分配とされ、その場合は、その移転する資産を帳簿価額により譲渡したものとして）譲渡損益の計上をしないものとされている（法法62条の5第3項）。なお、適格現物分配は、現物分配法人において繰延ポジションが残らない税制であり、現物分配法人において翌事業年度以降にその譲渡損益が認識されることはない。

次の図表のように、この適格現物分配を活用することにより、100%孫会社を100%子会社化することが容易にできる。

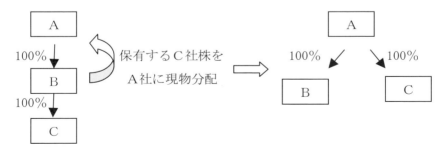

なお、現物分配を行う場合、会社法上の剰余金の分配規制が適用されるため、剰余金の分配可能額の範囲内で行う必要がある点に留意する必要がある。

3 その他資本剰余金の処分による配当を受けた株主の会計処理

　企業会計基準委員会から公表されている企業会計基準適用指針第3号「その他資本剰余金の処分による配当を受けた株主の会計処理」では、その他資本剰余金から配当を受けた株主側の会計処理について、次のように定めている。すなわち、その他資本剰余金から配当を受けた場合の株主側の会計処理としては、次の①から④のような例外ケースを除いて、有価証券の帳簿価額の減額処理を行う。

受取配当金に計上するケース

---
① 配当の対象となる有価証券が売買目的有価証券である場合における配当
② 配当の対象となる時価のある有価証券を時価まで減損処理した期における配当
③ 投資先企業を結合当事企業とした企業再編が行われた場合において、結合後企業からの配当に相当する留保利益が当該企業再編直前に投資先企業において存在し、当該留保利益を原資とするものと認められる配当（ただし、配当を受領した株主が、当該企業再編に関して投資先企業の株式の交換損益を認識していない場合に限る）
④ 配当の対象となる有価証券が優先株式であって、払込額による償還が約定されており、一定の時期に償還されることが確実に見込まれる場合の当該優先株式に係る配当

　配当金の認識は、「金融商品会計に関する実務指針」94項と同様である。すなわち、次に示すように取り扱う。

配当金の認識の時期について

① 市場価格のある株式については、各銘柄の配当落日（配当権利付最終売買日の翌日）をもって、前回の配当実績または公表されている1株当たり予想配当額に基づいて未収配当金を見積計上する。その後、配当金の見積計上額と実際配当額とに差異があることが判明した場合には、判明した事業年度に当該差異を修正する。ただし、配当金は、次の市場価格のない株式と同様の処理によることも、継続適用を条件として認められる。

② 市場価格のない株式については、発行会社の株主総会、取締役会、その他決定権限を有する機関において配当金に関する決議があった日の属する事業年度に計上する。ただし、決議があった日の後、通常要する期間内に支払を受けるものであれば、その支払を受けた日の属する事業年度に認識することも、継続適用を条件として認められる。

なお、剰余金を配当する会社は、取締役会等の会社の意思決定機関で定められた配当金の原資（その他資本剰余金またはその他利益剰余金）を速やかに公表することが望ましいとされている。ただし、配当金を計上する際に、その他利益剰余金によるものか、その他資本剰余金によるものかが不明な場合は、受取配当金に計上できる。その後、その他資本剰余金の処分によるものであることが判明した場合には、その金額に重要性が乏しい場合を除き、その時点で修正する会計処理を行う。

なぜ剰余金を配当する会社は、配当金の原資（その他資本剰余金またはその他利益剰余金）を速やかに公表することが望ましいかというと、配当を受けた株主側において、配当金の原資が把握できない限り、適切な会計処理ができないからである。

第3編

応用編

第1章

完全支配関係がある法人間の資本取引

法人税法24条1項各号に掲げる事由、いわゆるみなし配当事由（自己株式の取得、資本剰余金の額の減少に伴う剰余金の配当、残余財産の分配など）により他の内国法人から金銭その他の資産の交付を受けた場合、従来、金銭等の交付を受けた株主にみなし配当（受取配当金）と株式の譲渡損益が生じるものとされていた。

平成22年度税制改正後は、当該法人との間に完全支配関係がある他の内国法人からの交付であるときは、株主における株式の譲渡対価の額を譲渡原価の額とすると規定され、株式の譲渡損益を計上しない取扱いとされている（法法61条の2第16項）。

1　完全支配関係がある法人間での自己株式の取得

（1）税制改正前の取扱い

平成22年度税制改正前は、自己株式の取得を行う場合は、発行法人とその株主法人との間に完全支配関係があるかどうかに関係なく、次の税制が適用された。すなわち、取得直前の（会社全体の）資本金等の額を直前の発行済株式（自己の株式を除く）の総数で除し、これに取得する自己株式の数を乗じて計算した金額（取得資本金額という）について資本金等の額を減少し、取得価額（交付金銭等の額）がその額（取得資本金額）を超えるときにその超過額を利益積立金額の減少（みなし配当）とする（法法24条1項4号、法令8条1項18号、9条13号）。

また、発行法人に対して発行法人の発行した株式を譲渡した株主法人においては、みなし配当は受取配当金、交付金銭等の額からみなし配当の額を控除した差額（＝資本金等の額に対応する金額）が株式の譲渡対価として取り扱われ、株式の譲渡対価の額と譲渡原価の額との差額が株

式の譲渡益または譲渡損として益金の額または損金の額に算入される。

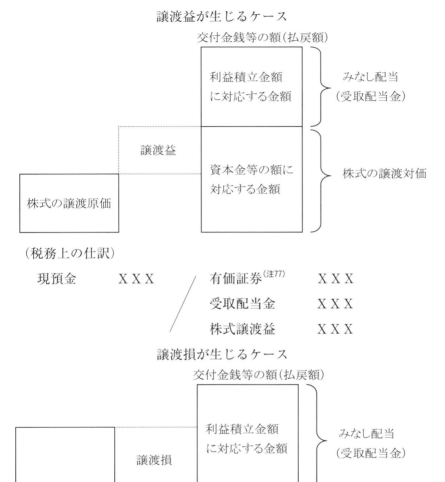

(注77)「有価証券」勘定の貸方は、株式の譲渡原価相当額を株式の帳簿価額から減額するという意味である(以下同様)。

(税務上の仕訳)

現預金	×××	有価証券	×××
株式譲渡損	×××	受取配当金	×××

(2) 税制改正後の取扱い

　法人税法24条1項各号に掲げる事由（みなし配当事由という(注78)）により当該法人との間に完全支配関係がある他の内国法人から金銭その他の資産の交付を受けた場合に、従来、みなし配当と株式の譲渡損益が生じたところ、平成22年度税制改正後は、株式の譲渡対価の額を譲渡原価の額とすると規定され、株式の譲渡損益は計上しないものと改められた（法法61条の2第16項）。改正前の譲渡損益に相当する額は、改正後は、資本金等の額の加減算処理となる（法令8条1項20号）。

①資本金等の額の減算が生じるケース

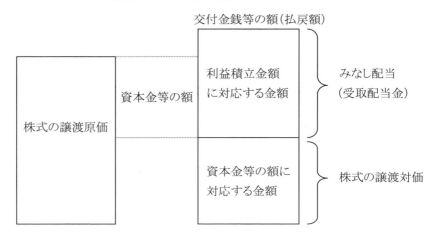

（注78）自己株式の取得、資本剰余金の額の減少に伴う剰余金の配当、残余財産の分配など、株主が発行法人から金銭等の交付を受ける場合に、みなし配当が生じる事由である。

（税務上の仕訳）

現預金	×××	有価証券	×××
資本金等の額	×××	受取配当金	×××

②資本金等の額の加算が生じるケース

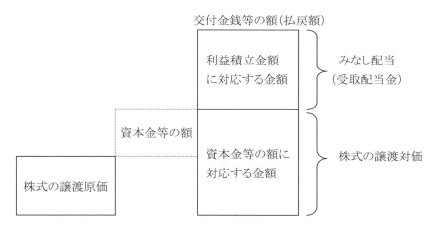

（税務上の仕訳）

現預金	×××	有価証券	×××
		受取配当金	×××
		資本金等の額	×××

　譲渡損益に相当する額は、資本金等の額の加減算処理となり、みなし配当は従来どおり益金不算入規定の適用を受ける。

　次の算式で計算される金額について、資本金等の額を減算する（法令8条1項20号）。要するに、改正前の株式の譲渡損益に相当する金額である。

　｛みなし配当の額 ＋ 譲渡対価の額（＝譲渡原価の額）｝ － 交付金銭等の額

　「減算」であるため、計算結果がマイナスであるときは、結果としては（マイナスを減算＝）加算することになる。

　なお、完全支配関係がある他の内国法人から、みなし配当事由（法法

24条1項各号に掲げる事由）に基づいて金銭等の交付を受ける場合に、この改正の適用を受けるので、自己株式の取得のケースだけでなく、清算法人から残余財産の分配を受けるケース（残余財産の分配を受けないことが確定した場合を含む）、資本剰余金の額の減少に伴う剰余金の配当を受けるケースなども同様に取り扱われる。

設例 19

完全支配関係がある法人の株式を発行法人に譲渡する場合

以下の前提条件のもとで、発行法人の発行した株式を完全支配関係がある発行法人に譲渡した株主法人の会計処理、税務処理および申告調整を示しなさい。

【前提条件】

交付金銭等	900万円
みなし配当	250万円
株式の譲渡原価（帳簿価額）	800万円

交付金銭等900万円からみなし配当（受取配当金）の額250万円を控除した差額650万円が株式の譲渡対価の額となる。

なお、源泉税の処理は捨象する。

【解答】

1. 会計処理

現預金	900	株式	800
		譲渡益（または雑益）	100

2. 税務処理

現預金	900	株式	800
資本金等の額	150	受取配当金	250

平成22年度税制改正前は、上記の借方は「資本金等の額150万円」ではなく、「株式譲渡損150万円」であった。完全支配関係があるときは、株式の譲渡損益が不計上となり（法法61条の２第16項）、当該金額について資本金等の額を加減算することになる（法令８条１項20号）。規定上は、次の算式により計算した金額が、資本金等の額を減算すべき金額である。要するに、改正前の株式の譲渡損益に相当する金額である。

{みなし配当の額 ＋ 譲渡対価の額（＝譲渡原価の額）} － 交付金銭等の額
{　250　　　　＋　　　　800　　　　}　　　－　　900　＝　150

（参考）完全支配関係がなかった場合の税務上の仕訳
　　現預金　　　　　900　／　株式　　　　　　800
　　株式譲渡損　　　150　／　受取配当金　　　250
　完全支配関係がない場合は、従来どおり株式譲渡損150万円が計上され、損金の額に算入される。

別表四　所得の金額の計算に関する明細書

区　分	総　額	処　分	
		留　保	社外流出
	①	②	③
当期利益または当期欠損の額			配当
			その他
加算	受取配当金計上もれ	1,500,000	1,500,000	
減算	受取配当等の益金不算入額	2,500,000		2,500,000

別表五(一) 利益積立金額および資本金等の額の計算に関する明細書

I 利益積立金額の計算に関する明細書				
区　　分	期首現在利益積立金額	当期の増減		差引翌期首現在利益積立金額 ①－②＋③
		減	増	
	①	②	③	④
利益準備金				
積立金				
資本金等の額			1,500,000	1,500,000

II 資本金等の額の計算に関する明細書				
区　　分	期首現在資本金等の額	当期の増減		差引翌期首現在資本金等の額
		減	増	
資本金または出資金				
資本準備金				
利益積立金額			△1,500,000	△1,500,000

　上記のように、「受取配当金計上もれ150万円」の加算（留保）に対応して、別表5（1）の「利益積立金額の計算に関する明細書」に利益積立金額の150万円増加が入る。また、資本金等の額を150万円減算する必要があるため、別表5（1）の「資本金等の額の計算に関する明細書」に150万円減少が入る。この場合の利益積立金額であるが、会計上100万円の利益を計上しているため繰越損益金の欄は増加しており、150万円の増額調整が入ることで、利益積立金額はみなし配当の額に相当する250万円増加することになる。

　プラス150万円とマイナス150万円の振替調整が入り、翌事業年度以降に繰り越される形になっているが、このプラス・マイナスの調整は以後において解消されないと考えられる。なぜならば、会計上は全体が損益取引であるととらえているのに対して、税務上は一部（150万円）について資本等取引（資本金等の額の増減）としてとらえたため、資本と利益の区分が

会計と税務でずれたことによるものであり、解消する機会がないと考えられるからである。

なお、別表４の減算欄の「受取配当等の益金不算入額　250万円」であるが、みなし配当については、当該みなし配当の金額の支払に係る効力発生日の前日において当該内国法人（みなし配当を受ける株主法人）と当該他の内国法人（発行法人）との間に完全支配関係があったときは、当該他の内国法人の株式は完全子法人株式等に該当すると規定されているので（法令22条の２第１項）、その場合は受取配当等の益金不算入の規定の適用上負債利子を控除する必要はない（法法23条１項、４項、５項）。受取配当金は全額益金不算入となるので、別表４において250万円の減算（社外流出）の調整を入れている。

2　完全支配関係がある法人間での剰余金の配当

(1) 利益剰余金から配当を受けた場合

利益剰余金から配当を受ける場合は、税務上、従来どおり利益積立金額からの払戻しであり、配当を受ける親法人においては受取配当金になる。ただし、完全子法人株式等に係る受取配当等について益金不算入制度を適用する場合には、負債利子を控除しないと規定されているため（法法23条１項、４項、５項）、その場合は全額が益金不算入となる。

なお、完全子法人株式等とは、配当等の額の計算期間を通じて（当該配当等に係る計算期間の開始の日から当該計算期間の末日まで継続して）内国法人との間に完全支配関係があった他の内国法人（公益法人等および人格のない社団等を除く）の株式または出資として一定のものをいう（法法23条５項、法令22条の２）。この要件に当てはまる株式等に係る受取配当等については、全額益金不算入となる。

(2) 資本剰余金から配当を受けた場合

資本剰余金を原資として配当を受ける場合は、法人税法24条1項3号において「資本の払戻し（剰余金の配当（資本剰余金の額の減少に伴うものに限る）のうち、分割型分割によるもの以外のものをいう）又は解散による残余財産の分配」と規定されているとおり、みなし配当事由に該当する。

したがって、株主が交付を受ける金銭等からみなし配当を控除した差額が株式の譲渡対価とされ、みなし配当は受取配当金とされる。完全支配関係がある法人間の関係であるときは、株式の譲渡対価の額を譲渡原価の額とするものとされ（法法61条の2第16項）、譲渡損益は不計上となる。株式の譲渡損益に相当する額は、資本金等の額の加減算の対象になる（法令8条1項20号）。

一方、みなし配当である受取配当金については、当該みなし配当の金額の支払に係る効力発生日の前日において当該内国法人（配当を受ける株主法人）と当該他の内国法人（配当した法人）との間に完全支配関係があった場合、当該他の内国法人の株式は完全子法人株式等に該当するので（法令22条の2第1項）、受取配当金は全額益金不算入となる。

設例 20

完全支配関係がある法人から資本剰余金の配当を受けた場合

前提条件

当社は、完全支配関係がある子法人（直接保有で100％）において減資を行い、減資によって発生したその他資本剰余金を原資とした配当を受けることになった。

減資前の子法人の貸借対照表は次のとおりである。

	貸借対照表		（単位：千円）
現預金	22,000	借入金	34,000
固定資産	70,000	資本金	50,000
		資本準備金	5,000
		繰越利益剰余金	3,000
合　計	92,000	合　計	92,000

　資本金を20,000千円減少し、同額のその他資本剰余金が発生するが、発生したその他資本剰余金を原資として20,000千円の配当を行うものとする。

交付金銭等の額	20,000千円
税務上の前期末簿価純資産	58,000
減資直前の資本金等の額	55,000
子法人株式の帳簿価額	60,000

　なお、源泉税の処理は捨象する。

解　答

1．会計処理

　その他資本剰余金を原資とした配当は、投資の払戻しとしての性質があることから、次のように払戻しを受けた額について帳簿価額を減額する処理を行う。

　現預金　　　20,000　　／　　子会社株式　　　20,000

2．税務処理
（1）資本金等の額に対応する金額（減資資本金額）

　　交付金銭等のうち資本金等の額に対応する金額（減資資本金額）は、減資直前の資本金等の額に対して、前期末の簿価純資産に占める資本の払戻しにより減少する資本剰余金の額の占める割合を乗じて計算する（法令8条1項16号）。

$$減資資本金額 = 55{,}000千円 \times \frac{20{,}000千円}{58{,}000千円}$$
$$= 55{,}000千円 \times 0.345（小数点３位未満切上げ）$$
$$= 18{,}975千円$$

　この18,975千円が株式の譲渡対価の額となる。ただし、完全支配関係がある法人間のみなし配当事由に基づく金銭等の交付に当たるから、株式の譲渡対価の額は以下の（３）で計算する譲渡原価の額とされる。

（２）みなし配当の額
　　みなし配当の額は、交付金銭等の額20,000千円から（１）減資資本金額18,975千円を控除した差額である1,025千円である。

（３）株式の譲渡原価の額
　　株式の譲渡原価の額は、株式の帳簿価額に対して払戻割合を乗じた額となる（法令119条の９第１項）。払戻割合とは、前期末の簿価純資産価額に占める資本の払戻し（配当）により減少した資本剰余金の額の割合である（法令119条の９第１項、23条１項３号）。

$$株式の譲渡原価の額 = 60{,}000千円 \times \frac{20{,}000千円}{58{,}000千円}$$
$$= 60{,}000千円 \times 0.345（小数点３位未満切上げ）$$
$$= 20{,}700千円$$

（４）株式の譲渡損益に相当する金額（資本金等の額の加減算すべき金額）
　　減資資本金額18,975千円と株式の譲渡原価20,700千円との差額である1,725千円が本来であれば株式の譲渡損になるが、完全支配関係がある法人間でのみなし配当事由に基づく金銭等の交付に該当するので、資本金等の額の減算として処理する。

第1章　完全支配関係がある法人間の資本取引

（5）税務上の仕訳

現預金	20,000	/	子法人株式	20,700
資本金等の額	1,725		受取配当金	1,025

　なお、株主側においては、上記の計算過程を踏まないで、配当した会社から通知を受けた内容により処理する。すなわち、みなし配当については、源泉徴収の対象であることから、支払通知書により受取配当金の数値をとらえることができる。また、配当額全体から受取配当金の額を控除した残額が、株式の譲渡対価となる。一方、株式の帳簿価額に対して、通知を受けた払戻割合（払戻割合は法令119条の9第2項により通知事項とされている）を乗じることにより譲渡原価の額を計算することができる。もちろん完全支配関係がある法人間であるときは、株式の譲渡対価の額を譲渡原価の額とし、譲渡損益は不計上とし、資本金等の額の加減算処理をする。

（6）申告調整

　申告調整は、次のとおりとなる。

別表四　所得の金額の計算に関する明細書

区　分	総　額	処　分	
		留　保	社外流出
	①	②	③
当期利益または当期欠損の額			配当
			その他
加算　受取配当金計上もれ	1,025,000	1,025,000	
減算　受取配当等の益金不算入額	1,025,000		1,025,000

別表五（一）　利益積立金額および資本金等の額の計算に関する明細書

I　利益積立金額の計算に関する明細書				
区　分	期首現在利益積立金額	当期の増減		差引翌期首現在利益積立金額 ①－②＋③
		減	増	
	①	②	③	④
利益準備金				
積立金				
子法人株式			△700,000	△700,000
資本金等の額			1,725,000	1,725,000

II　資本金等の額の計算に関する明細書				
区　分	期首現在資本金等の額	当期の増減		差引翌期首現在資本金等の額
		減	増	
資本金または出資金				
資本準備金				
利益積立金額			△1,725,000	△1,725,000

（注）　別表5(1)の「利益積立金額の計算に関する明細書」においては、700千円の減額調整（子法人株式の会計上の簿価と税務上の簿価との差額を表す）、1,725千円の増額調整（資本金等の額との間の振替調整を表す）が記載されており、差引で1,025千円のプラスになっているが、それは別表4の加算（留保）の金額に一致する。

3　完全支配関係がある法人間の残余財産の分配

　法人を解散し、残余財産が確定し、株主が完全支配関係がある清算法人から残余財産の分配を受けた場合も、同様に、株式の譲渡損益は不計上となり、資本金等の額の加減算処理になる。

　一方、清算法人に残余財産がなく、残余財産がゼロと確定した場合に

は、完全支配関係がある株主法人においてどのような処理になるのかが問題となる。

　従来、清算法人から残余財産の分配を受ける場合、清算法人との間に完全支配関係がある株主法人において、株式の譲渡損益とみなし配当が認識された。ところが、平成22年度税制改正により、みなし配当事由により当該法人との間に完全支配関係がある他の内国法人から金銭その他の資産の交付を受けた場合に、みなし配当は従来どおり認識される一方で、株式の譲渡損益は不計上とされた（法法61条の2第16項）。改正前の譲渡損益に相当する額は、改正後は、資本金等の額の加減算処理となる（法令8条1項20号）。

　一方、法人税法61条の2第16項には、「残余財産の分配を受けないことが確定した場合を含む」とかっこ書きが付されているため、残余財産が確定し、残余財産の価額がゼロであることが確定した場合についても、同様に取り扱うことが示されている。

　したがって、残余財産が確定し、残余財産の分配を受けないことが確定した場合は、株式の消却損を損金算入する処理ではなく、消却損に相当する金額は資本金等の額の減算処理となる。また、交付金銭等がゼロであるため、みなし配当は発生しない。

設例 21

残余財産の分配を受けないことが確定した場合

　以下の前提条件のもと、株主法人における税務処理を示しなさい。

前提条件

　当社は、100％の完全支配関係がある子法人の解散を決定し、子法人の清算手続を進行してきた。債務の弁済等もあり、残余財産がないことが確定した。当社の子法人株式の（税務上の）帳簿価額は10,000千円であるが、どのような税務処理が必要か。

第3編　応用編

　また、当社から子法人への寄附金の支出があり、株式の簿価修正をしていた場合には、どのような処理になるのか。

解　答

1．株式の簿価修正をしていなかった場合

　子法人は完全支配関係がある法人であるため、平成22年10月1日以後の解散の場合には、子法人株式の帳簿価額相当額についての消却損を損金の額に算入することはできない。子法人株式の帳簿価額相当額については、資本金等の額の減算処理を行う。

　ただし、会計上は、子法人株式の帳簿価額について消却損を費用処理することが考えられるので、別表の調整が必要になる。

会計上の仕訳
　　子法人株式消却損　　10,000　　／　　子法人株式　　10,000

税務上の仕訳
　　資本金等の額　　　　10,000　　／　　子法人株式　　10,000

　別表4および別表5(1)に、上記の処理を適切に反映する必要がある。

別表四　所得の金額の計算に関する明細書

区　分	総　額	処　分	
		留　保	社外流出
	①	②	③
当期利益または当期欠損の額			配当
			その他
加算　子法人株式消却損否認	10,000,000	10,000,000	
減算			

別表五（一） 利益積立金額および資本金等の額の計算に関する明細書

区　　分	Ⅰ　利益積立金額の計算に関する明細書			
	期首現在利益積立金額	当期の増減		差引翌期首現在利益積立金額 ①－②＋③
		減	増	
	①	②	③	④
利益準備金				
積立金				
資本金等の額			10,000,000	10,000,000

区　　分	Ⅱ　資本金等の額の計算に関する明細書			
	期首現在資本金等の額	当期の増減		差引翌期首現在資本金等の額
		減	増	
資本金または出資金				
資本準備金				
利益積立金額			△10,000,000	△10,000,000

　別表５(1)の「利益積立金額の計算に関する明細書」と「資本金等の額の計算に関する明細書」との間で振替調整を行うことにより、資本金等の額の10,000千円の減算が正しく表される。また、会計上は子法人株式消却損を計上しており、繰越利益剰余金が減少している。別表５(1)の「利益積立金額の計算に関する明細書」の「繰越損益金」がそれに合わせて減少しているが、10,000千円の増加調整が入ることにより、利益積立金額には変動が生じていないことが表される。

2．株式の簿価修正をしていた場合

　親法人において子法人株式の簿価修正をしていた場合、子法人株式の税務上の帳簿価額が会計上の帳簿価額とその調整分異なっていることになる。親法人から子法人への寄附金の支出があったとのことであるので、子法人株式の税務上の帳簿価額がその分増額されていることになる。

したがって、残余財産の分配を受けないことが確定した時点における資本金等の額の減算額もその分大きくなる。株式の簿価修正額がプラス1,000千円であったとする。資本金等の額の加減算すべき金額は次のとおりであるため（法令8条1項20号）、本件の場合は次のようになる。

{みなし配当の額 ＋ 譲渡対価の額（＝譲渡原価の額）} － 交付金銭等の額
　　　↓　　　　　　　　　　↓　　　　　　　　　　　　↓
　　　0円　　　　　　　　11,000千円　　　　　　　　　0円

結果として、資本金等の額の減算額は11,000千円になる。

会計上の仕訳
　　子法人株式消却損　　10,000　／　子法人株式　　10,000

税務上の仕訳
　　資本金等の額　　　　11,000　／　子法人株式　　11,000

別表四　所得の金額の計算に関する明細書

区　分	総　額	処　分	
		留　保	社外流出
	①	②	③
当期利益または当期欠損の額			配当
			その他
加算	子法人株式消却損否認　10,000,000	10,000,000	
減算			

別表五（一）　利益積立金額および資本金等の額の計算に関する明細書

区　分	Ⅰ　利益積立金額の計算に関する明細書			
	期首現在利益積立金額	当期の増減		差引翌期首現在利益積立金額 ①－②＋③
		減	増	
	①	②	③	④
利益準備金				
積立金				
子法人株式 （寄附修正）	1,000,000		△1,000,000	0
資本金等の額			11,000,000	11,000,000

区　分	Ⅱ　資本金等の額の計算に関する明細書			
	期首現在資本金等の額	当期の増減		差引翌期首現在資本金等の額
		減	増	
資本金または出資金				
資本準備金				
利益積立金額			△11,000,000	△11,000,000

　子法人株式の簿価修正に係る利益積立金額の残高1,000千円については、通常の子法人株式の譲渡の場合には別表４の減算対象になるが、本件の場合は、損金の額に算入できないので、別表４の減算は発生しない。別表５(1)上で落として、結果として資本金等の額との振替調整11,000千円との差額である10,000千円が別表４の加算（留保）と対応することになる。

4 100％グループ内の他の内国法人が清算中である場合等の取扱い

（1） 子法人株式評価損の計上制限

　平成23年6月30日付公布の改正税法[注79]では、100％グループ内の他の内国法人が①清算中である場合、②解散（合併による解散を除く）をすることが見込まれる場合または③当該内国法人との間に完全支配関係がある他の内国法人との間で適格合併を行うことが見込まれるものである場合、以上の3つのケースのいずれかに該当する場合には、その株式について評価損を計上しないこととされた（法法33条5項、法令68条の3）。

　平成22年度税制改正により、完全支配関係がある他の内国法人が解散し、残余財産が確定した場合、その清算法人の未処理欠損金を完全支配関係がある株主法人に引き継ぐものとされた（法法57条2項）。グループ法人税制の創設により、完全支配関係がある子法人の残余財産が確定したときに、子法人株式の消却損が損金不算入とされた改正（法法61条の2第16項）と同時に手当てされたものである。

　残余財産が確定する前に迎える親法人の決算期において、いかに子法人株式の評価損の損金算入要件を満たしている場合であっても、その損金算入を認めてしまうと、親法人にとって子法人株式の評価損と未処理欠損金の引継ぎという2重のメリットが生じることになる。消却損を損金不算入とした取扱いとバランスを欠くことにもなる。そこで、①清算中である場合または②解散（合併による解散を除く）をすることが見込まれる場合には、株式の評価損を計上できないものとされた。

　（注79）「現下の厳しい経済状況及び雇用情勢に対応して税制の整備を図るための所得税法等の一部を改正する法律」（平成23年法律第82号）。

また、③当該内国法人との間に完全支配関係がある他の内国法人との間で適格合併を行うことが見込まれるものである場合についても、適格合併であれば合併法人に未処理欠損金の引継ぎが行われることから考えて、改正の趣旨は同様であると考えられる。

本改正は、公布日である平成23年6月30日以後の評価換えから適用されている。

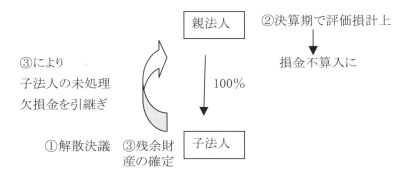

（2）有税の評価損否認金と別表調整の方法

子法人の残余財産が確定する前の段階で迎える親法人の決算期において、会計上、株式の減損処理を行う場面が生じ得るが、その場合は申告書別表4で加算（留保）の調整をすることになる。子法人の残余財産が確定に至った場合、親法人においては株式の消却損の計上はできず、資本金等の額の減算処理を行うことになる（法法61条の2第16項、法令8条1項20号）。子法人株式評価損否認金が500であったものとし、そのときの別表調整を示すと次のようになると考えられる。

別表五（一） 利益積立金額および資本金等の額の計算に関する明細書

Ⅰ 利益積立金額の計算に関する明細書				
区　分	期首現在利益積立金額	当期の増減		差引翌期首現在利益積立金額 ①−②+③
		減	増	
	①	②	③	④
利益準備金				
積立金				
子法人株式 （評価損否認金）	500	500		0
資本金等の額			500	500

Ⅱ 資本金等の額の計算に関する明細書				
区　分	期首現在資本金等の額	当期の増減		差引翌期首現在資本金等の額 ①−②+③
		減	増	
資本金又は出資金				
資本準備金				
利益積立金額			△500	△500

　利益積立金額と資本金等の額との間で、同額のプラス・マイナスの調整（振替調整）を入れることにより、利益積立金額は変動なし、資本金等の額は減算という正しい処理が可能になる。

第 2 章

適格現物分配

第3編　応用編

　平成22年度税制改正により、「現物分配」という新たな税制が創設された。また、グループ法人税制の導入に合わせて、完全支配関係がある法人間の現物分配を「適格現物分配」とし、現物分配法人から被現物分配法人に対して金銭以外の資産（現物資産）を帳簿価額により譲渡したものとして処理する（＝簿価移転する）税制が新たに設けられた。

　この現物分配および適格現物分配とは具体的にはどのような取引が該当するのか、また、この現物分配を実際に行うときの手続はどのようになるのかを解説する。

1　現物分配とは

（1）現物分配の定義

　現物分配とは、法人（公益法人等および人格のない社団等を除く）がその株主等に対して当該法人の次に掲げる事由により金銭以外の資産の交付をすることをいう（法法2条12号の6）。

① 剰余金の配当（株式または出資に係るものに限るものとし、資本剰余金の額の減少に伴うものおよび分割型分割によるものを除く）もしくは利益の配当（分割型分割によるものを除く）または剰余金の分配（出資に係るものに限る）（法人税法23条1項）	
② みなし配当事由（法人税法24条1項3号から6号までに掲げる事由）	（ⅰ）資本の払戻し（資本剰余金の額の減少に伴う剰余金の配当のうち、分割型分割によるもの以外のものまたは解散による残余財産の分配） （ⅱ）自己株式の取得（または自己の出資の取得） （ⅲ）出資の消却（取得した出資について行うものを除く）、出資の払戻し、社員その他法人の出資者の退社または脱退による持分の払戻し等 （ⅳ）組織変更（組織変更に際して組織変更をした法人の株式または出資以外の資産を交付したものに限る）

　要するに、①剰余金の配当を金銭以外の資産の交付により行う、または、②資本剰余金の額の減少に伴う剰余金の配当、残余財産の分配、自己株式の取得等のみなし配当事由により金銭以外の資産の交付をすることを「現物分配」という。②については、（ⅰ）および（ⅱ）がメインであり、（ⅲ）および（ⅳ）は実務上比較的少ないケースかと思われる。

（2）具体的な手続

　先の①剰余金の配当を金銭以外の資産の交付により行う取引は、会社法上は「現物配当」に該当する。したがって、株主総会において剰余金の配当の決議を行い、金銭以外の資産を株主等に対して配当として交付する手続になる（会社法454条）[注80]。資本剰余金の額の減少に伴う剰余金の配当は②のみなし配当事由に該当するので、この①は利益剰余金を

（注80）会社法454条1項各号の決議事項のうちの1号「配当財産の種類および帳簿価額の総額」に基づいて、現物資産の種類（有価証券、土地…ｅｔｃ．）および帳簿価額の総額を定める必要がある。

原資とした配当を金銭以外の資産の交付により行うケースが想定される。

それに対して、②みなし配当事由により金銭以外の資産の交付する取引は、資本剰余金の額の減少に伴う剰余金の配当を金銭以外の資産の交付により行うケースだけでなく、清算法人の残余財産の分配を現物資産で行うケースや自己株式の取得を金銭以外の資産を対価として行うケースなどいくつかのケースが想定される。

資本剰余金の額の減少に伴う剰余金の配当を金銭以外の資産の交付により行うケースであれば、上記の①と同様に、株主総会において剰余金の配当の決議を行う手続になる。また、残余財産の分配であれば、会社法504条および505条の規定に従い、残余財産の種類および株主に対する残余財産の割当てに関する事項を定めて行うことになる。さらに、自己株式の取得の対価を金銭以外の資産の交付により行う場合は、自己株式の取得に係る手続になるので、会社法156条以下の自己株式の取得の手続に従い行うことになる。

税法上の現物分配を会社法上の観点から類型立てを行い、その手続をまとめると次のようになる。

「現物分配」の主な類型とその手続

類　型	手　続	
剰余金の配当	株主総会における剰余金の配当決議（会社法454条） →　会社法上の現物配当	
みなし配当事由	資本剰余金の額の減少に伴う剰余金の配当	株主総会における剰余金の配当決議（会社法454条） →　会社法上の現物配当
	残余財産の分配	残余財産確定後の残余財産分配手続（会社法504条、505条）
	自己株式の取得	自己株式の取得手続（会社法156条以下）

なお、上記表のうち残余財産の分配を除いて、会社法上、剰余金の分配規制の対象になる。現物資産の帳簿価額が剰余金の分配可能額を超えてはいけない点に留意する必要がある（会社法461条1項）[注81]。

2　適格現物分配の定義

　適格現物分配とは、内国法人を現物分配法人とする現物分配のうち、その現物分配により資産の移転を受ける者がその現物分配の直前において当該内国法人との間に完全支配関係がある内国法人（普通法人または協同組合等に限る）のみであるものをいう（法法2条十二の十五）。上記の規定から、現物分配を受ける株主の中に個人株主が1名でも存在するときは、適格現物分配に該当しないことになる点に留意する必要がある。

　また、適格要件を満たすかどうかは、「現物分配の直前において現物分配法人との間に完全支配関係がある法人のみである」のかどうかで判定されるため、適格合併や適格分割のように、再編後において完全支配関係または支配関係の継続が見込まれることという要件は付されていない点に留意が必要である。したがって、完全支配関係がある法人間における残余財産の現物分配のように、現物分配後において清算結了により現物分配法人が消滅することが予定されている（＝完全支配関係が解消することが見込まれている）ような場合にも、適格性には影響がない。

（注81）現物配当の場合は、現物資産の時価ではなく帳簿価額が、剰余金の分配可能額を超えないことが要求されている。

3　現物分配法人の会計処理・税務処理

（１）完全支配関係がない場合

　（利益剰余金を原資とした）剰余金の配当、および資本剰余金の額の減少に伴う配当を金銭以外の資産の交付で行う取引は、会社法上の現物配当に該当する。現物配当に係る会計処理は次のとおりである。すなわち、企業会計基準委員会・改正企業会計基準適用指針第2号「自己株式及び準備金の額の減少等に関する会計基準の適用指針」によれば、配当財産が金銭以外の財産である場合、配当の効力発生日における配当財産の時価と適正な帳簿価額との差額は、配当の効力発生日の属する期の損益として、配当財産の種類等に応じた表示区分に計上し、配当財産の時価をもって、その他資本剰余金またはその他利益剰余金（繰越利益剰余金）を減額する。

　減額するその他資本剰余金またはその他利益剰余金（繰越利益剰余金）については、取締役会等の会社の意思決定機関で定められた結果に従う。

その他利益剰余金　　　×××	資産　　　　　　×××
（またはその他資本剰余金）	（簿価相当額）
（時価相当額）	譲渡益　　　　　×××

（注）上記仕訳は、現物資産の時価相当額が簿価相当額を上回る場合を想定している。逆に、時価相当額が簿価相当額を下回るときは、譲渡損が認識される（以下、同様）。

　税務上も、完全支配関係がない場合は、金銭以外の資産が利益剰余金を原資とした剰余金の配当により交付された場合は、その資産の時価に

より交付されたものとして時価相当額と帳簿価額との差額が譲渡損益として認識される（法法23条1項、法令9条1項8号）(注82)。一方、資本剰余金の額の減少に伴う剰余金の配当の場合は、みなし配当が資産の時価相当額に基づいて計算される（法法24条1項、法令8条1項16号、9条1項11号）(注83)。

① 利益剰余金の配当の場合

| 利益積立金額 ×××
（時価相当額） | 資産 ×××
（簿価相当額）
譲渡益 ××× |

② 資本剰余金の配当の場合

| ｛資本金等の額 ×××
　利益積立金額 ×××
（時価相当額） | 資産 ×××
（簿価相当額）
譲渡益 ××× |

結果として、会計上、計上された譲渡損益が税務上もそのまま認識されるため、別表4の申告調整は不要である。ただし、資本剰余金の配当である場合に、会計上の減額する剰余金の区分によって、（税務上は資本金等の額の減算と利益積立金額の減算を一定のルールで行うため）別表5(1)の振替調整は必要になることが考えられる。

（2）完全支配関係がある場合

改正企業会計基準適用指針第2号によれば、次の表の①から④に該当する場合には、配当の効力発生日における配当財産の適正な帳簿価額を

(注82) 法人税法23条1項に対応する法人税法施行令9条1項8号において、「金銭の額および金銭以外の資産の価額」と規定されているように、現物資産の場合は金銭以外の資産の価額（＝時価相当額）に基づいて処理する。
(注83) 現物配当に係る資産の時価相当額が資本金等の額に対応する金額を超えるときに、その超過額がみなし配当として取り扱われる。

もって、その他資本剰余金またはその他利益剰余金（繰越利益剰余金）を減額するものとされている。

損益を認識しないケース

① 分割型の会社分割（按分型）
② 保有する子会社株式のすべてを株式数に応じて比例的に配当（按分型の配当）する場合
③ 企業集団内の企業へ配当する場合
④ 市場価格がないことなどにより公正な評価額を合理的に算定することが困難と認められる場合

上記表の「③企業集団内の企業へ配当する場合」が含まれているので、完全支配関係がある法人間の現物配当の場合は、この処理が適用される[注84]。次の仕訳のように、現物資産の帳簿価額相当額について剰余金を減少する処理であるため、損益は認識されない。

その他利益剰余金	×××	資産	×××
（またはその他資本剰余金）		（簿価相当額）	
（簿価相当額）			

税務上も、完全支配関係がある法人間の場合は、適格現物分配として取り扱われるため、帳簿価額により被現物分配法人に譲渡されたものとして処理することになり、所得に影響は生じない。

（注84）会計上「企業集団内」としているときは、親子会社グループを指すため、完全支配関係はこれに該当する。

4　被現物分配法人の会計処理・税務処理

（1）被現物分配法人の会計処理

　現物配当を受ける法人側の会計処理であるが、「事業分離等に関する会計基準」（以下、「事業分離等会計基準」）に従う[注85]。

　現物配当を受けた株主側の会計処理としては、事業分離等会計基準143項の記述にみられるように、必ずしも分配側の原資によって決定されるわけではなく、原則として、交換等の一般的な会計処理に準じて、保有していた株式の実質的な引換えとして会計処理を行うことが適切と考えられるとされているので、この処理が原則になる。

　一方、事業分離等会計基準144項の最後のまた書きで、投資後に生じた利益の分配など、投資が継続しているとみなされる中で当該投資の成果として現金以外の財産の分配が行われた場合は、収益計上する旨の記述がある。

　原則的な処理である保有していた株式の実質的な引換えとして会計処理した場合は、次のようになる。

現物資産	ＸＸＸ	（現物分配法人の）株式	ＸＸＸ
（簿価相当額）		交換損益	ＸＸＸ

　ただし、子会社から孫会社株式が現物配当される場合は、子会社を通じた孫会社に対する間接投資が直接投資に変わるだけの実態になるため、これまで保有していた子会社株式の帳簿価額のうち実質的に引き換えられたものとみなして算定された金額で孫会社株式を計上するだけ

[注85]　「事業分離等会計基準」では、「株主が現金以外の財産（ただし、分割型の会社分割による新設会社または承継会社の株式を除く）の分配を受けた場合も、企業結合に該当しないが、本会計基準では、当該株主の会計処理も定めている（第52項参照）。」（事業分離等会計基準9項）とされている。

で、交換損益は認識しないと考えられる（後述する設例22および設例23を参照）。

　　孫会社株式　　×××　　／　　子会社株式　　×××

　また、「事業分離等会計基準」を適用しないで、単純に受取配当金として収益計上する場合は、次のように貸方に収益を計上する。

　　現物資産　　×××　　／　　受取配当金　　　　×××
　　（簿価相当額）

（２）被現物分配法人の税務処理

① 完全支配関係がない場合

　完全支配関係がない法人間で、利益剰余金を原資とした剰余金の配当を現物配当により受けた場合は、次の税務処理となる。

　　資産　　　×××　　／　　受取配当金　　×××
　　（時価相当額）

　また、資本剰余金の額の減少に伴う剰余金の配当を受けた場合も、完全支配関係がないときは、現物配当に係る資産の価額の合計額（時価相当額）に基づいてみなし配当が計算される（法法24条1項）。資本金等の額に対応する金額が株式の譲渡対価となり、資産の時価相当額（＝交付金銭等）が資本金等の額に対応する金額を上回るときに、差額がみなし配当（受取配当金）になる。株式の譲渡対価の額から譲渡原価の額を控除した差額が株式の譲渡損益として取り扱われる。

② 完全支配関係がある場合

　（ⅰ）利益剰余金を原資とした現物配当を受けた場合

　　完全支配関係がある法人間で、利益剰余金を原資とした剰余金の配当を現物配当により受けた場合は、次の税務処理となる。すなわち、

被現物分配法人が適格現物分配により資産の移転を受けた場合は、分配直前の帳簿価額により受け入れることになる。

　資産　　　ＸＸＸ　／　受取配当金　　ＸＸＸ
　（簿価相当額）

　適格現物分配により資産の移転を受けた株主法人は、その資産の移転を受けたことにより生ずる収益の額は、（全額を）益金の額に算入しないものとされている（法法62条の5第4項）。また、現物分配直前の帳簿価額に相当する金額が、被現物分配法人における利益積立金額の増加となる（法令9条1項4号）。したがって、上記の受取配当金は、別表4で全額について減算（社外流出）の調整をすることになる[注86]。

　なお、受取配当等の益金不算入制度に基づくわけではないため、別表8「受取配当等の益金不算入に関する明細書」の記載は不要である。

（ⅱ）みなし配当事由により金銭以外の資産の交付を受けた場合

　完全支配関係がある法人間で、法人税法24条1項3号から6号までの「みなし配当事由」により、金銭以外の資産の交付を受けた法人においては、譲渡損益は不計上となり（法法61条の2第16項）、改正前の譲渡損益に相当する金額は、資本金等の額の加減算処理（法令8条1項20号）となる。適格現物分配が完全支配関係がある法人間で行われることにより、この規定が適用される。

　また、みなし配当は従来どおり発生する。適格現物分配の場合は、移転を受けた資産の帳簿価額に基づいてみなし配当を計算する。資産の帳簿価額を交付金銭等の額とし、資本金等の額に対応する金額を上回るときに超過額がみなし配当の額とされる（法法24条1項、法令8

(注86)　会計上収益を計上している場合は、別表4の減算が社外流出項目であるため、利益積立金額は増加する。会計上収益を計上していない場合は、「適格現物分配に係る収益計上もれ」加算（留保）と「適格現物分配に係る益金不算入額」減算（社外流出）の両建て調整を入れることにより、加算を留保項目で減算を社外流出項目とすることにより、利益積立金額を増加させる必要がある。

条1項16号、18号、9条1項11号、13号）。もちろん資産の移転を受けたことにより生ずる収益の額は、益金の額に算入しないので（法法62条の5第4項）、全額益金不算入とする。

資産	×××	株式	×××
(簿価相当額)		受取配当金	×××
資本金等の額	×××		

（注）資本金等の額の減算すべき金額は、次のように計算する（法令8条1項20号）。

｛みなし配当の額 ＋ 譲渡対価の額(＝譲渡原価の額)｝ － 交付金銭等の額

計算結果がマイナスであるときは、マイナスを減算（＝加算処理）となり、資本金等の額が貸方に計上される。

設例22

完全支配関係がある法人から利益剰余金を原資とした現物配当を受けた場合

前提条件

子会社B社が、親会社A社に対して、孫会社であるC社の株式を現物配当することになった。A社、B社およびC社との間には、完全支配関係があるものとする。A社におけるB社株式の帳簿価額は5,000、B社におけるC社株式の帳簿価額は1,000とする。

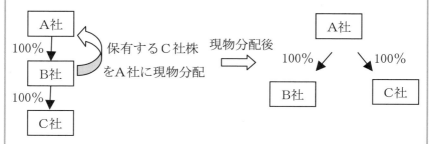

利益剰余金を原資とする現物配当であったものとし、会計処理、税務処理および申告調整を示しなさい。

B社の配当直前の貸借対照表

資産	10,000	負債	2,000
		資本金等の額	5,000
		利益積立金額	3,000

(注) 税務上の貸借対照表を前提としている。

解　答

1．会計処理

（1）A社の会計処理

　　A社は、子会社B社からC社株式の現物配当を受けるが、収益計上はしないものと考えられる。すなわち、現物配当を受けた株主側の会計処理としては、事業分離等会計基準143項の記述にみられるように、必ずしも分配側の原資によって決定されるわけではなく、原則として、交換等の一般的な会計処理に準じて、保有していた株式の実質的な引換えとして会計処理を行うことが適切と考えられるとされている。これまで保有していた株式のうち実質的に引き換えられたものとみなされる額は、分配を受ける直前の株式の適正な帳簿価額を合理的な方法[注87]によって按分し算定する。

　　B社株式の帳簿価額5,000×1,000／8,000＝625
　　（注）子会社株式の帳簿価額に、子会社の簿価純資産額に現物配当に係る現物資産の簿価の占める割合を乗じる方法によっている。

　　C社株式　　625　　／　　B社株式　　625

（2）B社の会計処理

　　利益剰余金を原資とした配当であるため、繰越利益剰余金の減少を認識する。また、企業集団内の企業に対する配当であるため、損益は認識しない。

[注87] 企業会計基準適用指針第10号「企業結合会計基準及び事業分離等会計基準に関する適用指針」295項。子会社株式の帳簿価額に、子会社の簿価純資産額に現物配当に係る現物資産の簿価の占める割合を乗じるなど、3通りの方法が示されている。

繰越利益剰余金　1,000　／　C社株式　1,000

2．税務処理
（1）A社の税務処理

　　C社株式を帳簿価額により受け入れる（法令123条の6第1項）。同額について、受取配当金を認識し（全額益金不算入）、利益積立金額の増加を認識する（法令9条1項4号）。

C社株式　1,000　／　受取配当金　1,000

　したがって、上記の受取配当金は、別表4で全額について減算（社外流出）の調整をすることになる。会計上収益を計上していない場合は、「受取配当金計上もれ」加算（留保）と「適格現物分配に係る益金不算入額」減算（社外流出）の両建て調整を入れることにより、加算を留保項目で減算を社外流出項目とすることにより、利益積立金額を増加させることになる。

別表四　所得の金額の計算に関する明細書

区　分	総　額	処　分	
		留　保	社外流出
	①	②	③
当期利益または当期欠損の額			配当
			その他
加算　受取配当金計上もれ	1,000	1,000	
減算　適格現物分配に係る益金不算入額	1,000		1,000

別表五（一） 利益積立金額および資本金等の額の計算に関する明細書

Ⅰ　利益積立金額の計算に関する明細書				
区　　分	期首現在利益積立金額	当期の増減		差引翌期首現在利益積立金額 ①－②＋③
		減	増	
	①	②	③	④
利益準備金				
積立金				
B社株式			625	625
C社株式			375	375

（2）B社の税務処理

　　B社が保有していたC社株式の帳簿価額を貸方に落とすが、借方は、利益剰余金を原資とした配当であるため、利益積立金額の減少となる（法令9条1項8号）。

　利益積立金額　　1,000　　／　　C社株式　　1,000

　　会計上は、繰越利益剰余金の減少であり、税務上は利益積立金額の減少であるため、申告調整は不要である。

設例 23

完全支配関係がある法人から資本剰余金を原資とした現物配当を受けた場合

設例22と同じ前提条件の下で、剰余金の配当の原資が資本剰余金であった場合の会計処理と税務処理を示しなさい。

解　答

1．会計処理

（1）A社の会計処理

　　すでに説明したように、現物配当を受けた株主側の会計処理として

は、事業分離等会計基準143項の記述にみられるように、必ずしも分配側の原資によって決定されるわけではなく、原則として、交換等の一般的な会計処理に準じて、保有していた株式の実質的な引換えとして会計処理を行うことが適切と考えられる。収益計上しない処理によったものとする。

B社株式の帳簿価額5,000×1,000／8,000＝625
（注）子会社株式の帳簿価額に、子会社の簿価純資産額に現物配当に係る現物資産の簿価の占める割合を乗じる方法によっている。

C社株式　　625　　／　　B社株式　　625

（2）B社の会計処理

配当原資が資本剰余金であるため、その他資本剰余金の減少を認識する。また、企業集団内の企業に対する配当であるため、損益は認識しない。

その他資本剰余金　　1,000　　／　　C社株式　　1,000

2．税務処理
（1）A社の税務処理

資本剰余金の額の減少に伴う現物配当であるため、みなし配当事由に該当する。みなし配当の額の計算を行う。

適格現物分配に該当する場合は、みなし配当は現物資産の帳簿価額に基づいて計算する。

$$\text{資本金等の額の減少額}=\text{会社全体の資本金等の額}\times\frac{\text{現物資産の帳簿価額}}{\text{簿価純資産額}}$$

$$=5,000\times\frac{1,000}{8,000}=625$$

この資本金等の額の減少額は、現物分配法人であるB社において、減少する額である。被現物分配法人であるA社においては、後で説明

するように、株式の譲渡損益に相当する額について、資本金等の額を加減算する（法令8条1項20号）。

利益積立金額の減少額＝現物資産の帳簿価額－資本金等の額の減少額
　　　　　　　　　　＝1,000－625＝375
株式の譲渡原価＝株式の帳簿価額×払戻割合[注88]
　　　　　　　＝1,000×0.125＝125
譲渡損益に相当する額＝625－125＝500
（完全支配関係があるため、譲渡損益に相当する額は、資本金等の額の加減算処理となる（法令8条1項20号）。）

C社株式	1,000	利益積立金額（みなし配当）	375
		B社株式	125
		資本金等の額	500

別表四　所得の金額の計算に関する明細書

区　分		総　額	処　分	
			留　保	社外流出
		①	②	③
当期利益または当期欠損の額				配当
				その他
加算	受取配当金計上もれ	375	375	
減算	適格現物分配に係る益金不算入額	375		375

（注88）資本金等の額の減少額（減資資本金額の計算における分数）

別表五（一）　利益積立金額および資本金等の額の計算に関する明細書

区　　分	I　利益積立金額の計算に関する明細書			
	期首現在利益積立金額	当期の増減		差引翌期首現在利益積立金額 ①－②＋③
		減	増	
	①	②	③	④
利益準備金				
積立金				
Ｂ社株式			500	500
Ｃ社株式			375	375
資本金等の額			△500	△500

区　　分	II　資本金等の額の計算に関する明細書			
	期首現在資本金等の額	当期の増減		差引翌期首現在資本金等の額
		減	増	
資本金または出資金				
資本準備金				
利益積立金額			500	500

　　みなし配当計上漏れを加算（留保）し、適格現物分配に係る益金不算入額として減算（社外流出）する。一方で、別表5(1)において利益積立金額と資本金等の額との間でプラス・マイナス500の振替調整を行うことにより、税務上の正しい数値になる。

(2) Ｂ社の税務処理

　　現物資産（Ｃ社株式）の帳簿価額のうち、資本金等の額に対応する額（減資資本金額）625について資本金等の額を減少し、差額である375について利益積立金額を減少する。この利益積立金額の減少額375がみなし配当である。適格現物分配により生じたみなし配当については、源泉徴収は不要である（所法24条1項）。

資本金等の額	625	C社株式	1,000
利益積立金額	375		
（みなし配当）			

第3章
デット・エクイティ・スワップ（債務の資本化）

1 デット・エクイティ・スワップ（債務の資本化）とは

　会社に対する金銭債権を現物出資する方法による新株発行が多く行われている。払い込むべき金銭がなくても、その会社に対して金銭債権を有していれば、債権者がその金銭債権を債務者企業に対して現物出資してその対価として株式を取得することができる。

　デット・エクイティ・スワップ（Debt Equity Swap）とは、文字どおりデット（債務）とエクイティ（資本）をスワップ（交換）することである。すなわち、デット・エクイティ・スワップとは債務の資本化であり、債務と交換に株式を発行することをいう。債権者からみた場合は、債権の株式化ということができる。

　債務者にとっては、過剰債務を減らし財務体質を健全化できるメリットがある。有利子負債の減少による金利負担の軽減により、再建を行うためのスキームとして利用される。債務が消滅し、資本が増加することにより、債務超過の解消という効果が生じるケースもある。

　一方、債権者にとっても、債権の全部または一部を全面的に放棄しないで、その一部を株式に交換しておくことによって、将来、再建計画が成功し、株式の価値が上昇したときに、キャピタルゲインを得ることが可能となる。また、債権者としては再建企業の株式を取得することにより、経営に関与することも可能となり、モラルハザードを防ぐ効果も期待できる。

　また、同族会社においては、オーナーが運転資金等を会社に貸し付けているケースが少なくなく、会社に対する貸付金を保有したまま相続を迎えると、相続財産評価において原則として額面金額による評価となるため、貸付金を会社に対して現物出資し、対価として株式の交付を受けることにより、相続財産評価が下がる効果が生じることから利用されて

いるケースもみられる。

　なお、企業再建のためにデット・エクイティ・スワップを活用する場合、取得後の債権者の株式保有割合が発行済株式総数の5％を超えることも想定され、銀行およびその子会社が国内の一般事業会社の議決権を合算して5％（銀行持株会社は15％、保険会社は10％）以上保有することを原則禁止するいわゆる「5％ルール」との関係が問題となることがある。この点については、銀行法上、合理的な経営改善計画に基づくデット・エクイティ・スワップには例外的な取扱いが適用される[注89]。すなわち、合理的な経営改善計画に基づくデット・エクイティ・スワップについては、銀行は最長で1年間、最大100％までの議決権を保有することが例外的に認められる。また、5％を超える部分の議決権を速やかに処分（遅くとも経営改善計画終了までに処分）することを条件として内閣総理大臣の承認を受けた場合に限って、1年を超えて50％までの範囲の議決権を保有することも認められる（銀行法16条の3第2項、3項、同施行規則17条の6第1項3号）。

　また、銀行等の投資専門子会社を通じてデット・エクイティ・スワップにより株式等を取得した場合については、最大で100％までの範囲で事業再生会社の議決権を保有することが認められる（銀行法16条の3第7項、同施行規則17条の2第6項から8項）。このように、銀行法上、デット・エクイティ・スワップの利用環境の整備が図られている。

　（注89）例外的な取扱いが適用されるデット・エクイティ・スワップは、銀行またはその子会社の、その取引先である会社との間の合理的な経営改善のための計画に基づく株式等の取得（当該銀行またはその子会社に対する当該会社の債務を消滅させるために行うものであって、当該株式等の取得によって相当の期間内に当該会社の経営の状況が改善されることが見込まれるものに限る）である（銀行法施行規則17条の6第1項3号）。

2 デット・エクイティ・スワップのスキーム

(1) 現物出資方式と新株払込方式

　会社に対する債権を現物出資することにより、債権と株式を交換するのがデット・エクイティ・スワップの一般的な方法である。これを現物出資方式と呼ぶ。この現物出資方式とは別に、債務者が第三者割当増資を行い、債権者から払い込まれた増資資金を借入金の返済のために債権者に支払う方法がある。この後者の方法を新株払込方式という（擬似DESということがある）。

　新株払込方式の場合、株式の払込みと債権の弁済というそれぞれの行為が別々に行われるため、原則として、税務上の問題は生じない。

現物出資方式と新株払込方式の比較

	現物出資方式	新株払込方式
手続の方式	債権を現物出資する手続により行う	債務者（企業）が第三者割当増資を行い、債権者（金融機関等）から払い込まれた増資資金を借入金の返済のために債権者に支払う。
税務上の処理	発行法人においては、債権の時価相当額について資本金等の額を増加させる。債権者が取得する株式の取得価額は、その債権の時価による※	発行法人においては、金銭の払込金額について資本金等の額を増加させる。増資資金で債務者の株式を取得し、債務者からは債務の返済を受ける形となっており、課税関係は原則として生じない。

※法人税法施行令119条1項2号

（2）券面額説と時価評価説

　現物出資方式によりデット・エクイティ・スワップを実行する場合に、従来から、債権の額面額を株式化する方法と、債権の時価評価額を株式化し残りを債権放棄する方法の2つの方法が存在していた。前者を券面額説、後者を時価評価説という。

　券面額説は、資本充実原則の観点から問題があるという意見があったため、実務上は採用し難かった事情があった。しかし、その後東京地裁民事8部での検討の結果、券面額説によっても資本充実原則の点で問題がないという見解が示されたため(注90)、以後は券面額説に従った処理が主流となっている。また、会社法においては、後で説明するように、券面額説によっても法的な問題（有利発行の問題）は生じないものとして整理されている。

　券面額説の根拠であるが、債務の減少は額面金額での減少であり、それは同額の純資産の増加をもたらしていると考えられるということであり、資本取引を行おうとしている当事者の意思に反して債務免除益が計上されることは適当ではないという考え方に基づいている(注91)。また、会社が実質債務超過であって、既存株主の株式価値がゼロまたはゼロに限りなく近いのであれば、既存株主の利益を害するおそれもなく、券面額説（債権の時価を額面金額と同額で評価し、株式化する考え方）に従って問題がないと解されている。券面額説によるデット・エクイティ・スワップの場合は、検査役の調査は不要であるとされ（会社法207条9項5号）、その場合は債権の額面金額について資本金（または資本金および資本準備金）を増加する。

（注90）針塚遵「東京地裁商事部における現物出資等検査役選任事件の現状」、商事法務No.1590。
（注91）針塚遵、前掲、P8。

(3) 会社法における法的解釈

① 有利発行に該当するかどうかについての論点

　旧商法においては、デット・エクイティ・スワップを券面額説によって実行する場合、既存株主の保護に欠けるものとして反対する学説が存在していた。有利発行に該当する場合は、公開会社であっても、株主総会の特別決議を経なければならないことになる。

　例えば、債権の額面金額が5,000万円、時価が10分の1の500万円とする。この債権を現物出資によりデット・エクイティ・スワップを実行するものとする。資本金が債権の額面金額と同額5,000万円増加する。株式1株当たりの時価を250円とし、1株当たり払込金額を（DES後の）1株当たりの時価と同額である250円とする。新株発行する株式数は、20万株（5,000万円÷250円）である。債権の時価が債権の額面金額を下回っているケースにおいて、このような発行を行うと、既存株主の株式価値が希釈化され、不利益を被るという指摘が、券面額説に対する批判の理由である。この場合、債権の時価500万円を株式1株当たりの時価250円で除した数（2万株）の新株式発行を行うことにより、既存株主の保護が図られるという指摘があり、それは結果として時価評価額説に基づく処理と同様になる。

　このような学説に対して、会社法は次のように、券面額説の考え方を採用しており、既存の株主の保護に欠けることはないとの解釈がとられている。

② 会社法の考え方

　会社法においては、現物出資方式によるデット・エクイティ・スワップ（金銭債権の現物出資）について、原則として検査役の調査は不要とされている。すなわち、弁済期が到来している金銭債権を、その債権額

(額面金額)以下で出資する場合には、検査役の調査は不要である(会社法207条9項5号)。弁済期の到来した金銭債権を現物出資することについては、弁済額が確定しているから、債務の弁済と払込みが同時に行われたのと実態は変わらないことから、券面額説によっても問題がないという解釈に基づいている。

すなわち、実質的には、金銭出資と債務の弁済が同時に行われたのと同じであるし、現物出資を行う債権者にとっては、より弁済順位の低い株主の地位となることから、特に弊害がみつからないと考えられるからである[注92]。会社法においては、債権の価額＝債務者が弁済しなければならない価額(券面額)であるという考え方(券面額説)を採用したうえで、それまでの実務における券面額説での運用を前提として、手続の簡略化(検査役の調査不要)をしたものと解される[注93]。

一方、弁済期が未到来の金銭債権を現物出資することについて、券面額説を採るのか、時価評価説を採るのかは、解釈論であると考えられる。デット・エクイティ・スワップを実行する会社が実質債務超過である、あるいは、デット・エクイティ・スワップを行わなければ会社が継続できないような倒産間際の状態であって、既存株主の株式価値がゼロまたはゼロに限りなく近い場合は、既存株主の利益を害するおそれもなく、券面額説に従って問題がないと解される[注94]。

なお、弁済期が未到来の金銭債権の現物出資を行うケースにおいて検

(注92) 相澤哲編著「立案担当者による新・会社法の解説」別冊商事法務 No.295、P57。検査役の調査を原則不要とした理由として、「弁済期が到来している場合には株式会社が弁済しなければならない価額は確定しており、評価の適正性について特段の問題は生じないと考えられる。」としている。
(注93) 藤原総一郎「ＤＥＳ・ＤＤＳの実務(改訂版)」金融財政事情研究会、P9。
(注94) 鳥飼重和ほか「非公開会社のための新会社法」商事法務、P154。「会社法は、制度設計として、健全な企業のＤＥＳも視野に入れたため、その場合の履行期未到来債権は中間利息を控除しなければ相当な価額にならないと考えられたのであろう。」としている。株式価値がある場合の未到来債権の場合には、時価評価説を採用するべきとする見解も成り立つ余地がある。

査役の調査を省略したい場合は、期限の利益を放棄するという方法が考えられるが(注95)、期限の利益を放棄し、時価の著しく低い金銭債権を額面金額で評価して割り当てた場合に、現物出資者および取締役等の不足額てん補責任（会社法212条1項2号、213条）が問題となるおそれがある点に留意する必要がある。

会社法上は、券面額説に従った処理が主流となっており、検査役の調査の問題、面倒な評価の問題について回避することができるケースについては、実務上対応しやすくなったといえるが、後で解説するように、平成18年度税制改正によって、税務上は、時価評価説を前提とした規定が整備されている。回収可能性に問題のある債権を現物出資するときに、税務の観点からの時価評価の問題を考慮せざるを得なくなったわけであり、実務上は一概に処理が簡便になったと言い難い面もある。

一方、登記実務の観点からは、会社法の制定に合わせて商業登記法の改正が行われ、債権の存在を証する必要から、金銭債権について記載された会計帳簿(注96)が登記の添付書類とされている点に留意が必要である（商業登記法56条3号ニ）。

3 デット・エクイティ・スワップの会計処理

（1）債務者の会計処理

デット・エクイティ・スワップを行ったときの債務者側の会計処理については、券面額説に従った場合は、債権の券面額につき資本金（または資本金および資本準備金）の増加を認識する。2分の1規制の対象で

(注95) 相澤哲・豊田祐子「新会社法の解説（5）株式（株式の併合等・単元株式数・募集株式の発行等・株券・雑則）」商事法務 No.1741。債務者である株式会社において期限の利益を放棄することにより、検査役の調査省略要件を当然に満たすとしている。
(注96) 総勘定元帳などその金銭債権の金額、債権者名が記載してある会計帳簿で差支えない。

あるため、払込金額の2分の1を超えない範囲で資本準備金に計上することは認められる。

設例 24

前提条件

貸付金(額面金額3,000)を現物出資した。券面額説に従うものとするが、払込金額の2分の1を資本準備金に組入れるものとして債務者側の会計処理を示しなさい。

解答

借入金	3,000	/	資本金	1,500
			資本準備金	1,500

会社法上、券面額につき資本の増加を認識しているため、会計上も債権の額面金額3,000で資本の増加処理を行い、債務消滅差益(債務免除益)は認識しない。ただし、2分の1を資本準備金に計上する。

一方、時価評価説に従った場合は、債権の時価相当額につき資本金を増加し、債権の券面額との差額は債務が消滅したことに伴い差益が発生したものとして債務消滅差益が認識される。税務上は、時価評価説に立った処理が強制されるため、債権の時価が券面額を下回るケースにおいて上記の会計処理を行った場合は、申告調整が必要となる。申告調整の方法であるが、別表4に「債務消滅差益計上もれ」を加算(留保)し、別表5(1)の「利益積立金額の計算に関する明細書」に同額のプラス、「資本金等の額の計算に関する明細書」に同額のマイナスの振替調整を行うことになる。

(2) 債権者の会計処理

① 債権の消滅と株式の取得

デット・エクイティ・スワップ実行時の債権者側の会計処理が特に問題となる。券面額説は債務者側における増加資本の考え方を示したもの

に過ぎないため、債権者側の会計処理は債務者側の会計処理に特に影響を受けない。

現物出資方式のデット・エクイティ・スワップは、債権者側からみると、金銭債権を現物出資してその対価として株式を取得する取引である。株式を取得するときの会計処理は、「金融商品に関する会計基準」に従う必要があるため、取得時の時価で受け入れることとなる。

債務者側の増加資本の処理について券面額説が法律的に採用されたとしても、債権者側においては、株式を受け入れたときの株式の時価をもって取得価額とする会計処理が必要である。

企業会計基準委員会（ASBJ）は、平成14年10月9日に実務対応報告第6号「デット・エクイティ・スワップの実行時における債権者側の会計処理に関する実務上の取扱い」を公表した。デット・エクイティ・スワップの実行は、債権者側においては金融資産に係る取引であるため、その会計処理も「金融商品に関する会計基準」（以下、「金融商品会計基準」）および「金融商品会計に関する実務指針」（以下、「金融商品実務指針」）に基づいて行われることとなるが、本実務対応報告は実務上の取扱いを確認するものであるとされている。

債権者がその債権を債務者に現物出資した場合、債権と債務が同一の債務者に帰属し当該債権は混同により消滅する（民法520条）ため、金融資産の消滅の認識要件を満たすものと考えられる（金融商品会計基準8項、9項）。したがって、債権者は当該債権の消滅を認識するとともに、消滅した債権の帳簿価額とその対価としての受取額との差額を、当期の損益として処理することとなるので（金融商品会計基準11項）、債権の時価（通常は受け入れる株式の時価と等しい）が債権の帳簿価額を下回る場合は、受け入れた株式の時価と債権の帳簿価額との差額は、債権者にとって損失となる。

なお、デット・エクイティ・スワップ実行時における債権者側の会計処理に関するこの考え方は、債務者側において券面額説が採用され、それに従った会計処理が行われたとしても、それにかかわらず適用されることに留意する必要がある。

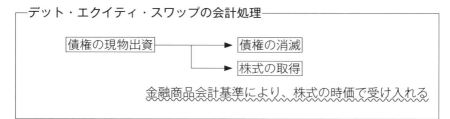

② 取得した株式の取扱い

デット・エクイティ・スワップにより、債権者が取得する株式は、債権とは異種の資産と考えられることから、新たな資産の取得と考えられる（金融商品実務指針36項）。

債権者が取得する株式の取得時の時価が対価としての受取額（譲渡金額）となり、消滅した債権の帳簿価額と取得した株式の時価の差額を当期の損益として処理し、当該株式は時価で計上されることとなる（金融商品会計基準11項から13項、金融商品実務指針29項および37項）。

ここでいう消滅した債権の帳簿価額は、取得原価または償却原価から貸倒引当金を控除した後の金額をいう（金融商品実務指針57項(4)）。なお、控除する貸倒引当金には、貸倒懸念債権、破産更生債権等に対して個別に引き当てたもののみならず、例えば、銀行等金融機関における要管理先に対する債権に係る貸倒引当金など総括的な引当金のうち当該債権に対応する部分も含まれるとされている。また、デット・エクイティ・スワップを行うにあたり、債権者が一定額の債権放棄を行う場合には、当該債権放棄後の帳簿価額をいう。

設例 25

デット・エクイティ・スワップ（債務の株式化）の会計処理

前提条件

当社の取引先Ａ社は、債務超過状態が継続しており、このままでは再建が困難と判断されたため、金融機関が主導で合理的な再建計画を作成し、そのなかで債権放棄およびデット・エクイティ・スワップを行うこととなった。

Ａ社に対して貸付金8,000（券面額）を有しており、このうち3,000を債権放棄し、残りの5,000についてはデット・エクイティ・スワップによりＡ社の株式と交換した。貸付金と交換した株式のその時点の時価は、300と見積もられる。

なお、貸付金8,000につき全額の貸倒引当金を計上していた。会計処理をどのように行えばよいか。

解答

1. 考え方

債権者からみた場合、貸付金8,000のうち3,000について債権放棄しており、この部分は貸倒損失を計上すべきである。また、残りの5,000については、貸付金を現物出資して株式を取得したととらえるべきである。

会計上、株式の取得価額は、受入時の株式の時価を取得価額とする。一方、貸付金について計上していた貸倒引当金は全額を戻し入れるべきである。貸付金は債権放棄および株式との交換でまったく残らないからである。

2. 会計処理

　(1) 債権放棄した部分の会計処理

貸倒損失	3,000	/	貸付金	3,000
貸倒引当金	3,000	/	貸倒引当金戻入益	3,000

　(2) 株式との交換の会計処理

株式	300	/	貸付金	5,000
債権譲渡損	4,700[注97]	/		
貸倒引当金	5,000	/	貸倒引当金戻入益	5,000

③ 取得した株式の時価とは

　取得した株式の時価については、取得した株式に市場価格がある場合には、「市場価格に基づく価額」を用いる。一方、取得した株式に市場価格がない場合には、「合理的に算定された価額」を適用する（金融商品会計基準6項、金融商品実務指針47項）。実務対応報告では、「合理的に算定された価額」は、債権放棄額や増資額などの金融支援額の十分性（例えば、実質的な債務超過を回避したと考えられるかどうか）、債務者の再建計画等の実行可能性（例えば、近い将来に完了することが予想されるかどうか）、株式の条件（例えば、優先株式の場合は配当や償還の条件、普通株式への転換の条件など）などを適切に考慮したうえで、金融商品実務指針54項に掲げられる方法によって算定するとしている。金融商品実務指針54項に掲げる方法とは、具体的には次に掲げる方法である。

取得した株式の合理的に算定された価額

> 市場価格がない場合または市場価格を時価とみなせない場合、時価は、基本的に、経営陣の合理的な見積りに基づく合理的に算定された価額による。

　「合理的に算定された価額」とは、具体的には次の方法で算定された価額をいう。

> ①　取引所等から公表されている類似の金融資産の市場価格に、利子率、

（注97）株式の時価は、消滅した債権の対価としての受取額（譲渡金額）であることから、「譲渡損失」ととらえることができる。税務上も、非適格現物出資であれば、債権の譲渡がそのときの時価でなされたとみることになる。この点に関しては、「債権の消滅は形式的には混同によるものではあるとしても、合意による債権放棄（債務免除）と法的効果において同一であること、したがって債務の株式化によって認識される損失は、その実質は、貸付金免除損ないし貸倒損失であるとみるのが自然であると思われる。」という指摘がある（須藤正彦「精説不良債権処理」経済法令研究会、P231～232）。実質論として正論と思われる。この点は、後で説明するこの損失の損金性の問題に関わってくる。

満期日、信用リスクおよびその他の変動要因を調整する方法
　この場合の調整数値等は、恣意性を排除した合理的なものでなければならない。
② 対象金融資産から発生する将来キャッシュ・フローを割り引いて現在価値を算定する方法
　この場合、変動要因等を織り込むことを考慮する。また、適用する割引率は、恣意性を排除した合理的なものでなければならない。
③ 一般に広く普及している理論値モデルまたはプライシング・モデル（例えば、ブラック・ショールズモデル、二項モデル等のオプション価格モデル）を使用する方法
　この場合、会社が採用するモデル自体、およびモデルを用いて実際に算定する際のボラティリティ、利子率等の価格決定変数は、恣意性を排除した合理的なものでなければならない。

　自社における合理的な見積りが困難な場合には、対象金融資産について上記①から③の方法に基づき算定された価格をブローカーから入手して、それを合理的に算定された価額とすることができる。また、情報ベンダー（投資に関する情報を提供する業者の総称で、経済指標、市場情報、時価情報等の提供を行っている）がブローカーの平均価格や理論値等を算定して一般に提供している場合には、それを入手して合理的に算定された価額とすることができる。

　「合理的に算定された価額」の算定が困難な場合、取得した株式の取得時の時価を直接的に算定する方法に代えて、適切に算定された実行時の債権の時価を用いて、当該株式の時価とすることも考えられるとされている。

　ただし、この場合にも、当該時価は、消滅した債権に関する直前の決算期末（中間期末を含む）の帳簿価額を上回らないと想定され、実行時点では、利益が発生しないこととされている。

第3章　デット・エクイティ・スワップ（債務の資本化）

　債権の消滅時に、債権者が取得する債務者の発行した株式の時価を合理的に測定できない場合には、その時価はゼロとして譲渡損益を計算し、その当初計上額もゼロとすることとなると考えられるとされている（金融商品実務指針38項）。

　時価を合理的に測定できない場合とは、当該株式または債権の「市場価格に基づく価額」（金融商品実務指針48項）がなく、かつ、当該株式または債権の「合理的に算定された価額」（金融商品実務指針54項）もない場合をいうものと考えられる。

　また、債権切捨てと実質的に同様の効果となる場合（例えば、債権放棄の代わりに債権者がデット・エクイティ・スワップに応じる場合）には、取得する債務者の発行した株式の時価はゼロに近くなると考えられる。

④　取得する株式の時価と債権の時価との関係

　デット・エクイティ・スワップの実行時の債権の時価は、債権の帳簿価額（債権の取得価額から貸倒引当金を控除した残額）以下であることが想定される。貸倒懸念債権および破産更生債権等に該当する債権の貸倒見込額の算定にあたっては、財務内容評価法または貸倒見積法のいずれかを採用するものとされているが、債権の適正評価の考え方と相通ずるところはあるにせよ、債権の時価が債権の帳簿価額を上回るということは、通常想定されない。

　また、債権者がデット・エクイティ・スワップによって取得する株式の時価は、債権の時価と釣り合っていることが必要であると解される。債権者の有する債権の時価を上回る価値の株式の交付を受ける場合は、会社法上、有利発行に該当することが考えられる[注98]。また、債権の時

（注98）神田秀樹「債務の株式化（デット・エクイティ・スワップ）」ジュリスト No.1219、P30、「債務者会社は、通常は、債権の実価と同じ価値の新株を発行すべきであって、それを超える価値の新株を発行する場合には、第三者に対する有利発行として株主総会の特別決議が必要であると解するべきである。」としている。

価と取得する株式の価値との間に乖離がある場合は、税務上の寄附金認定の問題も生じうると考えられる。したがって、債権者の取得する株式の価値と債権の時価が等しくなるように、株式の発行株式数を決定することが、実務上の重要なポイントとなる。

設例 26

デット・エクイティ・スワップに係る債権者の処理

前提条件

債権者甲の有する貸付金の額面金額が2,000、債権の時価が600であるとする。債権者甲は、この貸付金について貸倒引当金を1,000計上していた。この貸付金を現物出資したときの債権者側の処理を示しなさい。取得した株式の価値は、貸付金の時価相当とする。

解 答

株式	600	/	貸付金	2,000
貸倒引当金	1,000			
債権譲渡損	400			

4 デット・エクイティ・スワップの税務

デット・エクイティ・スワップの税務については、主として債務者側の債務消滅差益課税と、債権者側で発生する貸倒損失（債権譲渡損）の損金性が問題となる。

(1) 債務者の税務

① 債務消滅差益の認識

デット・エクイティ・スワップを行う債務者（新株の発行会社）側における課税の取扱いは次のとおりである。

第3章　デット・エクイティ・スワップ（債務の資本化）

　新株発行において増加する資本金等の額は、払い込まれた金銭の額および給付を受けた金銭以外の資産の価額（時価）である（法令8条1項1号）[注99]。前者は金銭出資の場合、後者は現物出資の場合の規定である。現物出資方式によるデット・エクイティ・スワップの場合は、資本金等の額の増加額は、後者の金銭以外の資産（債権）の時価相当額となる。

　具体的には、債権の時価相当額につき資本金等の額を増加させ、債権の時価相当額が額面金額を下回るときは、債権の時価相当額と額面金額との差額が債務消滅差益（債務免除益）として認識されることとなる。

　また、会社更生法、民事再生法その他それに準ずる一定の私的整理の場合において、期限切れ欠損金を債務消滅差益に充当することができる（法法59条1項、2項）。すなわち、平成18年度税制改正によって、法人税法59条（会社更生等による債務免除等があった場合等の欠損金の損金算入）にデット・エクイティ・スワップによって生じた債務消滅差益が加えられた。

　なお、この規定は、会社更生法、民事再生法その他一定の場合（破産法の規定に基づく破産、会社法の規定に基づく特別清算、例えば私的整理ガイドラインに基づく再建のように、多数の債権者の協議により決定されていて、決定に恣意性がなく、かつ、内容に合理性がある場合等[注100]）に適用されるものであり、通常の私的整理や負債整理の場合には適用されない。

　債権の時価が額面金額を大きく下回る場合、債務消滅差益が多額に生じるケースも考えられる。債務消滅差益が課税所得を発生させ、それが課税対象になる場合、デット・エクイティ・スワップの活用自体の足かせになることも考えられる。ただし、デット・エクイティ・スワップを

（注99）金銭以外の資産の価額とは、金銭以外の資産の時価相当額という意味である。
（注100）私的整理ガイドラインのほかには、中小企業再生支援協議会の支援による再生計画、RCC企業再生スキーム、特定認証紛争解決手続に従って策定される再生計画に基づくものなどが対象になりうる。

行うのは、業績の悪化した債務超過会社が、会社再建の手段として利用するケースが多く、繰越欠損金を多額に有している場合には、結果として課税を受けないことが考えられる。

② 債権の時価評価の問題

債権の時価評価の方法については法人税法上の取扱いがあるわけではなく、また、通達等により示されている取扱いも特にない。実務上は、下記に示すようないくつかの方法から適切と考えられるものを選択することになると考えられる。特に企業再生税制の適用対象となる一定の私的整理のケースでは、「（ⅰ）ＤＥＳ研究会報告書」の取扱いを採用することになると考えられる。

（ⅰ）ＤＥＳ研究会報告書（企業再生税制の適用対象となる一定の私的整理等に限る）

平成21年度税制改正においては、企業再生税制の適用の条件の一つである「２以上の金融機関等の債務の免除」[注101]にデット・エクイティ・スワップを加えることで、ＤＥＳを利用しやすい環境が整えられたといえる。

一方、デット・エクイティ・スワップを行う場合の税務上の時価評価の具体的な方法が不明であるため、デット・エクイティ・スワップの活用に支障があるともいわれていた。そこで、平成22年１月14日付で、経済産業省が立ち上げた「事業再生に係るＤＥＳ研究会」から「事業再生に係るＤＥＳ研究会報告書」（以下「ＤＥＳ報告書」）が公表され、そのなかで企業再生税制の適用対象となる一定の私的整理等でデット・エクイティ・スワップを行う場合に限定し、その際のＤＥＳ対象債権の「税務上の時価の評価方法」を１案として示している。

（注101）政府関係金融機関、企業再生支援機構または協定銀行（整理回収機構は該当する）が有する債権につき債務免除等をすることが定められている場合は、（２行以上ではなく）単独の債務免除等でも要件を満たす。

第3章　デット・エクイティ・スワップ（債務の資本化）

　これを受けて国税庁は、企業再生税制の適用対象となる一定の私的整理等でDESを行う場合に限って、①債権者側のDES対象債権の税務上の時価は、再生会社の「合理的に見積もられた回収可能額」を基に算定し、②債権者側で交付される株式の取得価額も、債務者側で算出したDES対象債権の税務上の時価となる旨を明らかにしている。

　DES報告書では、再生局面の中でも企業再生税制の適用対象となる一定の私的整理（法令24条の2第1項の要件を満たすもの）におけるデット・エクイティ・スワップは、合理的な再建計画に基づいて行われており、実務構築はこうした場面から検討していくことが望ましいと考えられるため、対象範囲を企業再生税制が適用される一定の私的整理であるとしている。一定の私的整理とは、民事再生法等の法的整理に準じた私的整理のことをいい、主要なものは下記のとおりである。

① 「私的整理に関するガイドライン及び同Q&Aに基づき策定された再建計画」
② 「『中小企業再生支援協議会の支援による再生計画の策定手順（再生計画検討委員会が再生計画案の調査・報告を行う場合）』に従って策定された再生計画」
③ 「『RCC企業再生スキーム』に基づき策定された再生計画」
④ 「事業再生ADRの手続による再生計画」
⑤ 「企業再生支援機構（平成25年4月から地域経済活性化支援機構に改組）の支援による再生計画」

　企業再生税制が適用されるような再生の実務では、実務上、債権者会議の開催に先立って、所定の資産評定基準に基づき、各資産項目および各負債項目ごとに評価を行い、実態貸借対照表が作成される。そして、この実態貸借対照表の債務超過金額をベースに債権者調整が行われ、事業再生計画における損益の見込み等を考慮して債務免除額が決定される。

このように、再生会社、債権者双方の合意のもと、再生会社の合理的に見積もられた回収可能額に基づいて債務免除額が決定されることとなる。

なお、この実務を踏まえて、法人税法施行令24条の2第1項では、企業再生税制の適用場面における債務免除額の算定方法として、①資産評定基準に従って資産評定が行われ、その評定による価額を基礎とした再生会社の実態貸借対照表が作成されていること（2号）、②前号の実態貸借対照表における資産および負債の額、債務処理に関する計画における損益の見込み等に基づいて債務免除等をする金額が定められていること（3号）、が要件として規定されている。

企業再生税制の適用される案件で、デット・エクイティ・スワップが行われる場合においても、再生会社からの回収可能額は、債務免除のみを行う場合と同様に算定される。このことから、デット・エクイティ・スワップの対象となる債権の時価は、合理的に見積もられた再生会社からの回収可能額に基づき評価することとなる。

このような場合において、再生会社からの回収可能額は、上記①に従い資産評定基準に従って行われた評定による価額を基礎に作成した実態貸借対照表の債務超過金額に上記②の債務処理に関する計画における損益の見込み等を考慮して算定されることとなる。

単純な債務免除の場合には、この回収可能価額を用いることにより、「債権額－回収可能価額＝回収不能部分」の算式で回収不能部分について債務免除額を決定する。

ＤＥＳの場合はこれと異なり、「債権額－回収可能価額＝回収不能部分」を計算した上で、このうち回収可能価額分をベースにＤＥＳを行う。すなわち、回収可能価額分を「取引債権」（買掛金、未払金など）と「金融債権」などに区分した上で、主に「金融債権」をＤＥＳ対象債権とする。結果として、ＤＥＳ対象債権の額面金額と税務上の時価との間

具体的な事例へのあてはめ

(1) 回収不可能部分のDES

合理的に回収不可能とされた部分について、DESを行う場合、現物出資債権の評価はゼロとなり、債権の券面額を債務者側の債務消滅益（債権者側では譲渡損）として認識することとなる。下図では、回収不可能債権（＝実質債務超過部分）が400存在し、うち、300について債権放棄し、100をDESする場合、現物出資債権の評価額はゼロとなる。

(2) 回収可能部分を含むDES

合理的に回収不可能とされた部分に加え、回収可能とされた部分もDESを行う場合、現物出資債権の評価は回収可能額となる。このため、債権の券面額と回収可能額の差額が債務者側で債務消滅益（債権者側では譲渡損）として認識されることとなる。下図では、回収不可能債権100に加え、回収可能債権100についてもDESする場合に、現物出資債権の評価額は100となる。

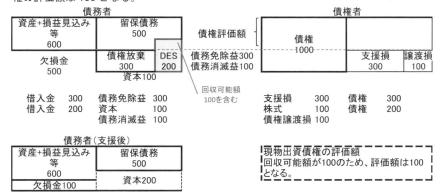

（出典：「事業再生に係るDES研究会報告書」）

に差額があるときは、その差額を債務消滅差益として計上する。
 (ⅱ) 財務省担当官の見解

　企業再生税制が適用される一定の私的整理の場合のデット・エクイティ・スワップに係る債権の時価評価については、前項で解説したとおりである。企業再生税制が適用されない場合のデット・エクイティ・スワップに係る債権の時価評価についてはどのように取り扱うかが問題となる。ここでその考え方を整理する必要があろう。債権の時価について、財務省主税局の担当官が記述したものとして次の見解がある[注102]。企業再生に際してDESが行われた場合において給付を受ける債権に付されるべき時価については、例えば、以下のようなものが考えられるとしている。

---

① 通常の取引条件の下、その時において第三者に譲渡した場合に通常付されるべき価額
② 債務者である法人が有する資産の全部をその時において処分した場合に得られる金銭の額の合計額（以下、「処分価額」という）をもって、その法人に対する債権について、担保、保証または優先劣後関係を考慮して弁済することとしたときに、その債権について弁済をすべき金額

　上記①についてはその債権が流通する場合に取引が成立するであろう価額をその評価額とするものである。金融機関の有する債権については債権回収会社に譲渡する場合に回収可能性の程度によって譲渡価額が決まるので、金融機関の有する債権の場合には当てはまりやすい面がある。

　上記②については債務者である法人を清算する場合にその債権につ

(注102)「平成21年版 改正税法のすべて」大蔵財務協会、P211。

いて弁済されるであろう金額をその評価額とするものである。上記②については、債務処理計画において適正な資産評定に基づき実態貸借対照表が作成されている場合には、その実態貸借対照表における資産の価額の合計額を処分価額として差し支えないと考えられるとされており、先に示した企業再生税制が適用される私的整理等の場合の「事業再生に係るDES研究会報告書」に示された方法はその観点から問題ないと考えられる。

(ⅲ) 日本公認会計士協会の報告書

債権の時価評価についての考え方を表したものとして、日本公認会計士協会が公表した「流動化目的の債権の適正評価について」(平成10年10月28日)がある。流動化目的の債権の適正評価についてまとめた指針ではあるが、債権の時価評価に対する考え方をまとめたものとして参考になる。

債権の時価は、一義的には債権の弁済原資および弁済可能性を勘案して判断される。第1に、再生計画に基づいて、収益を原資とした一定の弁済可能性が見込まれる場合には、将来の元本および利息の弁済スケジュールに基づいて、将来の回収見込額を合理的に見積もり、期間に応じた割引率によって現在価値に割り引くことにより債権の時価を見積もることができる。いわゆるディスカウント・キャッシュ・フロー法(DCF法)である。

第2に、収益を原資とした弁済の可能性がほとんど見込まれない場合、いずれ債務不履行となることが想定される。その場合は、債権者が担保権行使手続を開始し、すべての権利と利用可能な手段を行使すると想定して、評価を行う。債務不履行が予想される元利払履行中の貸出金は、債務不履行予想日から競売による落札日まではキャッシュ・フローを見込まないで評価し、自己落札により不動産を取得す

る可能性が高い場合は、不動産収益還元評価法が使用され、第三者による落札の場合は、ディスカウント・キャッシュ・フロー法が準用される。

　第3に、不動産担保貸出金のうち、もっぱら担保不動産からの収入またはその処分収入しか返済原資が見込めないものについては、不動産収益還元評価法を使用して評価することが適当と考えられる。

　債権の適正評価を行うためには、債権関係、債務者関係、保証人関係および担保資産関係等の法的関係の確認または内容の分析等を行う必要があると考えられる。

　税務上は、資本金等の額の増加額が債権の時価相当額と規定されているため、時価の評価には慎重な対応が求められる。その評価に恣意性が入ることによって、結果として債務消滅差益の過少計上を指摘される場面も想定されるからである。例えば、赤字の債務超過会社であり、収益を原資とした回収見込みがほとんどなく、かつ、みるべき財産もない場合には、債権の回収見込みを合理的な根拠で説明することは困難であり、債権の時価を保守的にゼロと判断せざるを得ないケースも生じうることが考えられる。

(2) 債権者の税務

① 株式の受入価額

　デット・エクイティ・スワップの実行により債権者が取得した株式に係る税務上の取扱いの考え方であるが、適格現物出資となる場合を除いて、法人税法施行令119条1項2号が適用される。すなわち、債権者が債権を現物出資することにより債務者の株式を取得した場合、その株式の受入額は、その取得の時の債権の価額となる。要するに、株式を債権の時価で受け入れることが必要となる。

第3章 デット・エクイティ・スワップ（債務の資本化）

　この点については、法人税基本通達2－3－14において、合理的な再建計画等の定めるところにより、債権を現物出資することにより株式を取得した場合、取得した株式の取得価額は、適格現物出資となる場合を除き、法人税法施行令119条1項2号の規定に基づき、その取得の時における給付をした当該債権の価額（時価）となることが明示されている。

法人税基本通達2－3－14（債権の現物出資により取得した株式の取得価額））

> 　子会社等に対して債権を有する法人が、合理的な再建計画等の定めるところにより、当該債権を現物出資（法第2条第12号の14《適格現物出資》に規定する適格現物出資を除く）することにより株式を取得した場合には、その取得した株式の取得価額は、令第119条第1項第2号《有価証券の取得価額》の規定に基づき、当該取得の時における給付をした当該債権の価額となることに留意する。
> （注）　子会社等には、当該法人と資本関係を有する者のほか、取引関係、
> 　　　人的関係、資金関係等において事業関連性を有する者が含まれる

　したがって、合理的な再建計画等の定めるところにより行われたデット・エクイティ・スワップにおいては、取得時の債権の時価と消滅した債権の帳簿価額との差額は、損金の額に算入される。法人税基本通達9－4－2にいう支援額の合理性、支援者による適切な再建管理、支援者の範囲の相当性および支援割合の合理性等の要件を満たしている場合には、同通達9－4－2の合理的な再建計画に該当することになり、デット・エクイティ・スワップに伴う損失については、寄附金には該当せず、損金の額に算入されるものと考えられる。

　なお、個人が保有する金銭債権を現物出資した場合には、金銭債権は譲渡所得の基因となる資産に該当しないため（所基通33－1）、譲渡所得に係る損失として損益通算することはできない。

② 適格現物出資の場合とそれ以外の場合

(ⅰ) 非適格現物出資である場合

　デット・エクイティ・スワップが非適格現物出資に該当する場合は、債務者企業における資本金等の額の増加額は、デット・エクイティ・スワップの対象債権の時価相当額である。債権の時価が債務の券面額を下回る場合は、すでに説明したように、債務者企業において債務の券面額と時価相当額との差額が債務消滅差益として認識され、益金の額に算入される。再生計画認可の決定があったことに準ずる事実（その債務処理に関する計画が法人税法施行令24条の2第1項1号から3号までおよび4号または5号に掲げる要件に該当するもの）である場合の資産の評価損益の計上および期限切れ欠損金の青色欠損金に対する優先適用が認められる場合は、課税を受けないように対応できるものと考えられる。

　また、法人税法施行令24条の2第1項の要件を満たしていない場合であっても、「債務の免除等が多数の債権者によって協議の上決められる等その決定について恣意性がなく、かつ、その内容に合理性があると認められる資産の整理があったこと」などの一定の事実に該当する場合には、（資産の評価損益の計上および期限切れ欠損金の青色欠損金に対する優先適用は認められないが、）期限切れ欠損金の損金算入は認められる（法法59条2項、法令117条5号、法基通12－3－1）。そのような期限切れ欠損金の損金算入や資産の評価損益の計上などの特例の適用がない場合は、青色欠損金の損金算入でカバーできないと、課税が生じる可能性が高いと考えられる。

(ⅱ) 適格現物出資である場合

　適格現物出資に該当する場合の資本金等の額の増加額は、移転を受けた資産（ここでは債権）に係る現物出資法人の移転直前の帳簿価額

第3章 デット・エクイティ・スワップ（債務の資本化）

とされ（法令8条1項8号）、この場合は、原則として、債務消滅差益が発生することはない。ただし、債権の譲渡や貸倒引当金の計上により債権の（税務上の）帳簿価額が低下している場合もあり、債務の券面額と債権の帳簿価額との関係次第では債務消滅差益が発生する場合もある。

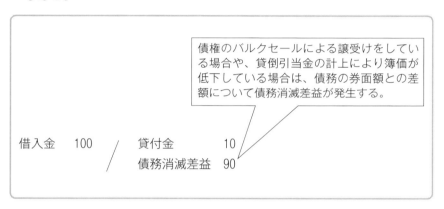

適格現物出資は、完全支配関係にある法人間の現物出資、50％超の株式を保有する企業グループ内の法人間の現物出資、または共同事業を行うための現物出資のいずれかに該当する必要があり、デット・エクイティ・スワップの場合、事業継続要件、主要な資産等の引継ぎ、従業者の引継ぎ要件などの点から、完全支配関係（100％親子会社関係）にある法人間の現物出資でない限り、適格現物出資に該当することはないと考えられる。

この点、グループ法人税制においては、完全支配関係にある法人間の一定の資産の譲渡について譲渡損益を繰り延べるものとされているが、対象となる資産に金銭債権も含まれているため、現物出資の形式をとらない通常の譲渡取引であっても、譲渡損益が繰り延べられる結果となる。ただし通常の譲渡取引の場合は、適格現物出資のように簿価で被現物出資法人に移転するのではなく、譲渡法人において譲渡損

益を繰り延べる（譲受法人における譲渡、貸倒れ等の事由により、当初の譲渡法人において繰り延べていた譲渡損益を認識することになる）点で内容が異なる。

（3）取得する株式の時価と債権の時価との関係

　債権者がデット・エクイティ・スワップによって取得する株式の時価は、債権の時価と釣り合っていることが必要であると解される。債権者の有する債権の時価を上回る価値の株式の交付を受ける場合は、会社法上、有利発行に該当することが考えられる[注103]。

　また、債権の時価と取得する株式の価値との間に乖離がある場合は、税務上の寄附金認定の問題も生じうると考えられる。したがって、債権者の取得する株式の価値と債権の時価が等しくなるように、株式の発行株式数を決定することが、実務上のポイントとなる。

（4）各手続別の税務

　民事再生法または会社更生法などの法的整理手続のなかでデット・エクイティ・スワップが行われる場合と、法的整理手続によらない私的整理手続のなかで行われる場合に分けて、債務者側および債権者側の税務を検討する。

① 法的整理手続におけるデット・エクイティ・スワップ

　（ⅰ）債務者の税務

　　債務の消滅と同時に、債権の時価相当額について資本金等の額の増加が生じるため、債権の額面金額と時価相当額の差額について債務消

（注103）神田秀樹「債務の株式化（デット・エクイティ・スワップ）」ジュリスト No.1219、P30、「債務者会社は、通常は、債権の実価と同じ価値の新株を発行すべきであって、それを超える価値の新株を発行する場合には、第三者に対する有利発行として株主総会の特別決議が必要であると解するべきである。」としている。

減差益が発生する。法的整理手続のなかで実行する場合は、併せて債権者の債権放棄による債務免除益が発生するケースが多い。ここで発生する債務消滅差益または債務免除益が課税所得を生じさせ、課税関係が発生する場合は、再建計画に支障が生じるおそれがある。

会社更生法による更生手続開始の決定があった場合、民事再生法による再生手続開始の決定があったことその他これに準ずる政令で定める事実が生じた場合、期限経過欠損金を債務消滅差益および債務免除益に充当することができる（法法59条1項、2項）。

また、会社更生法による更正計画認可の決定があったことまたは民事再生法による再生計画認可の決定があったことその他これに準ずる政令で定める事実が生じた場合については、その資産評定による資産の評価損益の計上も認められるため（法法25条2項、3項、33条3項、4項、法令24条の2第1項、68条の2第1項）、債務消滅差益や債務免除益が課税対象とならないのが通常である。

(ⅱ) 債権者の税務

債権者については、債権について計上していた貸倒引当金の戻入益が発生するが[注104]、一方でデット・エクイティ・スワップによって発生する債権譲渡損や債権放棄に伴う債権放棄損が損金の額に計上できれば課税上の問題は生じない。

債権から株式に振り替えるときに発生する債権譲渡損については、法的整理手続の中で行われるデット・エクイティ・スワップについては、貸倒損失の損金算入要件、または、合理的な再建計画等に基づき行われる支援損の損金算入要件を満たすため、損金算入が認められる

(注104) 貸倒引当金の繰入が認められるのは、平成23年度税制改正により、①中小法人等、②銀行法2条1項に規定する銀行、③保険業法2条2項に規定する保険会社、②または③に準ずる一定の法人および金融に関する取引に係る金銭債権を有する一定の法人に限定されている。

（法基通2－3－14、9－6－1、9－4－2）。

なお、債務者の債務超過の状態が継続していたとしても、新株を発行した直後の株式評価損は認められないので注意が必要である（法基通9－1－12）。

設例 27

デット・エクイティ・スワップの会計・税務

《債権者の会計および税務》

貸付金の時価相当額の株式を取得するものとし、現物出資方式と新株払込方式に分けて、債権者側の会計と税務の処理を示しなさい。

前提条件

債権の額面金額	100
債権の時価	30
貸倒引当金の計上額	50

解答

1. 現物出資方式の場合

株式	30	/	債権	100
債権譲渡損	70	/		
貸倒引当金	50	/	貸倒引当金戻入益	50

→ 会計上、金融商品会計基準が適用されるため、株式を時価で受け入れる。

税務上、株式を債権の時価で受け入れることが必要であるが（法令119条1項2号、法基通2－3－14）、債権の時価に見合った価値の株式を受け入れる限り、会計と税務で一致する。

法的整理手続に伴う債権譲渡損は、原則として損金算入される（法基通2－3－14、9－6－1、9－4－2）。

2. 新株払込方式の場合

株式	100	/	現金	100

```
現金          100    /   債権            100
貸倒引当金     50    /   貸倒引当金戻入益  50
```
→ いったん現金を払い込んで株式を取得しているため、株式は払込金額で受け入れる。

税務上も、払込金額で受け入れる(法令119条1項1号)。貸倒引当金の戻入益が発生するため、課税の問題が生じる。

なお、債務者が増資の直前において債務超過の状態にあり、かつ、その増資後においてなお債務超過の状態が解消していないとしても、株式の評価損の損金算入は認められない。

② 一定の私的整理手続におけるデット・エクイティ・スワップ

(ⅰ) 債務者の税務

下記に掲げる一定の私的整理(法令24条の2第1項の要件を満たすもの)におけるデット・エクイティ・スワップは、合理的な再建計画に基づいて行われており、期限切れ欠損金を青色欠損金に優先して債務免除益(デット・エクイティ・スワップによる債務消滅差益を含む)に充当すること(法法59条2項)や資産の評価損益の計上(法法25条3項、33条4項)が認められる。

① 「私的整理に関するガイドライン及び同Q&Aに基づき策定された再建計画」
② 『「中小企業再生支援協議会の支援による再生計画の策定手順(再生計画検討委員会が再生計画案の調査・報告を行う場合)」に従って策定された再生計画』
③ 『「RCC企業再生スキーム』に基づき策定された再生計画」
④ 「事業再生ADRの手続による再生計画」
⑤ 「企業再生支援機構(平成25年4月から地域経済活性化支援機構に改組)の支援による再生計画」

「法人税法施行令24条の2第1項に規定する事実」とは、再生計画認可の決定があったことに準ずる事実であり、かつ、その債務処理に関する計画が次の①から③までおよび④または⑤に掲げる要件を満たすものである（法令24条の2第1項、法規8条の6）。

① 一般に公表された債務処理を行うための手続についての準則（公正かつ適正なものと認められるものであって、次に掲げる事項が定められているもの（当該事項が当該準則と一体的に定められている場合を含む）に限るものとし、特定の者（政府関係金融機関、株式会社地域経済活性化支援機構および協定銀行を除く）が専ら利用するためのものを除く）に従って策定されていること。
　イ　債務者の有する資産および負債の価額の評定（以下「資産評定」という）に関する事項（公正な価額による旨の定めがあるものに限る）
　ロ　当該計画が当該準則に従って策定されたものであることならびに次の②および③に掲げる要件に該当することにつき確認をする手続ならびに当該確認をする者（当該計画に係る当事者以外の者または当該計画に従って債務免除等をする者で、財務省令で定める者に限る）に関する事項
② 債務者の有する資産および負債につき上記①のイに規定する事項に従って資産評定が行われ、その資産評定による価額を基礎とした実態貸借対照表が作成されていること
③ 上記②の実態貸借対照表における資産および負債の価額、当該計画における損益の見込み等に基づいて債務者に対して債務免除等をする金額が定められていること
④ 2以上の金融機関が債務免除等をすることが定められていること
⑤ 政府関係金融機関、株式会社地域経済活性化支援機構または協定銀行が有する債権につき債務免除等をすることが定められていること

この場合は、企業再生税制の適用要件を満たすことになり、資産の評価損益の計上（法法25条3項、33条4項）、期限切れ欠損金の青色欠

損金に対する優先適用（法法59条2項3号）が認められる。

一方、法人税法施行令24条の2第1項の要件を満たしていない場合であっても、次に掲げる事実に該当する場合は、資産の評価損益の計上および期限切れ欠損金の青色欠損金に対する優先適用は認められないが、期限切れ欠損金の損金算入は認められる（法法59条2項、法令117条5号、法基通12－3－1）。

したがって、「債務の免除等が多数の債権者によって協議の上決められる等その決定について恣意性がなく、かつ、その内容に合理性があると認められる資産の整理があったこと」に該当すれば、期限切れ欠損金の損金算入は認められる。ただし、期限切れ欠損金を青色欠損金に優先して控除することはできない点に留意する必要がある。

- 再生手続開始の決定があったこと、特別清算開始の命令があったこと、破産手続開始の決定があったこと、法人税法施行令24条の2第1項（再生計画認可の決定に準ずる事実等）に規定する事実以外において法律の定める手続による資産の整理があったこと
- 主務官庁の指示に基づき再建整備のための一連の手続を織り込んだ一定の計画を作成し、これに従って行う資産の整理があったこと
- 上記以外の資産の整理で、例えば、親子会社間において親会社が子会社に対して有する債権を単に免除するというようなものでなく、債務の免除等が多数の債権者によって協議の上決められる等その決定について恣意性がなく、かつ、その内容に合理性があると認められる資産の整理があったこと

(ⅱ) 債権者の税務

下記の一定の私的整理において、そこで定められた準則や策定手順に基づき債権者間で合意した再生計画については、法人税基本通達9－4－2に定める支援額の合理性、支援者による適切な再建管理、支

援者の範囲の相当性および支援割合の合理性等のいずれも有すると考えられるほか、さらに、利害の対立する複数の支援者の合意により策定された再生計画であると考えられる。当該再生計画により金融機関等が債権放棄等を行った場合には、原則として、同通達にいう「合理的な再建計画に基づく債権放棄等」であると解され、その債権放棄等に伴い生じた損失は、損金の額に算入されるものと考えられる。

---

① 「私的整理に関するガイドライン及び同Q&Aに基づき策定された再建計画」
② 『「中小企業再生支援協議会の支援による再生計画の策定手順（再生計画検討委員会が再生計画案の調査・報告を行う場合）」に従って策定された再生計画」
③ 『「ＲＣＣ企業再生スキーム』に基づき策定された再生計画」
④ 「事業再生ＡＤＲの手続による再生計画」
⑤ 「企業再生支援機構（平成25年4月から地域経済活性化支援機構に改組）の支援による再生計画」

---

③ 一定の私的整理以外の私的整理手続におけるデット・エクイティ・スワップ

前項の一定の私的整理に該当しない私的整理におけるデット・エクイティ・スワップについては、公的機関が関与しておらず、また、一定の準則に基づいて独立した第三者が関与もしていないと考えられる。その点において、期限切れ欠損金の損金算入特例（法法59条2項）および資産の評価損益の計上特例（法法25条3項、33条4項）の適用はないものと考えられる。

デット・エクイティ・スワップにより生じた債務消滅差益が益金の額に算入されることによる課税の問題に対しては、別途対応策を検討する必要があると考えられる。

第3章　デット・エクイティ・スワップ（債務の資本化）

設例 28

デット・エクイティ・スワップの税務（一定の私的整理以外の私的整理の場合）

前提条件

当社の貸付先Ａ社の業績が大幅に悪化し債務超過に陥っている。中小企業再生支援協議会の関与の下で再生を図ることを断念し、公的機関が関与したり、一定の準則に基づいて独立した第三者が関与しない中で、デット・エクイティ・スワップを行うことにより、Ａ社の財務内容を改善することとなった。「債務の免除等が多数の債権者によって協議の上決められる等その決定について恣意性がなく、かつ、その内容に合理性があると認められる資産の整理があったもの」には該当しない。

このデット・エクイティ・スワップについては、券面額説に従って処理するつもりである。また、貸付金を現物出資する形で手続をとることとなり、税務上の検討を始めたところである。債権者である当社の税務上の問題および債務者であるＡ社の税務上の問題はどのような点にポイントがあるか。

解答

1. 債権者の税務上の問題

　券面額説に従って処理するとのことであるが、デット・エクイティ・スワップによって取得した株式の取得価額は、税務上、取得したときの債権の時価相当額である（法令119条1項2号）。

　債権の帳簿価額と債権の時価相当額の差額について損金算入が認められるためには、原則として法人税基本通達9－4－2にいう「合理的な再建計画」に該当する必要がある。支援額の合理性、支援者による再建管理の有無、支援者の範囲の相当性、支援割合の合理性といった要件を満たしていることが必要であるが、本件の場合、そのような要件を満たしているとの認定は困難と考えられる。

2. 債務者の税務上の問題

　債務者においては、債権の額面金額と債権の時価相当額の差額につい

て債務消滅差益を認識する。一定の私的整理以外の私的整理手続に基づいて行われているデット・エクイティ・スワップであり、内容からみても債務消滅差益に期限切れ欠損金を充当することはできない。債務消滅差益の発生によって、課税所得が生ずることも予想されるが、課税対象にならないかどうか、青色欠損金の額と比較して、事前に慎重な検討をしておくべきである。

（5）新株払込方式によるデット・エクイティ・スワップの場合

　この方式によると、まず金銭出資を行い、その払い込んだ金銭により債務の弁済を行うことにより、結果としては金銭出資による資本金（または資本金および資本準備金）の増加が生じる一方で、債務が消滅することになり、先に説明した現物出資方式によるデット・エクイティ・スワップと同様の経済効果が生じる。これを「擬似DES」という。

　この擬似DESは、払い込む資金が用意できなければ成り立たないが、もしこれを用いることができれば、税法規定に照らして、金銭出資により払込金額により資本金等の額が増加し（法令8条1項1号）、一方において債務の弁済という行為により債務が消滅するので、原則として、債務消滅差益は生じない。ただし、金銭出資により払い込む者と債務の弁済を受ける者が同一者であり、かつ、払込金額と弁済額が同額である場合であっても、他の株主の持分に変動が生じるケースについては、実態として他の株主との間の利益移転が生じることはあり得る。他の株主の持分に変動が生じないように新たな出資者に対する発行株式数を考慮する必要があると考えられる[注105]。

　（注105）例えばもともと純資産の合計額が1,000万円、発行済株式総数が400株の会社において、新たな出資者が500万円出資し、同額の借入金の弁済を受けたものとする。その場合に、法人の純資産は払い込まれた金銭による債務の弁済により500万円増加し1,500万円になるが、新たな出資者に対する発行株式数を200株としておかないと、もともとの1株当たりの純資産額5万円が変わってしまう。

第4章

増減資
（100％減資を含む）

1　100％減資の可否とその条件

　債務超過の解消方法としてよく用いられているのが、減資と同時に増資を行う方法である。会社更生法や民事再生法の適用会社の場合に、旧株式の全株を無償により強制消却する形で減資を行い、第三者割当増資により再建資金を導入するケースがみられた。発行済株式のすべてをいったん無償減資により消滅させることから、100％減資という。

　この100％減資は、会社更生法や民事再生法を適用していない会社であっても、会社法の規定に基づき行うことが可能である。会社法では、株式の消却制度が自己株式の消却のみとして整理されたため、強制消却という方法は採れない。後で詳述するが、全部取得条項付種類株式という種類株式を用いて行うことが明確化されたが、この場合は株主の保有する株式を発行会社がいったんすべて無償で取得するという形を採る。債務超過状態が継続し、事実上破産状態にある会社の株式の価値は無価値と考えられるため、旧株主が権利をすべて失うとしても、特段不合理とはいえない。また、同時に増資を行うため、資本充実・維持の原則に反する結果ともならない。

　減資によって生じたその他資本剰余金により欠損てん補を行うと同時に、新たな増資資金を受け入れることにより、会社の財務体質が改善される。欠損の解消をある程度行っておけば、その後の業績の回復状況いかんでは、比較的早く剰余金の配当を行うことができる場合もあるため、再建資金を呼び込みやすいという利点もある。この場合、再建計画を慎重に作成し、この再建資金が有効に活用されるようにすることがポイントとなる。

第4章　増減資（100％減資を含む）

2　株主総会の決議と反対株主の買取請求

(1) 株主総会の決議

　民事再生法や会社更生法によらないで、業績の悪化した会社を任意整理により再建するケースで、100％減資を活用するケースがみられる。旧商法では、100％減資を行う場合は、株式の強制消却の方法により行う必要があり、その場合は株主全員の同意が必要であるという見解が有力であった。この見解は、破産手続、会社更生手続または民事再生手続のように、裁判所の関与がある場合はともかくとして、旧商法上の強制消却の方法による100％減資については、100％減資に反対する少数株主の権利を不当に奪うことになるおそれがあるから相当ではないという理由に基づいている(注106)。

　一方、株主全員の同意を要していたのでは、迅速な会社の任意整理は不可能であり、株主総会の特別決議により100％減資を行うことは可能であるとする見解もみられ、見解が統一していなかった(注107)。

　会社法における100％減資の手続は、種類株式である全部取得条項付種類株式（会社法108条1項7号、2項7号）を用いて行うものとして整理されている。全部取得条項付種類株式とは、株主総会の特別決議を採ることを条件として、その種類株式すべてを発行会社が株主の同意なく取得することができるという内容で発行する株式をいう。旧商法の「強制消却」が、会社法では「強制取得」に置き換わったといえる。会社法における100％減資は、株主全員の同意なしに、株主総会の特別決議で

(注106)　稲葉威雄他編「実務相談株式会社法(5)」商事法務研究会、P128～129。
(注107)　株主総会の特別決議によることが認められるとする見解については、江頭憲治郎「株式会社・有限会社法（第4版）」有斐閣、P681（脚注2）参照。「会社が債務超過でないのに100％減資を行うことは実体的に違法なので、株主は、その点を資本減少無効の訴えにより争い得ると解すべきである。」としている。

できる点に大きなポイントがある。

具体的には、2以上の種類の株式を発行する株式会社において、1つの種類の種類株式の全部を株式会社が強制取得することにより、100％減資が可能となる。100％減資をする会社においては、通常、普通株式のみしか発行されていないが、全部取得条項付種類株式の定款の定めを設けるためには、種類株式発行会社となることが必要であるから（会社法111条2項）、定款変更により法形式的に株式の種類を2種類にする[注108]。そのうえで一方の種類株式（既存の普通株式）に全部取得条項を設け、株主総会の決議により強制取得（100％減資）し、同時にもう一方の種類株式を発行するという形を採る。この場合の同時に発行される種類株式も、通常は、普通株式である。法形式上2種類の株式となるが、全部取得条項が付されているかどうかの種類の違いであっても問題ないものと解される。

具体的な手続は次の3つの株主総会決議からなる。各決議の詳しい内容については、「4．具体的な手続とスケジュール作成」で解説する。

100％減資の手続（株主総会の決議事項）

①　2以上の種類の株式を発行する旨の定款の定めを設ける
②　1つの種類の株式の全部を株主総会の特別決議により取得することができる旨の定款の定めをする（全部取得条項に係る定め）
③　①の定款の定めに基づいて、1つの種類の株式の全部を取得する旨の株主総会決議をする

以上の3つの特別決議を同じ株主総会において決議することができると解されており、手続は複雑となるが、1つの株主総会において対応が可能であるため、時間的にはスピーディな対応ができる。

（注108）種類株式の新設となるため、定款には発行可能種類株式総数とその権利内容を定める必要がある。また、その場合、種類株主総会の承認が必要である（会社法322条1項）。

また、既存の普通株主は、形式上種類株主となるため、種類株主総会の特別決議も別途必要となる。具体的には、全部取得条項を設けるための定款変更に係る種類株主総会決議が必要となる（会社法111条2項、324条2項1号）。

　債務超過会社の再建を行うために、増減資を行うときに100％減資を活用するケースがよくみられるが、会社法では、株主総会の特別決議のみで行うことができるものとされている。

（2）反対株主の買取請求への対応

　株主総会の3つの決議事項のうちの1つに「1つの種類の株式の全部を株主総会の特別決議により取得することができる旨の定款の定め（全部取得条項に係る定め）」に係る決議があるが、この決議に反対した株主は、反対株主の買取請求を会社に対して行うことができる。また、一定の株主は、株主総会の日から20日以内に、裁判所に対して価格の決定の申立てを行うことが認められている（会社法172条1項）。反対株主にとって投下資本の回収手段を確保することで、少数株主の保護を図っているものと考えられる。

　ただし、債務超過会社で行われることが想定される100％減資の場合、全部取得条項付種類株式の定めに基づいて会社が自己株式として買い取る価格は、通常はゼロになる。会社としては、反対株主から買取請求権を行使されても、基本的には買取価格は無償であると対応することが考えられる。

3　資本金の減少と増加

　100％減資は、株式併合の方法によらず、（全部取得条項に基づく）株式の強制取得の方法により行う。強制取得の方法により既存の株主の権

利を消滅させたうえで、新株発行（増資）を同時に行う。会社法においては、資本金は単なる計数であり、株式とは無関係である。資本金の減少および増加とは別に、既存の株主の有する株式を自己株式の取得により取得し、その自己株式を消却する手続を併せて行うことになる。

新株発行と同時に減資を行う場合で、減資後の資本金の額が減資前の資本金の額を下回らない場合は、取締役の決定（取締役会設置会社の場合は、取締役会の決議）で足り、株主総会の決議は不要である（会社法447条3項）。100％減資を行う場合も、株式の取得または発行については、株主の権利関係が大きく変わる事項であり、株主総会の決議を要するが、資本金の減少と増加については、単なる計数の変動であり、前後において資本金の計数が減少しない場合については、そのこと（資本金の計数の変動）についての株主総会決議は省略できる。

4 具体的な手続とスケジュール作成

100％減資の具体的なスケジュールを作成する必要がある。

第1に、株主総会において、全部取得条項に関する定款の定め、株式の種類を2以上の種類にするための定款の変更、全部取得条項付種類株式の取得に係る株主総会の決議を経る必要がある。全部取得条項に関する定款の定めをするときは、普通株式の権利内容を定める項目を追加する形をとるが、全部取得条項と「取得対価の価額の決定の方法」を定める必要がある（会社法108条2項7号）。「取得対価の価額の決定の方法」の定款における記載としては、具体的な価額や内容まで定める必要はなく、事後に株主総会の決議を行う際に決定する取得対価の参考となる事項、例えば、「当該決議時の会社財産の状況を踏まえて定める」等を定めるのみでも差支えない。逆に、定款において、取得対価の決定方法として、取得対価の内容を具体的に定めた場合、全部取得条項付種類株式

の取得のための株主総会で取得対価を決定する際に、その決議が定款変更時に定めた内容に拘束されることになる[注109]。

また、全部取得条項付種類株式の取得に係る株主総会の特別決議では、取締役が当該株式を取得することを必要とする理由を説明したうえで（会社法171条3項）、取得対価の種類、種類ごとの数またはその数の算定方法、取得対価を交付する場合はその割当てに関する事項および会社が全部取得条項付種類株式を取得する日（取得日）を決定する必要がある（会社法171条1項）。100％減資の場合、定款の定めに従い無償であることおよび取得日を決定することになる。

第2に、種類株主総会の特別決議を別途採る。具体的には、全部取得条項を設けるための定款変更に係る種類株主総会決議である（会社法111条2項、324条2項1号）。通常は、先の株主総会決議と同時並行的に行われる。なお、全部取得条項付種類株式の取得については、株主総会の特別決議だけでよく、種類株主総会の決議を採る必要はない。

第3に、株式の全部の取得と同時に行われる新株発行について、株主総会の決議を採る必要がある。第三者割当増資の方法による。募集事項の決定その他の手続については、「第1編　法務編」の「第1章　増資の法務」を参照されたい。

第4に、100％減資の前後においてトータルで資本金が減少する場合は、資本金の減少についての株主総会決議が必要となる。100％減資の前後において資本金が減少しない場合であっても、取締役の決定（取締役会設置会社の場合は、取締役会の決議）を採る必要がある。

第5に、減資に必要な公告・催告手続を行う必要がある。第4および第5の減資に関連した手続については、「第1編　法務編」の「第3章　減資の法務」を参照されたい。

(注109) 相澤哲編著「一問一答新・会社法」商事法務、P54。

実務上は、全部取得条項付種類株式の取得の日と、新株発行および減資の効力発生日が同一の日となるようにスケジュールを組む必要があると考えられる。

なお、全部取得条項付種類株式として取得した自己株式を自己株式の処分の方法により新たな引受人に対して交付し、交付した後に全部取得条項を廃止する旨の定款変更を行う方法を採る場合には、新株発行を要さないため、資本金の増減を伴わないで行うことも法的には可能である。この場合は、登録免許税の負担が生じないという点で節税メリットが生じる。また、自己株式の処分により生じたその他資本剰余金により欠損てん補を行うことも可能である。

自己株式の処分に係る払込金額と同額のその他資本剰余金が発生する。この新たに発生したその他資本剰余金によって繰越利益剰余金のマイナスをてん補することは可能である。

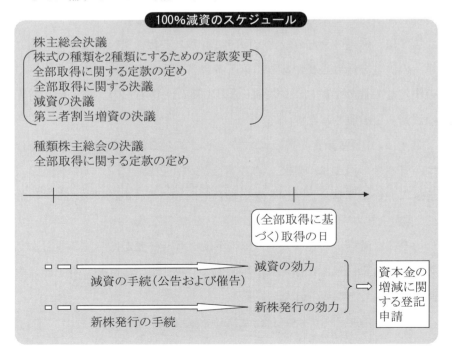

5 減資と増資の登記申請

　減資の登記と増資の登記は、同時に申請する。実務上は、減資の効力発生と増資の効力発生が同時となるように、スケジュールを組むこととなる。減資の効力発生と増資の効力発生との間に時間的な空白が生じる場合、資本金がゼロになること自体は会社法上許容されるが、株主が存在しない状態が生じることは許容されない。株式の強制取得と発行が同時に行われるときに、資本金の減少と増加もそれに伴って同時に発生すると考えられるため、効力発生は同時になるようにスケジュールを組む対応が問題を生じさせない方法であると考えられる。

　なお、減資の効力発生日は、（効力発生日として）決議で定めた日であるが、債権者保護手続がそれよりも後に終了した場合には、手続が終了した日となる（会社法449条6項）。

6 100％減資に係る会計

　会社法における100％減資の会計上の取扱いであるが、債務超過会社において行われることが想定される100％減資の場合、会社は通常無償で自己株式の取得を行うこととなるため、その場合の自己株式の取得原価はゼロである。貸借対照表の純資産の部の株主資本において控除すべき自己株式は計上されず、自己株式の数の増加を認識することになる。

　株式の取得と同時に、資本金の減少が発生するため、資本金の減少に係る会計処理が必要となる。100％減資の場合は繰越利益剰余金がマイナスの状態でそれに資本金の減少によって生じるその他資本剰余金を充当することが通常のケースとして考えられる。

```
資本金                ×××  /  その他資本剰余金    ×××
その他資本剰余金      ×××  /  繰越利益剰余金      ×××
```

　また、新株発行を行うことにより資本金（または資本金および資本準備金）が増加する。先の資本金の減少額を新株発行による資本金の増加額が下回らない場合は、すでに説明したように、そのこと（資本金の計数の変動）についての株主総会の決議は必要ない。

　一方、株主側の処理については、株主の有する株式を無償で発行会社に対して譲渡する形となるため、株主の所有する株式の帳簿価額の全額を譲渡損失として損失に計上することになると考えられる。

7　100％減資に係る税務

(1) 基本的取扱い

　債務者側においては、自己株式を無償で取得することになるため、資本金等の額に変動は生じないし、利益積立金額にも変動は生じない。自己株式の取得であっても、もちろんみなし配当の問題は生じ得ない。また、新株発行に伴い、資本金等の額が増加する。減資に関しては資本金等の額に変動が生じず、増資については資本金等の額が増加するため、前後において資本金等の額が増資の分だけ増加する。平成27年度税制改正による地方税法の改正により、資本金の減少によって発生したその他資本剰余金による欠損てん補額は、法人住民税均等割の税率区分の基準となる額の算定上、減算すると規定されたため（地法23条1項4号の5）、この減算規定によるマイナスと、増資によるプラスの両方が発生することになる。通常、事業再生の場面では、減資による欠損てん補額の方が増資の額を上回る場合が多いため、その場合は均等割が増えることはな

く、減るケースが生じ得る。

　一方、株主側の処理であるが、合理的な再建計画のなかで行われる100％減資の場合は、株主から債務超過会社である発行会社に対する株式の無償譲渡により、帳簿価額の全額が譲渡損失として損金の額に算入されるものと考えられる（法法61条の2第1項、法基通9－4－2）。

　なお、平成22年度税制改正により、完全支配関係がある法人の発行する株式を発行法人に譲渡したときは、譲渡損益を計上しないものとされた（法法61条の2第16項）。100％グループ内の法人が発行する株式を無償譲渡した場合であっても、譲渡損失の計上はできない点に留意する必要がある。

（2）第三者割当増資と寄附金認定の問題

　100％減資を行ってもそれだけでは債務超過が解消されるわけではないため、債務超過状態の発行会社に対して新たな株主が増資の引受けを行うこととなる。新株主が債務超過会社の第三者割当増資に応じることは、通常は、新株主が合理的な再建計画に基づいて、債務超過会社を支援する目的で行うのであるから、そのときの時価（＝ゼロ）よりも高い価額で引き受けた場合であっても、そのこと自体に経済的合理性があると考えられる以上は、寄附金認定されることはないと解される。すなわち、業績の回復により株式の価値が増加することを期待して引受けを行うという実態に基づくものといえる。

　また、高額引受けのケースにおいては、新株主から旧株主に利益が移転することが問題となるが、100％減資により旧株主の持分は消滅しており、そのような株主間の利益移転の問題は生じない。

　債務超過会社の有償増資に応じるのは、その後の業績回復を期待し、支援することを目的としているため、増資直後に株価の回復可能性がな

いとして、株式を評価減することは認められない。ただし、その増資から相当の期間を経過した後において、なお、業績が回復せず、債務超過の状態が継続しているなど、評価損を計上できる事実が認められる場合には、その時点において評価損を計上することができる（法基通9－1－12）。通達の但書きであるが、増資払込後相当期間を経過してなお業況が回復せず、むしろ悪化しているというような事情が明らかになった場合に、その時点で改めて評価減を行う余地があるという趣旨である。「相当期間」は、増資払込後においてその業況等の推移を見る期間という意味であるから、通常少なくとも1～2年を要すると考えられるが、例外的には客観的に明確な事情があれば、翌期で評価減を認めるケースもあり得るとされている。ただし、1年ないし2年たてば自動的に評価減を認めるものではないことに留意が必要である[注110]。「相当期間を経過してなお業況が回復せず、むしろ悪化しているというような事情が明らかになった場合」であるから、増資の前後における資産状態の見極めには特に慎重に対応する必要がある。

同族会社である親会社が、債務超過子会社の増資新株を引き受けた後に、その払込金額よりも低いそのときの時価で関係会社に譲渡して譲渡損を計上した事案について、同族会社の行為計算否認規定の適用による否認を支持した判例がある[注111]。そのような租税回避行為は厳に慎む必要がある。この判例は、増資後の評価減を禁じる取扱いとも整合していると考えられる。

100％減資は、通常は債務超過会社で行われることが想定されるが、債務超過ではない会社において増減資を行ったとする。発行会社が旧株主から時価に見合った価額で株式を取得するのであれば問題ないが、例

(注110) 小原一博編著「法人税基本通達逐条解説」税務研究会出版局、P712。
(注111) 東京地判、平成12年11月30日（平成10年（行ウ）第191号）、名古屋高裁金沢支部判、平成14年5月15日（平成13年（行コ）第4号）

えば無償で取得した場合には、旧株主において（時価のある）株式が消滅したうえで譲渡損失が生じ、第三者割当増資を引き受けた株主に利益が移転する。すなわち、寄附金認定の問題が生じうる。特に同族会社においては注意を要する。

これに対して、本問のように、債務超過会社のケースでは、もともと株式の価値はゼロであるから、そこで発生した譲渡損失については、原則として寄附金認定の問題は生じないと解される。価値のない株式を強制取得により消滅させたわけであるから、その損失は損金性を有すると考えられる。前述したとおり、100％減資を行うのは、債務超過であるケースがほとんどであるから、税務上の問題は原則として発生しないと考えられる。

一方、第三者割当増資についてみれば、財政状態の悪化した会社であっても、先に説明した理由により、経済的合理性を欠いたものでない限り、高額引受けによる課税の問題も基本的に生じないと考えられる。

（3）平成27年度税制改正による地方税法の改正

増減資（100％減資を含む）における減資は、株主に対する払戻しを伴わない無償減資で行われるので、税務上は何もなかったものとして取り扱われる。すなわち、所得にも影響が生じないし、法人税法上の利益積立金額および資本金等の額にも変動が生じない。自己株式の無償取得および消却についても、税務上は何もなかったものとして取り扱われる。

一方、増資により、所得には影響が生じないが、税務上の資本金等の額が増加する。その点、法人住民税の均等割の負担がどのようになるのかが問題である。

平成27年度税制改正による地方税法の改正により、資本金の減少によって発生したその他資本剰余金による欠損てん補額は、法人住民税均

等割の税率区分の基準となる額の算定上、減算すると規定されたため(地法23条1項4号の5)、この減算規定によるマイナスと、増資によるプラスの両方が発生することになる。通常、事業再生の場面では、減資による欠損てん補額の方が増資の額を上回る場合が多いため、均等割が増えることはなく、減るケースが生じ得る。

設例29

ケーススタディ　増減資(企業再生のための増減資)

前提条件

ある法人は、企業再生のために、資本金を1,100万円減少し、全額を欠損てん補に充てると同時に、新たなスポンサーからの出資の払込みを200万円受けた。会計処理、法人税法の処理および地方税法の処理を示しなさい。

税務上の貸借対照表(増減資の前)　(単位:万円)

資産	1,900	負債	2,000
		資本金等の額	1,100
		利益積立金額	△1,200

税務上の貸借対照表(増減資の後)　(単位:万円)

資産	2,100	負債	2,000
		資本金等の額	1,300
		利益積立金額	△1,200

解答

1．会計処理

資本金の減少およびそれによって発生したその他資本剰余金による欠損

てん補、新たな新株発行（増資）のそれぞれを、次の仕訳により認識する。

資本金	1,100	/	その他資本剰余金	1,100
その他資本剰余金	1,100	/	その他利益剰余金 （繰越利益剰余金）	1,100
現預金	200	/	資本金	200[注112]

２．法人税の処理

　資本金の減少およびそれによって発生したその他資本剰余金による欠損てん補については、法人税法上は何もなかったものとして取り扱われる。一方、新たな新株発行による払込金額200万円について、資本金等の額が増加する。トータルでみると、資本金等の額が200万円増加する。

　　現預金　　　200　　／　　資本金等の額　　　200

　法人税申告書の別表の記載は、次のようになる。

別表五（一）　利益積立金額および資本金等の額の計算に関する明細書

区　　分	期首現在利益積立金額	当期の増減		差引翌期首現在利益積立金額 ①－②＋③
		減	増	
	①	②	③	④
Ⅰ　利益積立金額の計算に関する明細書				
利益準備金				
資本金等の額			△1,100	△1,100
繰越損益金	△1,200	△1,100	××	×××

（注）会計上は、資本金の減少により生じたその他資本剰余金1,100が繰越利益剰余金のマイナスに充当されるが、税務上は利益積立金額と資本金等の額との間の振替調整（プラス・マイナス1,100）を入れることにより、欠損のてん補がなかったものとして取り扱われる。すなわち、利益積立金額に変動はない。

（注112）払込金額の２分の１を超えない範囲で資本準備金を計上することもできる。

区　分	Ⅱ　資本金等の額の計算に関する明細書			
	期首現在資本金等の額	当期の増減		差引翌期首現在資本金等の額
		減	増	
資本金または出資金	1,100	1,100	200	200
資本準備金				
利益積立金額			1,100	1,100

（注）利益積立金額との間で1,100の振替調整が入ることによって、欠損てん補による資本金等の額への影響がないことが表される。増資200万円が資本金等の額の増加に影響するのみである。

3．地方税の処理

　資本金の減少およびそれによって発生したその他資本剰余金により欠損てん補をしても、法人税法上の資本金等の額は変わらないが、法人住民税均等割の税率区分の基準となる額の算定上は、法人税法上の資本金等の額から減算する。

　また、新たな新株発行による払込金額200万円について、法人税法上の資本金等の額が増加するので、法人住民税均等割の税率区分の基準となる額も同額増加する。

　トータルでみると、法人住民税均等割の税率区分の基準となる額は、増減資の前と比べると、900万円（1,100万円－200万円）減少する。これによって、均等割の負担が下がる。

　平成27年度税制改正前は、均等割の負担が上がる可能性があったが、減算規定が設けられたことにより、そのような問題は解消されたといえる。

　法人住民税均等割の税率区分の基準となる額
＝法人税法上の資本金等の額1,300－その他資本剰余金による欠損てん補額1,100
＝200万円
　　↓
増減資前（1,100万円）と比べて、900万円減少

第5章

増資・減資、新株予約権、種類株式、自己株式の活用

1　増資の活用

（1）資金調達

　増資は、経済的側面からみると、新たな資金またはその他の財産の調達手段である。無償増資などの特殊な場合を除いて、通常の増資の場合、会社財産は確実に増加する。事業資金の調達手段として必要不可欠な手続といえる。

　増資による資金調達を行う場合、銀行借入や社債の発行に比べてメリットがある。第1に、資金の返済義務が無いため、長期安定的な事業資金を確保することができる。第2に、資金調達コストが低いというメリットがある。一方、株主からみた場合にも、投資した資金が事業に有効に活用されれば、会社の財産が増加することにより株式の価値が高まることや、配当収入を期待できるメリットがある。

（2）会社再建

　会社再建を図るうえで、増資は必要不可欠である。例えば、債権者が中心となって合理的な再建計画を策定し、会社再建を目的として第三者割当増資を行う場合がある。場合によって、減資を併用し、既存の株主の責任を明確にするケースも多くみられる。100％減資と同時に第三者割当増資を行い、債務超過の解消を図る「増減資」スキームについては、「第3編　応用編」の「第4章　増減資（100％減資を含む）」で詳述した。

　減資によって欠損てん補を行ったとしても、債務超過の解消を行うためには増資を併せて行う以外にはない。この場合、金銭による出資に限らず、債権者が現物出資方式によりデット・エクイティ・スワップを行うことによる再建手法についても、「第3編　応用編」の「第3章

デット・エクイティ・スワップ（債務の資本化）」で解説した。

（3）企業提携

　他の企業との提携を図るために、増資を活用するケースがある。いわゆる資本提携である。例えば、特定の取引先に対して出資を求め、資本関係を構築することにより、関係を強化するのである。場合によって、有利な取引条件を引き出し、取引上の立場を優位なものとすることも考えられる。しかし、取引先の株主としての期待に応えられないと資本関係の解消もありうるため、業績の向上に努め、配当期待にも応えるようにしていく必要がある。

2　新株予約権の活用

（1）ストック・オプション

　ストック・オプションは、新株予約権制度に包含されている。付与対象者は、自社の役職員だけが対象ではないため、子会社・関連会社の役職員、取引先、弁護士・公認会計士、コンサルタントなども対象になりうる。もちろん、税制適格ストック・オプションの場合は、会社および子会社の役職員に対象が限定される。しかし、あえて税制非適格の枠組みで、それ以外の第三者に付与することも考えられる。

　また、子会社の役職員にストック・オプションを付与する場合、権利行使の目的となる株式の種類を剰余金の配当に関して内容の異なる種類株式（子会社業績連動株式）とすることにより、本来のインセンティブ・プランとしての趣旨にかなった内容の制度を設計することも可能である。

（2）提携強化・事業支援

　提携先等に新株予約権を付与することで、資本面や事業面で協力を依頼する。その場合、新株予約権の将来の価値上昇が期待されることで、支援が得られやすくなる。

　西友にウォルマートが提携する際に、いきなり出資を行わないで、新株予約権を取得した。この場合、提携がうまくいき、業績が向上すれば新株予約権を行使して、資本関係を形成すればよい。逆に、業績が思ったように向上しなかった場合には、権利行使しないで、提携関係を解消するという選択肢が可能である。

　このように、従来とは異なった形の提携・事業支援の形が、新株予約権制度によって生まれている。

（3）資金調達手段

　新株予約権をローンと組み合わせることで、新株予約権付社債に相当する資金調達スキームがつくれる。この場合、中堅中小企業も対象となり得る。いわゆる新株予約権付ローンという新しい金融商品が開発され、資金調達手段として活用されている。

　借入先は銀行に新株予約権を付与する。特に、成長性の期待できる企業であれば、その新株予約権には高い経済価値が期待できる。銀行は、その見返りとして、低金利のローンを融資する。企業としても、権利行使により自己資本の充実が期待できる。

　この新しい金融商品によって、慢性的に資金不足に陥りやすいベンチャー企業にとって、有効な資金調達手段になることが考えられる。特に、低利の資金が調達できる点が大きなメリットである。

(4) 買収防衛策

　新株予約権を買占め防衛に活用することが考えられる。すなわち、特定株主の議決権割合が一定以上になったときに、例えば15％以上になったときに、権利行使の条件とする新株予約権の発行をあらかじめ行っておくことで敵対的買収に備えることが考えられる。友好株主や主要な取引先にそのような内容の新株予約権を発行しておいて、買占めに遭い、買占めしようとする特定株主の議決権割合が一定割合以上になったときに、いっせいに権利行使が行われることにより、買占めを行おうとする者の議決権割合を薄めることが可能である。

　買収防衛策として、敵対的買収者の株式の希釈化をもたらす手法として、いわゆる事前警告型の買収防衛策と信託型ライツプランが代表的なものである。一定の割合の議決権を取得した買収者が現れたときに、その他の株主に市場価格よりも低い価格で株式を取得できる新株予約権を付与し、買収者の議決権割合を薄めるものである。現在では、事前警告型の買収防衛策が主流となっている。

　最近導入されている事前警告型の買収防衛策は、ブルドックソース事件の司法判断の影響を少なからず受けている。ただし、ブルドックソース事件は、スティール社による公開買付けの開始後の有事の段階において定時株主総会の特別決議を経たうえで差別的行使条件付新株予約権を発行する内容であり、事前警告型を含む平時導入型買収防衛策についての司法判断は不透明な部分が多いとの指摘がみられる[注113]。一方において、ブルドックソース事件に係る東京地裁判決（平成19年6月28日）は、「現経営陣と買収者のいずれに経営を委ねるべきかの判断は、最終

　（注113）　森田恒平「買収防衛策をめぐる今年の動向」経理情報 No.1178、P25。同旨の見解として、高田剛「平成20年6月定時株主総会における留意点（上）」月刊監査役 No.538、P36。

的には株主によってなされるべきである。」という基本的立場を踏まえたものであり、買収者の利益の保護のみを目的に作られた法理ではないから、ただ買収者に警告を与えていただけでこの法理の適用を除外する根拠は見出しづらいとの見解がみられる[注114]。

ブルドックソース事件において最高裁が判示した考え方は、「会社の利益ひいては株主の共同の利益が害されることになるかどうかは、最終的には、会社の利益の帰属主体である株主自身により判断されるべきものである。」ということである。また、「どのような対応策を採用するかについては、あらかじめ定めておくことが関係者の予見可能性を高めることになる。」ことから、株主総会の決議により株主の意思確認を行ったうえで、事前警告型の買収防衛策を導入する方法がこの考え方に適合する。

この点について、導入手続については、導入時または導入後最初に招集される株主総会において買収防衛策承認議案を上程する例が92.7％と圧倒的多数を占めているが、その性質は会社法上の根拠を欠く勧告的決議に過ぎず、取締役に対する法的拘束力を生ずるものではないが、あらかじめ株主意思を確認することで防衛策の正当性を補強することに一定の意味があり、どの程度の株主が賛同しているのかという「数値」に重要な意味があるとの指摘がみられる[注115]。

なお、敵対的買収を受けたときに、資金調達の必要がないのに会社支配の維持を図る目的で新株を発行することは、新株の不公正発行に該当することとなり、株主からの差止請求事由に該当することとなるが、新株予約権についても同様に不公正発行に該当するおそれがあるため、留意が必要である。

（注114）田中亘「ブルドックソース事件の法的検討（下）」商事法務 No.1810、P22からP23。
（注115）高田剛「平成20年6月定時株主総会における留意点（上）」月刊監査役 No.538、P36。

新株予約権の発行が法令・定款に違反し、または著しく不公正な発行に該当し、株主が不利益を受けるおそれがあるときは、株主に差止請求権が認められる。また、新株予約権を不公正な価額で引き受けた者は、公正な価額との差額を会社に支払う義務を負う。会社支配の帰属をめぐる争いがあるときに、議決権の過半数を維持または獲得する目的で新株を発行した場合は、不公正発行に該当すると判断される。

買収防衛策を導入するときに最も留意すべき点は、その導入に当たっての相当性・合理性が確保されているのかどうかという問題である。敵対的買収防衛策は、適正に用いられれば企業価値を高めることになるし、その一方で経営者の保身に用いられる可能性もある。

買収防衛策の相当性・合理性を高める観点からは、買収防衛策の導入から発動に至る過程のなかで、企業価値を向上させる買収提案であれば防衛策が解除され、一方で企業価値を損なう買収提案であれば防衛策が維持されるように設計される必要がある。企業価値を損なう買収に対しては防衛策が有効に発動するものである一方、企業価値を高める買収に対しては、株主の意思が合理的に反映される必要があり、特に経営者の保身を目的にしていないということが、外観上も確保される必要がある点に留意する必要がある。

(5) MBO

大企業を退職して独立した者が新会社を設立したときに、もとの会社に新株予約権を付与する見返りに事業の支援を受けるというスキームが考えられる。友好にのれん分けをして、新会社を興しても、もとの会社の支援を何らかの形で受けないと、事業を軌道に乗せるのは難しいケースが少なくない。そこで、新株予約権を付与する見返りに事業の支援を受けるのである。

成長性や将来性の期待できる事業であれば、支援を施すことにより業績が向上すれば、新株予約権の経済的価値が上昇することとなる。このような形でMBOに新株予約権を活用する事例は増加するであろう。

(6) 株式公開前の資本政策

株式公開を行うと、オーナー一族の持ち株比率が低下してしまう。株式公開によりオーナー一族の持ち株比率が低下することを緩和するために、事前に新株予約権を付与しておき、公開前後に権利行使を行う。このような活用も実際に行われている。

3 種類株式の活用

(1) トラッキング・ストック

トラッキング・ストックとは、特定の子会社や事業部門の業績に株式の価値が連動するように仕組まれた株式である。特定の子会社や事業部門の価値を顕在化させることにより、効率的に資金調達を行うことが可能となる。

企業グループに埋もれていた市場価値を顕在化させ、親会社とは異なる投資家層を取り込むことにより、対象事業の価値を直接市場に反映させることが可能となる。

日本においては、平成13年6月にソニー㈱が100％子会社であるソニーコミュニケーションネットワーク㈱の業績に連動するトラッキング・ストックを発行したのが最初である。平成13年改正前商法のもとでもトラッキング・ストックの発行が可能であったことが証明されたわけであるが、その場合のトラッキング・ストックは、利益配当優先株式という形態をとっていたために、配当金額の上限について確定金額の定め

が必要であった。子会社の業績に連動するといいながら、確定金額の定めを要することとするのは、商品設計の柔軟性の面ではやはり問題があったといえる。

　平成13年商法改正では、定款をもって配当すべき金額につきその上限額その他の算定の基準の要綱を定めたときは、配当すべき額を取締役会で定めることができるとされ（旧商法222条3項）、トラッキング・ストックの場合、配当の上限額は算定の基準の要綱にならないため、定款には配当の上限額ではなく、算定の基準の要綱といえる内容の事項を記載すればよいとされた。この場合、算定の基準の要綱としては、例えば「対象となる子会社の取締役会で決議した子会社普通株式に対する配当金額と、子会社連動株式に対する配当金額が連動する」などの基本事項となる。また、新株予約権を組み合わせることにより、子会社業績連動株を子会社役員に付与する形でのストック・オプションの設計も、税制適格要件を充足する形で可能となっている。

　会社法では、剰余金の配当に関して内容の異なる種類株式を発行する場合は、①当該種類の株主に交付する配当財産の価額の決定の方法、②剰余金の配当をする条件その他剰余金の配当に関する取扱いの内容を定めればよいとされている（会社法108条2項1号）。配当金額の決定方法や配当をする条件、その他の内容を定めて発行することができる。

（2）ベンチャーキャピタルでの活用

　ベンチャーキャピタルがベンチャー企業に投資するにあたって、ベンチャー企業の公開がうまくいくシナリオと、公開が失敗し、場合によって倒産してしまうシナリオが考えられる。

　そこで、残余財産分配請求権について優先する内容の種類株式を発行し、ベンチャーキャピタルの出資を受ける。かりに、ベンチャー企業が

倒産したときは、残余財産の分配において優先されるため、そこから優先的に回収を図ることができる。

　また、株式公開が成功した場合は、普通株式に強制的に転換される内容をあらかじめ定めておく。会社法では「取得条項付株式」を用い、取得条項として「株式の公開」と定めておいて、取得の対価をその会社の普通株式として定めて発行することができる（会社法108条1項6号、2項6号）。すなわち、株主からの請求とは関係なく、一定の事由が生じた場合に、強制的にある種類の株式から他の種類の株式に転換することができる株式であり、このように定めておけば、ベンチャーキャピタルは転換された普通株式を市場で売却することにより、キャピタルゲインを得ることが可能である。

4　減資の活用

　会社法では、最低資本金規制が撤廃されたため、資本金を減少するに際しての下限規制はない。資本金ゼロ円までの減資が可能である。欠損てん補などに活用しやすくなったわけであり、その点活用余地が拡がったといえる。

（1）財務内容の改善

　減資に伴い通常、その他資本剰余金が発生し、剰余金の増加による財務内容の改善をもたらす。資本金の減少によって発生したその他資本剰余金によって欠損てん補（利益剰余金のマイナスに充当）するケースにおいて、場合によっては欠損がてん補されたうえに資本剰余金が計上される場合もある。その後、前向きに新規資金の調達のための第三者割当増資を行うケースが多く、財務内容の悪化した会社を立ち直らせる目的で利用されることが多い。

「第3編　応用編」の「第4章　増減資（100％減資を含む）」で説明した増減資は、減資と同時に増資を行うものであるが、会社再建の有力な手法である。財務内容の悪化した会社について、株主の責任を明確にするために減資を行い、それによってスポンサーからの出資を受けやすくなる。

（2）利益配当・自己株式取得を可能にする

欠損を抱えていると、利益を計上してもまずそれを欠損のてん補に充当しなければならないので、配当（または自己株式の取得）ができるようになるまでに時間を要する。欠損をてん補できるだけの準備金があればそれを取り崩して欠損てん補を行い、配当（または自己株式の取得）を行いやすくすることは可能である。しかし、準備金がなければそれによる欠損てん補ができない。そこで、準備金を持たない会社が、減資による欠損てん補を行うことはできるし、欠損てん補を上回る資本金の減少によって、新たな剰余金を発生させた場合は、発生したその他資本剰余金を減資の効力発生日以後に配当（または自己株式の取得）に充てることも可能となる。

（3）過剰財産返却

会社の事業を縮小するために減資を行うことがある。採算に合わない事業の資産を売却したが、売却代金を再投資するだけの投資先が見つからない場合、それを株主に返還することが考えられる。近年、資本効率を重視した経営が重視されており、有力な投資先がない資金は株主に返還した方が、会社の資本効率向上の観点から望ましいといえる。ただし、中堅・中小企業の場合、資金調達がそれほど容易ではないため、手元資金を厚くしておきたいニーズがある。したがって、株主に対して資本の

払戻しをするケースは少ない。

なお、会社法では、減資と剰余金の配当の組合せとして取り扱われる点については、すでに説明したとおりである。したがって、過剰財産を資本金の減少によって生じるその他資本剰余金を原資とする剰余金の配当として株主に還元するという整理になる。

5 自己株式の活用

(1) 企業組織再編の代用自己株式

合併、会社分割、株式交換などの企業組織再編を行う際、例えば合併の場合、新株を発行したうえで、それを消滅会社の株主に対して交付するという形が多くとられるが、新株発行に代えて保有している自己株式を交付することにより、新株発行事務の省略による手続の簡略化およびコストの低減、発行済株式総数が増加することによる株式価値の希薄化を防ぎ、新たな配当負担や株主管理コストの増加を抑えることができる。

企業組織再編時に、すべて代用自己株式で賄うほどの自己株式を保有していない場合も多いと考えられ、実務上は新株発行と代用自己株式を組み合わせて対応する方法を用いることもある。

各種の企業組織再編スキームのなかに、自己株式の活用という視点を組み合わせて考えることにより、事業再編の一層の機動的実行が可能になると考えられる。保有している自己株式を活用して、他社または他社の事業を買収する場合において、自己株式の株式としての価値を高めておくことが、そのような活用を活かすことになることはいうまでもない。

(2) 持合解消手段

グループ企業間で持合関係が複雑になっている場合、それを整理する

のは大変である。自己株式の取得決議をとったうえで、発行会社が取得することで持合関係をきれいに整理することができる。

また、親会社が子会社から自己株式を取得する場合は、取締役会の決議だけで取得が可能である。子会社が親会社株式を保有していて、処分するに困っているケースで、処分はしやすい。

子会社に該当しないグループ会社から自己株式を取得する場合はそのような特則はなく、相対による自己株式の取得となるから特定の者を定めたうえで株主総会の特別決議をとる必要がある。相対取引で自己株式を取得するから、税法上、みなし配当課税の対象となりうる。しかし、法人間の売買であり、受取配当等の益金不算入規定の適用が受けられる。したがって、持合株式の買受けについては、課税上の問題がネックにならない可能性も十分ある。

なお、敵対的買収の防衛策として、持合関係を形成するケースもみられ、その場合、自己株式を処分することにより、結果として持合関係を形成する方法が採られる場合もある。

(3) 納税資金調達手段

オーナー会社で相続が発生したときに、持株を発行会社に売却することで資金調達を行うケースが少なくない。被相続人が所有していた財産の大半が自社の持株というケースでは、換金性の低い非上場株式の譲渡先を発行会社とすることで、納税資金を調達することが会社の支配権維持の観点からも都合がよいからである。

平成16年度税制改正により、相続財産に株式が含まれていて、かつ、相続税の納税義務が生じる場合において、相続税の申告期限から3年以内の相続人からの自己株式の取得についてみなし配当課税を行わないという特例措置(措法9条の7)が創設され、取得費加算特例(措法39条)

も併せて適用できることから、相続税の支払資金の捻出手段としての活用が復活している。

（4）物納による（相続税）納税対策

　株式による物納の許可を受けるためには、相続人、会社等による買戻しが確実であるかが重要なポイントである。もちろん金銭納付が困難であるという前提が必要である。

　また、平成18年度税制改正により、物納が不適当とされる「管理処分不適当財産」の範囲が明確化されている。それ以外の財産であれば、基本的に物納ができるものとされ、それを受けて取引相場のない株式の物納に関する通達（旧相基通41－41、42－2）が廃止された。「管理処分不適当財産」とは、株式の場合に当てはめると譲渡制限株式である。定款上の譲渡制限を削除することにより、「管理処分不適当財産」から外すことは可能である。

　物納の許可が下りれば、収納段階での譲渡所得課税やみなし配当課税の問題が発生しないので、納税資金調達方法としてはきわめて魅力のある方法である[注116]。ただし、将来の買受時期が到来したときに、買受希望者が買い受ける予定であったものが資金不足で買い受けられなくなった場合は、相続税の申告期限の翌日から延滞税が課されることになる。買受けが確実な買受希望者が存在することが前提となり、相続人または発行会社等が買戻しを行うことが確実にできるのであれば、活用を検討する余地が生じる。ただし、譲渡制限を削除することにより、会社法上の「公開会社」となり、譲渡制限会社としての規定の適用が受けられなくなる点に留意する必要がある。

　（注116）物納による譲渡所得等の特例措置（措法40条の3）が置かれており、譲渡所得は非課税扱いである。

（5）分散した株主の集約

　同族会社において、過去の経緯があって、オーナー一族以外の者が株式を所有しているケースがある。その場合に、発行会社が少数株主から自己株式の取得を行うことにより、分散した株主の集約を図る方法が利用されている。ただし、みなし配当課税の問題もあるため、みなし配当課税の影響が小さくないときは、オーナーが買い取るなどの検討の余地が生じる。発行会社以外の者が買い取るのであれば、譲渡する株主にとっては株式の譲渡所得のみの取扱いとなり、申告分離課税で済む。

　また、会社が、相続により取得した者から自己株式を取得した場合は、その株式が相続財産に含まれており、かつ、相続税の納税義務が生じている場合には、相続税の申告期限から3年以内の取得については、みなし配当課税の除外措置（措法9条の7）の適用を受けることができる。取得費加算特例（措法39条）を併せて利用できるため、税負担は通常の場合に比べて少なく済むケースが多い。相続による株式の分散に対する重要な解決手段となりうる。

（6）ストック・オプション

　ストック・オプションを導入した場合に、新株予約権者から権利行使が行われたときに、新株発行により株式を交付するのか、自己株式の交付により対応するのか選択肢が生じる。新株発行にはコストがかかるので、すでに保有している自己株式があれば、それを交付する方法によることがコスト面で有利である。したがって、ストック・オプション制度を導入する会社においては、将来の新株予約権の権利行使に備えて、自己株式の活用を考える必要がある。

[索引]

[あ行]

異議申述期間……………………122
一時所得…………………………206
著しく不公正な方法……………84
一括法……………………248・249
受取配当等の益金不算入………338
売主追加請求……………………149
売主追加請求権…………………150
MBO……………………………457

[か行]

外貨建転換社債型新株予約権付社債
　………………………………249
外形標準課税の資本割の課税標準…278
過失責任…………………………189
過少受入れ………………………229
過大受入れ………………………227
株式交付費………………………36
株式譲渡制限会社………………37
株式投信…………………………339
株式の消却………………………170
株式の払込み………………52・69
株式の簿価修正をしていた
　場合……………………372・373
株式併合…………………………119
株主間の利益移転………………198

株主資本等変動計算書………7・16
株主総会議事録（資本減少）………115
株主総会議事録（準備金減少）……134
株主総会議事録（準備金の資本組入
　れの場合）………………………82
株主総会議事録（剰余金の資本組入
　れの場合）………………………81
株主総会議事録（第三者割当増資の
　場合）……………………………62
株主総会の特別決議……………38
株主代表訴訟……………………85
株主割当関連事項………………44
株主割当増資……………………37
株主割当増資に係る税務………198
株主割当増資の手続……………42
為替換算調整勘定………………9
監査等委員会設置会社…………54
完全子法人株式等………339・365・366
完全支配関係がある法人間での自己
　株式の取得……………………358
完全支配関係がある法人間での剰余
　金の配当………………………365
完全支配関係がある法人間の残余財
　産の分配………………………370
関連法人株式等…………………339
期末関連法人株式等……………345
期末のてん補責任………………190

給与所得･･････････････････････206
強制取得････････････････････････119
金銭分配請求権････････････････････177
区分法･･････････････････････････251
繰延資産････････････････････････34
繰延ヘッジ損益････････････････････3
繰越利益剰余金････････････････････24
決算公告の掲載場所････････････････124
検査役の調査････････････････････75
検査役の調査の省略事由･･････････････76
減資資本金額････････････････290･293
減資と払戻し････････････････････118
減資の活用････････････････････････460
減資の決議事項････････････････････113
減資の効力発生日････････････････114
減資の手続････････････････････････126
現物出資資産の払込時の時価･･････････226
現物出資方式････････････････････402
現物配当････････････････････････176
現物配当に係る会計処理･････････････347
現物配当に係る税務････････････････350
現物分配･･････････････351･380･382
現物分配法人の会計処理・税務
　処理･････････････････････････384
券面額説････････････････････････403
子会社からの取得の特例････････････152

[さ行]

債権者保護手続････････････121･136
債権の時価評価････････････････････416
財産価格てん補責任･･････････････････78
再募集の禁止････････････････････52
債務消滅差益････････････････････414
債務超過会社････････････････････204
債務超過解消に伴う利益移転の問題
　････････････････････････････221
差額概念･･････････････････････3･5
差止請求････････････････････････84
残高証明等･･････････････46･53･69
残余財産の分配を受けないことが
　確定した場合････････････････････371
時価評価説････････････････････････403
自己株式の活用････････････････････462
自己株式の取得････････････････････142
自己株式の取得に係る会計・税務･･･314
自己株式の消却に係る会計・税務･･･323
自己株式の処分に係る会計・税務･･･321
自己資本比率････････････････････28
自己新株予約権････････････････････10
市場価格のある株式を市場価格以下
　で取得する場合の特例････････････150
市場取引等による株式の取得の特例
　････････････････････････････152
失権株････････････････････････45･52
私的整理手続････････････････････429
支配株主の異動を伴う場合の特則････70
資本金等増加限度額････････････････35
資本減少異議申述催告書の記載例･･･125
資本減少公告の記載例････････････125
資本準備金からの資本組入れ････････242
資本剰余金からの資本組入れ････････234
資本と利益の混同の禁止････････････310
指名委員会等設置会社････････････54
受贈益････････････････････････203

出資の履行	52・69
取得資本金額	315
取得条項付株式	156
取得請求権付株式	154
取得費加算特例	166
種類株式の活用	458
純資産の部の計数の変動	309
準備金減少異議申述催告書の記載例	139
準備金減少公告の記載例	139
準備金の減少に係る会計処理	302
準備金の減少に係る税務	303
準備金の資本組入れ	81・240
少額債権者	127
上場投資信託（ETF）	339
剰余金の資本組入れ	79・232
剰余金の処分の件（記載例）	176
剰余金の配当	174
剰余金の配当に係る会計処理	334
剰余金の配当に係る税務	336
剰余金の配当を伴う減資	286
剰余金の配当を伴わない減資	270
新株式申込証拠金	196
新株式割当ての通知	48
新株の効力発生	53・70
新株払込方式	402
新株引受権	37
新株予約権原簿	105
新株予約権付社債の税務	267
新株予約権の会計処理	246
新株予約権の活用	453
新株予約権の行使	107
新株予約権の税務	252
新株予約権の手続	93
ストック・オプション	258・453・465
ストック・オプションの税務	260
税制適格ストック・オプション	262
設立1期目の場合	124
設立費用	34
全額払込主義	53
全部取得条項付種類株式	160・440
総額引受け	62
総額引受けの特則による場合	68
相殺契約	53・70
総資産の帳簿価額	346
増資の会計処理	196
増資の活用	452
増資の税務	198
増資の手続（株主割当増資）	37
増資の手続（現物出資）	74
増資の手続（第三者割当増資）	56
増資の手続（無償増資）	79
総数の引受け契約	102
相続人等に対する売渡しの請求	165
相続人等の一般承継人からの取得の特例	151
贈与税課税	207
贈与税課税が生じるケース	207
贈与の額の計算方法	208
創立費	34
その他資本剰余金	24
その他の包括利益累計額	9・11
その他有価証券評価差額金	3

[た行]

第三者割当増資・・・・・・・・・・・・・・・・・・・・・56
退職給付に係る調整累計額・・・・・・・・・・・9
退職所得・・・・・・・・・・・・・・・・・・・・・・・・・・・206
通帳のコピー・・・・・・・・・・・・・・・・・47・53・69
定足数の緩和・・・・・・・・・・・・・・・・・・・・・・・38
適格現物出資・・・・・・・・・・・・・・・・・226・424
適格現物分配・・・・・・・・・・・・・・・・・380・383
デット・エクイティ・スワップ・・・・・400
転換社債型新株予約権付社債・・・・・・・・248
転換社債型新株予約権付社債以外の
　新株予約権付社債・・・・・・・・・・・・・・・・・251
登記申請書に添付する書類・・・54・71・128
登記申請の添付書類・・・・・・・・54・71・129
登録免許税・・・・・・・・・・・・・・・・・・・・・32・45
特定株式投資信託・・・・・・・・・・・・・・・・・339
特定の株主からの取得・・・・・・・・・・・・・149
特別決議・・・・・・・・・・・・・・・・・・・・・・・・・112
特例有限会社・・・・・・・・・・・・・・・・・126・140
土地再評価差額金・・・・・・・・・・・・・・・・・・・3
届出（募集または売出しの届出）・・・64・97
トラッキング・ストック・・・・・・・・・・・458
取消権・・・・・・・・・・・・・・・・・・・・・・・・・・・86
取締役会議事録（株主割当増資）・・・・・45
取締役等の責任・・・・・・・・・・・・・・・・・・・86

[は行]

買収防衛策・・・・・・・・・・・・・・・・・・・・・・・455
配当の効力発生日・・・・・・・・・・・・・・・・・186
売買価格の決定・・・・・・・・・・・・・・・・・・・168
発行可能株式総数・・・・・・・・・・・・・・・・・・38
払込金額・・・・・・・・・・・・・・・・・・・・・・・・・・32
払戻割合・・・・・・・・・・・・・・・・・・・・・293・336
引受人の責任・・・・・・・・・・・・・・・・・・・・・85
被現物分配法人の会計処理・・・・・・・・387
被現物分配法人の税務処理・会計
　処理・・・・・・・・・・・・・・・・・・・・・・・・・・・387
被現物分配法人の税務処理・・・・・・・・388
非支配株主持分・・・・・・・・・・・・・・・・・3・4
非支配目的株式等・・・・・・・・・・・・・・・339
非上場会社株式の時価算定・・・・・・・・214
非適格現物出資・・・・・・・・・・・・・・・・・424
1株当たり純資産額・・・・・・・・・・・・・・・27
1株当たり帳簿価額の修正・・・・・・・・・200
100％グループ内の他の内国法人が
　清算中である場合等の取扱い・・・・・376
100％減資・・・・・・・・・・・・・・・160・164・436
負債利子控除割合・・・・・・・・・・・・・・・345
不足額をてん補する責任・・・・・・・・・・86
分配可能額・・・・・・・・・・・・・・・・・・・・・183
分配可能額の算定方法・・・・・・・・・・・185
分配可能額を超えて配当等をした場
　合の責任・・・・・・・・・・・・・・・・・・・・・187
法人住民税均等割の税率区分・・・・・・237
法令定款違反・・・・・・・・・・・・・・・・・・・84
募集株式の発行・・・・・・・・・・・・・・・・・35
募集株式発行に関する取締役会決議
　公告・・・・・・・・・・・・・・・・・・・・・・・・・65
募集事項等の決定機関・・・・・・・40・56・98
募集事項の決定決議・・・・・・・・・・・43・60
募集新株予約権・・・・・・・・・・・・・・・・・95
募集新株予約権に係る払込み・・・・・・104
募集新株予約権の申込み・・・・・・・・・・99

募集新株予約権の割当て…………101

[ま行]

みなし贈与…………………………214
みなし配当の益金不算入制限………327
ミニ公開買付け………………144・145
ミニ公開買付けの手続……………148
無効原因………………………………88
無効の訴え……………………………88
申込みをしようとする者に対する通
　知事項……………………………49・66
目論見書………………………50・66・101

[や行]

有価証券による現物配当……………348
有利な払込金額……………………201
有利発行に係る税務上の取扱い……200
4倍規制………………………………39

[ら行]

利益移転……………………………221
利益準備金からの資本組入れ………242
利益剰余金からの資本組入れ………235

【著者略歴】

太田達也（おおた　たつや）
【主な経歴】
公認会計士・税理士
昭和34年、東京都生まれ。
昭和56年、慶應義塾大学経済学部卒業。第一勧業銀行（現みずほ銀行）勤務を経て、
昭和63年、公認会計士第2次試験合格後、太田昭和監査法人（現EY新日本有限責任監査法人）入所。
平成4年、公認会計士登録。
　主に上場企業の監査業務を経験した後、現在同監査法人ナレッジ本部にて、会計・税務・法律など幅広い分野の助言・指導を行っている。豊富な実務経験・知識・情報力を活かし、各種セミナー講師として活躍中で、実務に必須の事項を網羅した実践的な講義には定評がある。

【主な著書】
　「改正商法の完全解説」、「『増資・減資の実務』完全解説」、「『役員給与の実務』完全解説」、「『固定資産の税務・会計』完全解説」、「新会社法の完全解説」、「『リース取引の会計と税務』完全解説」、「『債権処理の税務・会計・法務』完全解説」、「『解散・清算の実務』完全解説」、「事業再生の法務と税務」、「決算・税務申告対策の手引」、週刊「経営財務」「税務通信」（以上、税務研究会）、「新会社法と新しいビジネス実務」、「会社法決算のすべて」、「会社法決算書作成ハンドブック(2016年版)」、「四半期決算のすべて」（以上、商事法務）、「不良債権の法務・会計・税務」、「会社分割の法務・会計・税務」、「金融商品の会計と税務」、「四半期決算の会計処理」、「四半期開示の実務」（以上、中央経済社）、「株主総会の財

務会計に関する想定問答（平成28年版）」、「例解　金融商品の会計・税務」（以上、清文社）「減損会計実務のすべて」（税務経理協会）など執筆多数。

本書の内容に関するご質問は、税務研究会ホームページのお問い合わせフォーム（https://www.zeiken.co.jp/contact/request/）よりお願いいたします。なお、個別のご相談は受け付けておりません。

本書刊行後に追加・修正事項がある場合は、随時、当社のホームページ（https://www.zeiken.co.jp/）にてお知らせいたします。

「純資産の部」完全解説
－「増資・減資・自己株式の実務」を中心に－

平成20年11月20日	初版第一刷発行
平成28年10月15日	第4版第一刷発行
令和5年2月20日	第4版第五刷発行

（著者承認検印省略）

Ⓒ　著　者　太田　達也
発行所　税務研究会出版局
https://www.zeiken.co.jp
週刊「税務通信」「経営財務」発行所
代表者　山　根　毅

〒100-0005
東京都千代田区丸の内1-8-2
鉄鋼ビルディング

乱丁・落丁の場合は、お取替え致します。　　印刷・製本　奥村印刷

ISBN978-4-7931-2216-3